U0727941

国家科技支撑计划课题

村镇建设用地再开发规划编制技术研究（2013BAJ13B04）

"十二五"国家重点图书出版规划项目

土地利用与空间规划丛书 ‖ 主编 曹小曙

经济发达地区土地利用与民众利益

曹小曙 李 涛 著

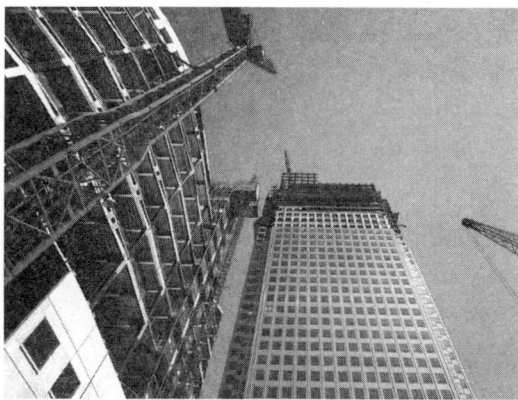

陕西师范大学 出版总社

图书代号　ZZ15N1201

图书在版编目（CIP）数据

经济发达地区土地利用与民众利益 / 曹小曙，李涛著. —西安：
陕西师范大学出版总社有限公司，2016.3
（土地利用与空间规划丛书 / 曹小曙主编）
ISBN 978-7-5613-8241-7

Ⅰ.①经⋯　Ⅱ.①曹⋯ ②李⋯　Ⅲ.①土地利用—研究—中国
Ⅳ.①F321.1

中国版本图书馆CIP数据核字（2015）第192665号

经济发达地区土地利用与民众利益

曹小曙　李　涛　著

选题策划 / 刘东风　郭永新
责任编辑 / 赵荣芳
责任校对 / 李　恒
装帧设计 / 蒋宏工作室
出版发行 / 陕西师范大学出版总社
　　　　　（西安市长安南路199号，邮编710062）
网　　址 / http://www.snupg.com
印　　刷 / 西安建科印务有限责任公司
开　　本 / 720mm×1020mm　1/16
印　　张 / 22.5
插　　页 / 2
字　　数 / 280千
版　　次 / 2016年3月第1版
印　　次 / 2016年3月第1次印刷
书　　号 / ISBN 978-7-5613-8241-7
定　　价 / 48.00元

读者购书、书店添货或发现印装质量问题，请与本公司营销部联系、调换。
电话：(029)85307864　85303629　传真：(029)85303879

总　序

在人类出现之前，地球环境的变化是受自然力量支配的。在人类出现之后，人类就开始干预地球环境的演变过程，其突出的表现就是对土地、矿产等自然资源的利用和对地球环境的影响。人类最初对土地的干预是微不足道的，但随着生产力的发展，人类对土地的影响越来越全面、复杂而且深刻。农业革命使人从旷野走向了城市，工业革命使人从农村走向了工厂，信息革命使人走向以互联网与新能源相结合的第三次工业革命新时代。

在农业社会中，人类的发展主要依靠土地资源，在工业时代则主要依靠能源，而在信息化时代将主要依靠信息和数据。尽管当今的科学技术水平已经取得了前所未有的进步，但人类仍无法脱离地球而生存。地球的资源是有限的，而人类的消费是无限的。人类过于频繁地索取地球资源，给地球带来了巨大的生态负担及负面效应。中国改革开放以来的经济发展，是建立在大量消耗土地、能源等资源的第二次工业革命基础之上的，但随着第三次工业革命的兴起，目前的发展模式已走到了尽头，迫切需要以土地使用的低碳排放甚至零排放为目标的新发展模式。如何整体推进改革发展，目前尚未找到整体性、系统性、长期性的适应中国特色的土地利用发展方式及模式。从基础数据、监测监管、转型升级、规划设计、建设管理到效益效应评估等问题，依然处于摸着石头过河的状态，因此革命性土地变革的顶层设计必不可少。

农业发展的基本支撑是耕地资源，保护耕地资源从根本上讲是为了促进农业产业的发展，因为只有农业产业的发展才能使农民真正富裕起来。在不断变化的环境中，农业土地利用要持续发展，需要技术、政策和管理方式不断适应变化，从而可以调整土地利用方式，改进土地利用系统，优化土地利用效益。耕地补充是中国发展过程中长期而艰巨的任务，已经从第一阶段的数量补充提升到现在质量、数量并重的第二阶段，发达地区已进入景观生态修复和生物多样性恢复的第三阶段。耕地红线与国家发展、粮食安全、农民权益等多方面的问题有着交织互动的关系，单纯的行政手段和纯粹的市场机制均不能完全解决问题。

中国自改革开放以来，城乡发展均处于规模扩张过程，诱发了众多的矛盾与冲突。有限的土地资源与无限的发展需求之间的矛盾将会在中国社会发展中长期存在。节约、集约用地就是在这种状态下所产生的解决问题的办法，但节约、集约用地并不是最终目的，高效利用、促进发展、生态和谐才是终极目标。长期以来，我国经济发展主要以廉价土地和廉价劳动力的粗放式带动为主，致使土地的集约化程度较低，并使建设用地规模量迫近未来的指标。但建设用地在促进经济发展中依然起着其他资源所不能替代的作用，建设用地的永续利用将伴随着人类社会的发展而长期存在。目前，仅仅关注存量土地的利用与利用效益是不够的，使存量土地在发展方式转变中起到革命性的变革作用，才是发达地区应该为国家的发展战略起表率作用的根本。

建设用地再开发贯穿于一个城市与区域发展的长期过程。然而，目前以房地产开发为导向的土地再开发模式以追求短期的投资回报率为目标，没有为城市整体经济发展和社会进步发挥基础性作用，呈现出强烈的经济利益驱动性特征；在操作上也存在制度缺失、利益失衡、空间失序和社会阶层不平等等现象。由此催生的更新规划失控、房价高涨、社区解体、居住分异和社会不公平等一系列问题，正威胁着城市与区域长远发展的未来。

中共十八届三中全会指出，山、水、林、田、湖是一个生命共同体，人的命脉在田，田的命脉在水，水的命脉在山，山的命脉在土，土的命脉在树。应该将海也作为生命共同体的组成部分，而山、水、林、田、湖、海的命脉最终在人，人不是生命共同体的主人，而是生命共同体的组成要素。土地利用中人类的影响是必然的，表现在生态环境与人类社会经济的协调、多层次多领域人的参与和干预、人际关系的协调、人类土地利用的历史经验及教训等方面。土地利用惠及民生实际上也代表着人类社会对待土地的态度，生活中人们一方面尊敬土地，而另一方面在一定程度上又轻视土地。

伴随着科学技术的发展，人类终于能够将地球作为一个整体进行观测和研究。其中，对国土疆域面积、地理区域划分、地形地貌特征、道路交通网络、江河湖海分布、土地利用与土地覆被、城乡布局与扩展、生产力空间布局、灾害分布等地理国情有了科学的认识。

农业土地，特别是耕地和高标准基本农田的建设与持续利用，建设用地的再开发持续利用，离不开持续投入与经营。因此，规划作为投入与经营的先决条件是必不可少的。人们在实践中逐步认识到，城市地区的城乡规划与土地规划的剥离造成了越来越多的问题，事实上在乡村地区此类问题也越来越突出，以居民点为核心的乡村规划与以农用地为核心的土地规划，如何相互融合，已经到了需要我们深刻反思的阶段。以"三规合一"和"多规融合"为理想出发点的规划变革已经出现。乡村地区的各种规划融合与统一，特别是以农用地为核心的规划思想是未来发展的方向。目前，我们面临的难题是，传统的以地学、农学等为基础的土地方面的研究，已无法满足日益变化的土地功能多样化的现实需求，迫切需要贯穿地学、农学、测绘工程、农田水利工程、土地规划与

总序
total order

管理等人类干预土地利用全过程的研究人才与团队。

"土地利用与空间规划丛书"的编撰宗旨是：遵循土地利用理论的历史演化、理论基础、方法构建、案例验证、规范标准、实施应用、评估持续的总体思路，从传统的以经济发展为导向的再开发，走向生态控制下的统筹经济发展与生态保护的再开发，从以项目为导向的碎片化的再开发，走向区域与城乡统筹的再开发。围绕我国村镇建设的要求，贯彻国家城乡统筹全面发展与新农村建设的方针政策，以规划技术为重要手段，全面提升村镇功能，促进发展方式转变，改善人居环境，实现土地可持续利用。在全球视野、国家战略、地方实践基础上进行继承创新与集成创新，系统地提出村镇建设用地再开发的空间管制体系与方法，为美丽中国的精致化建设与精细化管理提供重要的技术支撑。

陕西省"百人计划"陕西师范大学特聘教授

中山大学教授、博士生导师

曹小曙

2014年11月

前　　言

　　东莞市位于广东省中南部、珠江三角洲的东北部，北距广州50公里，南离深圳90公里，水路至香港47海里，至澳门48海里，处于穗港经济走廊中间，是广州与香港之间水路交通的必经之地。于1985年撤县设市，1988年升格为地级市（市以下无县），下辖32个镇（街道），591个社区（村）。2011年，全市陆地面积2465平方公里，海域面积150平方公里。2010年东莞市户籍人口为181.77万人，外来暂住人口为411.5万人，常住人口为822.02万人。此外，还有港澳台同胞70多万人，海外侨胞20多万人，是著名的侨乡。东莞属于珠江、东江冲积平原，土地肥沃，有丰富的土地、森林资源。东莞濒临南海，地处北回归线以南，属亚热带海洋性气候，气候温和，年平均气温23.3℃，年均降水量2042.6毫米。地势自东往西倾斜，大部分为丘陵台地和冲积平原，依山傍海，海岸线115.98公里（含内航道），既利于发展粮食生产，又有利于发展经济作物。东莞作为我国传统的农业高产区，盛产水稻及香蕉、荔枝、龙眼、菠萝、橙、柑、橘等岭南佳果，水产资源也十分丰富。

　　改革开放以来，东莞市凭借其优越的区位条件，充分发挥人缘、地缘、政策等优势，以加工贸易为突破口，以外向型经济为向导，通过快速推进农村工业化和城市化，有效地推动各级经济和社会高速发展，取得了举世瞩目的成就。"东莞模式"在中国城市经济版图上堪称奇迹，但是必须要正视的一个现实是：在东莞高速发展中凸显了发展欠平衡、欠协调、欠持续三大特征；过去东莞依靠大量的土地、劳动力、能源资源的投入换回来经济高速增长的同时，能源资源消耗巨大，环境污染严重，新形势下，其粗放式的发展已不合时宜。东莞市委在十二届七次全会提出："十二五"期间，东莞经济社会发展的核心是"加快转型升级，建设幸福东莞"。为促进东莞市经济社会空间转型，必须对原有利益格局进行调整。本报告的主要议题是从土地问题角度入手，对东莞市、镇、村、组四级土地利用进行深入解剖，找出东莞在未来转型发展过程中所面临的一些问题，在此基础上，就这些问题进行探讨，提出有关政策思路，获取建立可操作的平衡村组土地利益的创新机制，制订试点村组的土地优化措施与行动计划，以推动东莞市村组经济社会的进一步发展。

目　录

目录

contents

第十一章 结语

经济发达地区土地利用与民众利益
土地利用与空间规划丛书

第一章　绪论

　　随着我国工业化和城市化进程的不断加快，土地利用问题日益突出，特别是在土地利用过程中仍然存在着粗放利用、土地闲置和浪费、土地利用结构布局不合理、土地利用效率低等现象。广东省作为我国改革开放的前沿阵地，多年来经济总量位居全国前列。在经济快速发展的同时，资源环境特别是土地资源制约经济发展的问题尤为突出，如何协调两者的关系以及如何平衡与民众的利益关系始终是决策者和学者高度关切的问题。东莞作为"广东四小龙"之一和世界制造业之都，随着经济的发展与城市化的加速，面临土地规划相对滞后、布局缺乏整体性、利用结构失衡，土地利用分散、浪费闲置多、有效利用率低、整合难度大，生态质量下降、环境污染严重，土地产权不明晰、村民利益受侵害、市场行为不规范，土地监管不严、执法难、缺乏综合执法联动机制等众多问题。而东莞从思想上重视工业发展而忽视生态环境和土地承载力，城镇建设上实行盲目快速无序扩张，价值取向上重视经济效益而轻视人居环境和社会效益等方面是其根本原因。因此，以东莞为例，研究经济发达地区的土地利用与民众利益的平衡问题，最终从根本上解决土地利用问题，改变粗放低效的用地模式，实现产业转型升级，优化土地利用空间格局，快速提高土地利用效率和产出率，进一步节约集约用地，实现可持续发展和绿色利用，对创建一个安居乐业的生态宜居型城市、生态文明城市、和谐城市、创新型城市及城乡一体化的发展意义重大。

一、背景与意义

改革开放以来，东莞市抓住机遇，发挥区位优势，较早实施外向带动战略，逐步形成了市、镇、村、组"四足鼎立""自下而上"带动经济社会发展的特有模式，通过快速推进农村工业化和城市化，有效地推动了各级经济和社会高速发展，取得了举世瞩目的成就。东莞市工业化、城镇化的快速发展，彻底地改变了广大农村地区：城乡经济已进入转型发展的新阶段，在土地资源紧缺、生态环境问题日益严重等限制性条件约束程度越来越高的情况下，传统的"自下而上"发展模式的弊端也逐渐显露出来，妨碍了未来东莞市进一步发展。东莞市委在十二届七次全会提出："十二五"期间，东莞经济社会发展的核心是"加快转型升级，建设幸福东莞"。要实现东莞市经济社会空间转型，建设幸福东莞的发展目标，必须要对东莞村组两级机构开展全面深入的研究，改变"自下而上"的传统发展模式，探索平衡村组利益的创新模式和途径，为保障社会稳定，促进"幸福东莞"建设提供支撑。

1. 破解空间约束，保障东莞市经济社会发展的需要

改革开放以来，东莞市GDP以平均20%的速度增长，在创造了世

界工业化、城市化和现代化建设奇迹的同时，城镇建成区面积不断扩大，大量的土地空间不断被占用。目前东莞正处于工业化、城镇化加速时期，一方面，经济发展对土地需求不断扩大；另一方面，资源总量、耕地保护和生态环境等因素对土地利用的刚性制约更是加强了土地资源供需矛盾的程度。近几年，广东省每年下达给东莞市的新增建设用地指标只有1万亩左右，每年指标缺口都在2万亩以上，远不能满足东莞市经济发展的需要。同时，东莞市土地开发强度已达43.35%，未来可利用土地空间十分有限，且地块分布较零散，承载大项目能力不强，若按照传统土地开发速度，在今后数年将面临无地可用的局面，经济社会发展明显受到土地空间限制。

长期以来，东莞市在土地利用过程中还存在着土地利用低效、空间无序蔓延等粗放利用的现象，城市转型与土地资源紧约束之间的矛盾逐渐加剧，解决这些问题，最根本的是要改变传统的"自下而上""多点开花"的传统发展模式，统筹区域土地利用，集约利用土地，保障东莞市社会经济持续发展。

2. 提高空间效率，促进人口、资源与环境相协调

长期以来的无序发展导致东莞市的国土空间存在着严重的国土开发问题，过度开发、开发密度过高等问题普遍存在。过度开发导致东莞很多区域环境破坏严重，成为宜居程度较低的空间，也导致了土地资源浪费严重，很多区域已经无地可用。同时，由于镇（街道）行政区划的限制，处于镇（街道）边界地带的土地也无法进行统筹，这在很大程度上降低了土地资源的利用率。在东莞转型升级的背景下，促进东莞市人口、经济与资源环境空间协调、均衡，优化土地利用结构等成为东莞城市转型发展的必由之路。本课题在对镇、村、组三级土地利用现状的分析基础之上，探讨在平衡三级利益的框架下，土地资源可持续利用的途径。

3. 统筹空间资源，支持东莞市生态建设的需要

改革开放以来，东莞市坚持走统筹城乡发展道路，快速推进农村工业化和城市化，在推进工业化的进程中，采取"村村点火，户户冒烟"的分散布局模式，大量引进低档劳动密集型外资企业。随着经济的快速增长、人口的迅速膨胀，东莞面积狭小、资源匮乏的先天性不足逐步显现出来，生态环境恶化，城市环境和自然生态系统承受着前所未有的压力，国土生态安全问题成为东莞市城乡可持续发展的瓶颈。在快速城市化与关注生态安全的背景下，构建合理、稳定的生态体系，引导城市用地与空间资源的合理配置成为重点关注的问题。土地利用在保障生态安全方面发挥着基础性的作用，从区域统筹空间资源角度出发，探讨村组土地利益平衡机制构建，对于支持东莞市生态安全建设有着极为重要的现实意义。

4. 促进社会和谐，建设幸福东莞的需要

当前，东莞市传统单一的以租赁经济为主的发展模式日渐式微，村组集体经济的增长后劲乏力，僵化的利益分配模式和不合理的公共服务责任担当，透支了村组集体的发展活力。而长期以来，村民习惯性地对以土地量股折价分红的村组集体经济过于依赖，在村一级不堪公共管理负担、组一级受困于趋于福利化的股权分配模式的背景下，由此产生的社会矛盾也越来越突出，逐步造成了东莞村组收不抵支的现状。对农村集体土地进行确权，进一步强化农民土地权属意识，并从土地股权分配体系入手，调整和优化现有的村组租赁经济的模式，引入市场化的股权交易，建立专业化、市场化的集体经济运营体系等，对于减少东莞市村组基层社会矛盾，促进社会和谐稳定具有重要意义。

二、研究目标与技术路线

土地资源在东莞市经济社会发展过程中发挥了至关重要的作用，本课题的研究目标是从土地问题角度入手，统筹区域土地利用，获取建立可操作的平衡村组土地利益的创新机制，制订试点村组的土地优化措施与行动计划，以推动东莞市村组社会经济的进一步发展。

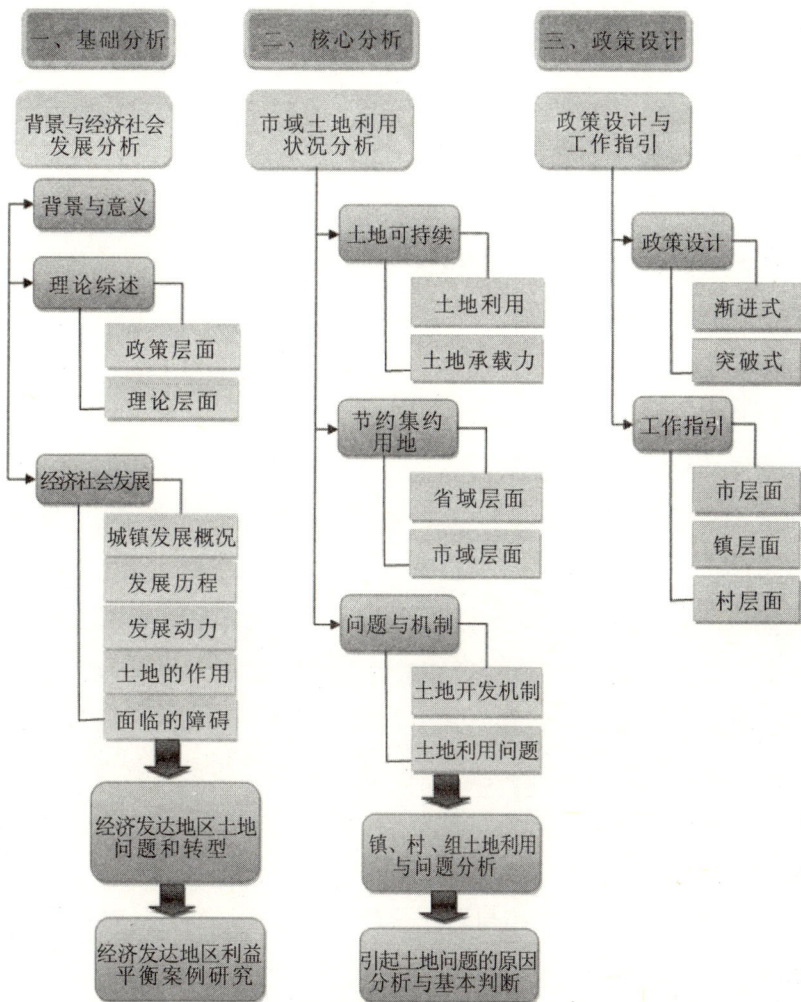

图1-1　技术路线图

三、理论综述

1. 政策层面

（1）国家层面的相关土地政策

① 家庭联产承包责任制的确立。改革开放以来，我国土地政策的确立和推行是适应具体的历史时期生产力发展水平、解放和发展农村生产力的过程，并在政策稳定连续的基础上对土地政策不断改良的过程。20世纪70年代末至20世纪末，我国农村土地制度以家庭联产承包责任制的产生和兴盛为特征，实行"所有权归集体、经营权归个人"的土地制度；21世纪以来，家庭承包双层经营体制不断发展和完善，实行"保持基本土地制度稳定并长期不变，允许农民以多种形式经营土地"的土地政策（王海文，2011）。

1978年，安徽省凤阳县小岗村农民将集体耕地包干到户，拉开了以家庭联产承包责任制为主的农村经营体制改革的序幕。1980年，中央开始支持和推动包产到户，向全国印发了《关于进一步加强和完善农业生产责任制的几个问题》。1982年修正后的《宪法》明确规定："城市的土地属于国家所有。农村和城市郊区的土地，除由法律规定属于国家所有的以外，属于集体所有。" 1983年底，全国农村实行包产到户、包干到户的生产队达93%。这种以家庭联产承包为主的责任制，把家庭承包这种经营方式引入集体经济，形成统一经营与分散经营相结合的双层经营体制。它不仅使农户有了生产经营自主权，而且坚持了土地等基本生产资料公有和必要的统一经营，既发挥了集体经济的优越性，又发挥了农民家庭经营的积极性。

② 家庭联产承包责任制的完善与土地流转的尝试。伴随着改革开放的进一步深化和市场经济的不断发展，家庭联产承包责任制所处的微观基础和面临的宏观环境都发生了较大的变化。特别是由于农业

比较效益低下，越来越多的农民外出务工经商，许多地区出现了土地撂荒现象，并且撂荒面积日益扩大。为解决土地撂荒问题，实行规模经营，提高农业经济效益，各个地方的农民自发地通过互换、转包、转让等方式进行土地流转。承载着农业向现代化道路前进的艰巨任务，土地家庭联产承包制在稳定承包权的同时，进入土地规模经营新形式——土地使用权流转的尝试。

1982—1986年5年间相继发出5个1号文件，对家庭联产承包经营责任制进行不断肯定和发展推行，初步构建了"土地集体所有、家庭承包经营、长期稳定承包权、鼓励合法流转"的土地制度框架。

1988年4月，第七届全国人大常委会对《宪法》做出的修正案规定："任何组织或者个人不得侵占、买卖或者以其他形式非法转让土地。土地的使用权可以依照法律的规定转让。"这一宪法修正，为土地转包从理论走向实践奠定了法律依据。

1991年11月《中共中央关于进一步加强农业和农村工作的决定》指出，要把家庭联产承包为主的责任制、统分结合的双层经营体制，作为中国乡村集体经济组织的一项基本制度长期稳定下来，并不断充实完善。

1993年4月，第八届全国人大再次对《宪法》进行修正，将"家庭承包经营"明确写入《宪法》，使其成为一项基本国家经济制度，从而结束了多年来人们对家庭联产承包经营制度的争论。

1997年，中央再次宣布，土地承包再延长30年不变，营造林地和"四荒"地治理等开发性生产的承包期可以更长，并对土地使用权的流转制度做出了具体的规定。

2000年，《中共中央关于制定国民经济和社会发展第十个五年计划的建议》中指出，要加快农村土地制度法制化建设，长期稳定以家庭承包经营为基础、统分结合的双层经营体制。此后，农村土地政策的法制化进入了快车道。

③ 土地承包制和土地流转制度的不断深化。进入21世纪，国家土地管理制度日益强化，各种必要法律法规逐步制定与完善。2002年，《中华人民共和国农村土地承包法》公布，明确规定了农村土地承包采取农村集体经济组织内部的家庭承包方式；国家依法保护农村土地承包关系的长期稳定；国家保护承包方依法、自愿、有偿地进行土地承包经营权流转，未颁发土地承包经营权证或者林权证等证书的，应当补发证书，标志着从法律上规定了未来一段时期内农村土地产权政策的基本走向。随后，《国务院关于深化改革严格土地管理的决定》（国发〔2004〕28号）规定"在符合规划的前提下，村庄、集镇、建制镇中的农民集体所有建设用地的使用权可以依法流转"。《中华人民共和国农村土地承包经营权证管理办法》的实施标志着我国农村土地流转统一制度体系的建立，也是我国农村土地流转制度上的一个里程碑。

2004—2008年，中央再一次连续5年以1号文件形式发布了有关"三农"问题政策的意见，其中有关土地相关政策方面的规定指出，加快土地征用制度改革，严格遵守对非农占地的审批权限和审批程序，严格执行土地总体利用规划；严格区分公益性用地和经营性用地，明确界定政府土地征用权和征用范围。完善土地征用程序和补偿机制，提高补偿标准，改进分配办法，妥善安置失地农民，提供社会保障；积极探索集体非农建设用地进入市场的途径和办法。与此同时，土地管理制度也得到了强化。

2008年，十七届三中全会通过了《中共中央关于推进农村改革发展若干重大问题的决定》（简称《决定》）。《决定》指出：按照依法、自愿、有偿原则，允许农民以转包、出租、互换、转让、股份合作等形式流转土地承包经营权，发展多种形式的适度规模经营。有条件的地方可以发展专业大户、家庭农场、农民专业合作社等规模经营主体。其内容大致可以归纳为：实施最严格的耕地保护制度，坚守18亿亩耕地红线；实行最严格的集约用地制度；完善土地承包经营权；改革征地制度；建立城乡统一的建设用地市场。《决定》制定的农村土地政策较之上轮，既有原土地政策的延伸，也有新的突破（表1-1）（孙萍 等，2010）。

表1-1　十七届三中全会前后农村土地政策变化

十七届三中全会之前	十七届三中全会之后
保护基本农田	划定永久基本农田
耕地占补平衡，其余未作相关规定	耕地先补后占，不得跨省市区实行占补平衡
土地整理复垦开发	继续推进土地整理复垦开发，农村宅基地整理
只强调要有集约用地意识	实行最严格的集约用地制度
划定城乡建设用地边界，但屡有突破	从严控制城乡建设用地总规模
耕地的承包年限为30年	保持现有土地承包关系长久不变
土地承包经营权采取转包、出租、互换、转让或者其他方式流转，其余未作细致规定	适度规模经营：允许农民以转包、出租、互换、入股等方式流转土地承包经营权，有条件的地方可以发展专业大户、家庭农场、农民专业合作社等
国家为了公共利益的需要，可依法对土地征收或者征用并给予补偿，但未对公共利益做出明确界定。土地补偿费和安置补助费总和不得超过土地被征收前3年平均年产值的30倍	改革和完善征地制度：严格界定公益性和经营性建设用地，逐步缩小征地范围；完善征地补偿机制：按照同地同价原则及时足额补偿、解决好被征农民就业、住房、社会保障等问题
集体土地不允许买卖、抵押	集体土地与国有土地享有同等权利

　　而在2009年中央1号文件中也指出，要为农村"建立健全土地承包经营权流转市场""鼓励有条件的地方发展流转服务组织，为流转双方提供信息沟通、法规咨询、价格评估、合同签订、纠纷调处等服务"，同时强调"土地承包经营权流转，不得改变土地集体所有性质，不得改变土地用途，不得损害农民土地承包权益。坚持依法、自愿、有偿原则，尊重农民的土地流转主体地位，任何组织和个人不得

强迫流转，也不能妨碍自主流转"。允许流转土地承包经营权，即意味着农民可以将土地使用权以某种形式流转出去获取土地收益，将土地的生产价值间接折现，将耕地保障转化为地产保障。

小结：从改革开放以来我国土地政策的演变来看：① 国家高度重视农村的土地工作和土地问题；② 法制化进程加快，法律上不断明确农村土地的承包经营权的内涵，包括承包、占有、经营、收益、转让、入股、抵押、继承等各种权利的法律含义，以及如何在集体与农户之间具体划分等；③ 在所有权和使用权分离条件下，家庭联产承包责任制经历了确立、走向不断调整和完善的过程；④ 注重在政策制定和调整的过程中维护农民利益，土地政策的改革顺应了广大农民的利益要求；⑤ 改革开放以来农村土地政策的经验，为以后农村土地政策的制定、执行和突破提供了理论上的支持。

（2）广东省、东莞市的相关土地政策

改革开放以来尤其是20世纪90年代以来，在珠江三角洲，多种具有重要开拓价值的制度安排形式开始不断出现，其中包括对农村土地的完善做出新的探索。

1984年，广东省委转批《关于延长土地承包期，完善联产承包责任制的意见》，对落实中央关于延长承包期和调整土地工作等做了具体要求，到1984年底，全省大部分地区完成了土地调整、延长承包期的工作。

1985年4月，东莞县委印发《关于加快落实华侨房屋政策的意见》，要求在土地改革中，对农村和城镇没收、征收的华侨房屋，应一律退还给华侨房主。

1987年4月，东莞市政府根据《中华人民共和国土地管理法》和《广东省土地管理实施细则》，制定《东莞市村镇非农业用地管理实施细则》，加强了对非农业用地的管理。

1988年8月，东莞市政府制定《东莞市市区土地规划管理暂行规定》和《东莞市市区建设规划管理条例》，明确市区范围包括东至附城主山管理区、下桥管理区、上桥管理区，南至篁村石鼓管理区、附城立新管理区，西至万江坝头管理区、金泰管理区，北至万江石美管理区的所有地区，总面积约60平方公里。

1989年5月召开的全省农村工作会议，提出要完善土地承包制，逐步实行土地有偿承包；群众要求调整承包土地的，可以在"大稳定"的前提下，适当进行"小调整"。

1990年7月，广东省委转批《关于完善农村集体土地经营管理体制的意见》，对实行土地有偿承包、土地承包经营权流转和加强承包合同管理等问题提出了政策意见，把完善双层经营体制纳入规范化管理。

1991年12月，东莞市委八届二次会议研究贯彻了中央和省委关于加强农业和农村工作的两个《决定》，会议指出，必须牢固树立以农业为基础的指导思想，始终把农业现代化建设摆在重要的战略地位，要稳定家庭联产承包责任制，完善统分结合的双层经营体制等。

1992年，广东省人大常委会公布了《广东省农村社区合作经济承包合同管理条例》，把土地承包合同等管理纳入了法制轨道。

1993年，东莞市委制定《东莞市农业保护区实施方案》，确定农业保护区的范围，禁止在保护区内从事新厂房、住宅、工业区等非农建设等。

2000年，广东省颁布实施《广东省实施〈中华人民共和国土地管理法〉办法》，与以往的规定相比，征用农村集体土地的补偿标准提高了近1倍。

2001年8月，东莞市委、市政府颁布实施《东莞市松山湖科技产业园征地、拆迁暂行规定》，决定将松山湖建设成为东莞未来的经济和科技中心，松山湖科技产业园规划红线内面积为71.9平方公里，征地红线内面积为59.5平方公里，工厂、民宅拆迁面积为1.99平方公里。

2003年广东省政府下发了《关于试行农村集体建设用地使用权流转的通知》（粤府〔2003〕51号），对农村集体建设用地使用权流转的原则、条件、审批程序和收益分配等方面做出原则性的规定。广东省试行农村集体建设用地流转的目的在于：一是逐步实现国有土地和农民集体土地"同地、同价、同权"，建立统一、开发、竞争、有序的土地市场；二是逐步实现农村集体建设用地使用权稳妥、规范、有序流转，促进农村集体经济发展，维护农民合法权；三是盘活集体存量建设用地，增加建设用地有效供给；四是深化土地管理改革，为完善现行土地管理法律法规提供有益探索。

2004年7月，东莞市委、市政府发布《关于推行农村股份合作制改革的意见》《东莞市农村股份合作制改革实施方案》《东莞市农村股份合作经济组织股东资格界定若干规定》《东莞市农村股份合作制改革清产核资工作方案》等一系列重要文件及精神，推进农村股份合作制改革和清产核资工作。

2005年《广东省集体建设用地使用权流转管理办法》（简称《办法》）颁布实施，规定农村集体建设用地可以与国有土地一样，按"同地、同价、同权"的原则纳入土地交易市场。这是全国第一个规范集体土地流转的省级规定，广东省范围内的集体建设用地使用权可以通过出让、出租、转让和抵押，包括农村的经营性用地将全部通过市场流转。该《办法》在以下几个方面有所创新：第一，集体建设用地使用权同国有土地一样经出让、出租、转让、转租、抵押、作价入股后，土地的价格不再取决于其"身份"，而是取决于其所在的地理位置，广东省除集体土地使用权不能进行房地产开发外，其他用途的土地，均由评估机构按相同方法进行评估，相同位置的集体土地和国有土地，地价完全相同；第二，集体建设用地使用权在转让过程中，由农民自己决定采取何种方式进行转让，而国家为了公共利益需要，依法对集体建设用地实行征收或者征用的，该土地集体所有者和使用者应当服从，但必须经过本集体经济组织成员的村民会议2/3以上成员或者2/3以上村民代表同意，即必须征求村民的同意才能报批，保障了村民的知情权和参与权；第三，农民集体可合法地与工业企业等谈判，可自主地出让、出租集体建设用地；第四，集体建设用地使用权流转所取得的收益将纳入农村集体财产统一管理，其中50%以上应当专款专户用于农民的社会保障安排，不得挪用，为农民利益提供了一个保护底线。

东莞作为广东省的重点实验地区之一，同年也颁布了《东莞市集体建设用地使用权流转管理实施办法》，该实施办法对规范东莞集体建设用地使用权流转市场秩序，保障集体土地所有者和使用者的合法权益和优化配置土地资源起到了重要作用。

2009年，广东省《关于推进"三旧"改造促进节约集约用地的若干意见》（粤府〔2009〕78号）指出，切实推进我省旧城镇、旧厂房、旧村庄改造工作，促进节约集约用地试点示范省建设，确保经济社会又好又快发展，采取因地制宜的多种方式推进"三旧"改造，分类处置和完善"三旧"改造涉及的各类历史用地手续。同时，把广州、深圳、佛山、东莞等作为试点城市率先进行"三旧"改造。同年，东莞市颁发《东莞市推动产业结构调整和转型升级实施"三旧"改造土地管理暂行办法》《东莞市"三旧"改造实施细则》等文件，为东莞市"三旧"改造工作的展开提供了政策保障。

2011年，广东省《关于切实做好城乡建设用地增减挂钩试点和农村土地整治工作的通知》进一步规范了城乡建设用地挂钩试点工作，完善了用地管理制度，促进了农村土地整治工作扎实有效地开展。

小结：① 在遵循国家政策方针的前提下，采取灵活和因地制宜的方法，省市的土地政策和实践在很多方面有所创新，如农村土地股份合作制的几种典型模式、"三旧"改造试点工作等，值得借鉴和进一步思考；② 关于农村集体建设用地的制度变革，广东的实践经验丰富，对全国的土地管理制度都产生了深远影响，它创新了土地管理制度，促进了土地的节约集约利用，促进了统一、规范、有序、两种所有制一体化的土地市场体系的建立和完善，并强化了对农村集体土地的统一规范管理。

2. 理论层面

在提倡可持续的人类发展战略目标的当下，土地资源的可持续利用是经济与社会可持续发展的重要保障。由于土地利用存在的问题和目标不一样，使得如何协调社会经济活动中各土地利用主体在土地资源利用中的利益关系成为重要议题，尤其在关注农村、重视农民问题的当前，显得意义重大。目前，土地利用和各方利益方面的研究主要聚焦在土地利用中土地发展权与公共利益关系的协调研究、土地利用规划中公众利益的价值取向研究、土地利用规划决策的公众参与研究、农村土地产权研究、农村土地流转研究、农村宅基地整理研究、农村集体建设用地研究、农地征收补偿研究、农村土地制度改革研究等方面。

（1）土地发展权与公共利益关系的协调研究

如何协调社会经济活动中各土地利用主体在土地资源利用中的利益关系，是每个国家土地利用规划中的一个基本内涵。国外在土地发展权与公共利益关系的协调方面实践较早，研究也较为全面。陈美球等（2007）总结出早在19世纪中期英国因工业化带动的城镇化发展时期，考虑到公共的健康和利益，政府提出对私有土地使用的控制和监督，首次提出了土地利用规划的思想，就出现了政府对土地公共利益调控与土地私有权力保护之间的冲突，之后为了处理好土地利用公共利益与私有财产权保护的问题，公共参与应运而生，并成为土地利用规划的一个原则。德国把公众参与视为土地利用规划的核心，并通过多个规划实践，总结出规划中公众参与的经验；英国考古委员会组织编制基于保护历史遗产的土地利用规划时，除了公众参与外，还邀请多个国家非政府组织参与，相互讨论形成统一意见。美国加利福尼亚将吸纳民众参与的多少作为评价规划委员会工作好坏的依据之一。加拿大在社区服务部开展公众参与的工作，如在地方社区协会的指导下，在每个街区成立了地方公民委员会；对每个地方公民委员会的成员进行规划方面知识的免费教育与培训；对重要的街区制定地方区域规划，分析街区社会经济发展面临的挑战及反映在土地利用上的问题；对每个街区逐年的主要指标进行分析评估，如人口数量与结构变化及分析、家庭收入、就业水平、私有财产、犯罪记录、社会救济人口比例等。韩国从20世纪90年代后期开始了由中央政府推行的RDZ政策（限制发展区政策）的改革，提出了环境友好型土地利用规划，认为公众参与的土地利用规划是解决私有利益与公共利益、国家利益与地方利益矛盾冲突的最好办法。为了让公众了解规划的重要性，政府加大了可持续发展的宣传，并在分析可持续发展、财产权和公众参与基本原理的基础上，归纳了规划中可持续发展的五个原则：自然环境的保护、经济增长中不可再生资源的利用最小化及减少废物产出量、地方经济充满活力和多样化、满足人类的需要和社会公正、社会公平（含代际公平）。强调私有财产权的使用，不能破坏环境，在追求最大经济效益的同时，对社会的负面影响也应最小。从2000年9月开始，RDZ改革进入了国家与公民相互协商的新阶段，人们普遍对限制发展区政策持支持态度。

在国内，何元斌、林泉（2012）从土地发展权的视角出发，以提高城市土地利用效率为核心，从制度设计和制度变迁动力的角度分析城中村的形成机制，对城中村改造各参与主体在改造的制度选择中的行为进行博弈分析。结果表明，集体土地的发展权属收益成为城中村改造中地方政府与村集体博弈的关键；土地产权制度创新是城中村改造的首要前提；实现城乡一体化是城中村改造的必然选择；城中村居民社会保障制度的建立与完善是城中村改造的根本保证。认为改造的关键在于产权制度创新，即协调和均衡城市政府、村民及村集体、开发商等主要参与主体之间公平合理的土地发展权收益分配，以制度创新为前提，以政策为指导，以合理分配为准绳，促进城市的持续与和谐发展。郭湘闽（2007）以北京为例，通过对中外相关规划制度的比较，从土地发展权建立的制度前提和运行方式两个层面探讨了值得我国借鉴的规划经验，并由此提出了以土地发展权为利益平衡杠杆，完善旧城保护与复兴规划的建议。

（2）土地利用规划中公众利益的价值取向研究

公共利益在近代规划理论与实践上是一个极其重要的概念，相关研究较为丰富。吴未、黄贤金（2005）总结了在启蒙时代、好政府运动、理性综合规划、渐进式规划、辩护式规划可持续发展范式、沟通理性规划中对公共利益内涵的界定，认为由于人们之间存在着个体差异，加之随着社会的不断发展，人们的价值观也在不断地发生着变化，因此，在不同规划时期中的公共利益的含义也在发生着变化，这使得规划范式出现了转移。同时认为目前中国土地利用规划中的利益主体包括：各级政府、不同的经济利益实体和广大农民群众。从公众利益角度出发，规划中存在"有量无质"的战略目标、"自上而下"的指令指标、"逐层均摊"的指令指标、"上松下紧"的用地指标、"有名无实"的利益实体等问题。针对这些问题，提出土地利用规划中公众利益价值取向应采用公众利益的依循原则，注意"效率"与"公平"问题、"时间"与"空间"问题、"吃饭"与"发展"问题、"整体"与"个体"问题等。因此，土地利用规划所涉及的不仅仅是土地资源本身，还肩负着中国社会经济可持续发展的物质载体的重任。因此，除了土地利用规划编制工作需要在思想原则、具体指标、评价体系、公众参与、执法监督等方面进行不断调整和完善以适应社会发展需求以外，还需要与各相关领域不断协调，才能逐步发挥好其职能。

（3）土地利用规划决策的公众参与研究

随着西方土地利用规划方法的影响，公众参与的理论也逐步渗透到我国规划修编中，在理论上更是有了较大的突破（胡静，2010）。程琴、郝晋珉等认为公众参与土地利用总体规划存在着土地管理政策及法律制度不健全、规划师的观念偏颇、公众意识淡薄等方面的问题，他们提出应该广泛宣传，增强公众参与的意识；确立法律体系，规范公众参与的程序；强化教育，增强公众遵守规划的意识；转变职能，服务公众参与规划；简化语言，使规划通俗易懂等方面措施来提升公众参与土地利用总体规划的对策。赵哲远等（2005）以中加合作试点单位浙江省嘉善县为例，以城乡居民生活质量的改善作为规划的切入点，采用"头脑风暴法"，分七个步骤讨论了公众参与土地利用规划的过程和方法。最终公众采用"100美元"意向投资的方法，确定了嘉善县的五项规划主题：良好的区位条件、丰富的历史文化资源、水和空气受污染、建设用地利用效率低、农地保护政策缺乏弹性，并有针对性地提出相应的行动计划。邓红蒂等（2005）认为公众参与对提高土地利用规划的科学性和实施的可行性有积极的作用。提出土地利用规划编制与实施应体现以人为本、统筹兼顾、集思广益、科学论证、民主决策的规划理念，中国土地利用规划的公众参与已有了良好的开端，但需从符合国情和土地利用规划发展的角度进行完善。李沙（2008）通过对我国土地利用总体规划实施现状进行分析，指出公众参与不足是土地利用规划执行不利的重要原因。在此认识基础上从社会发展、民主推进等方面规划理论发展的必然性；兼顾受规划影响的不同利益主体的土地权益和经济利益的需要；提高公众对规划的认识理解以便促进规划顺利执行，提出在土地利用总体规划中引入公众参与机制的必然性和必要性，强调公众参与土地利用总体规划是十分有价值有意义的。

（4）农村土地产权研究

国内专家学者对农村土地产权的研究包括农村土地集体所有制问题的研究、农村土地家庭承包经营制度的研究以及农村土地家庭承包经营权流转的研究等内容。

在农村土地集体所有制问题方面，主流观点是坚持和完善农村土地集体所有制。多数学者认为我国农村必须坚持土地集体所有制，坚持农村土地集体所有制并不妨碍发展社会主义市场经济，其关键在于找到农村集体所有制与市场经济的结合点，即农村土地家庭承包经营制度。但这种传统的集体所有制的缺陷在于，农民名义上作为集体土地的天然所有者，但并不清楚自己在集体土地中占有和支配的份额。集体产权的这种特征，使得集体和作为集体主人的农民在权益关系上模糊不清。例如，高元禄（2007）认为要真正保障农村集体土地产权的稳定，就要明晰和确定土地所有者的权利和义务，保证所有者能充分行使有关土地的权利，并在法律上明确土地所有者的权利和义务。

但也有少数学者主张对农村土地实行国有化，他们认为，我国农村土地的法律所有权与实际所有权是不一致的，农村土地所有权的真正主体是国家，乡、村集体只是国家所有权的基层代理人。安希伋（1988）认为，农户直接向国家租赁土地，既可以避免集体负责人对农户承包经营权的侵犯，又能在更大范围内实现社会公平，防止土地兼并，做到耕者有其田，还可以明确界定土地所有者和土地经营者的不同权益。张德元认为，由于农村集体土地所有权的主体缺位，国家对集体土地的权利的行使也有种种限制，只能实行土地的国家所有，由国家将土地的使用权出让给农民，这种农村土地国有化的主张更多的是看到集体所有权为乡村权势阶层所控制的现实，希望引入更高的权力来制约这种所有权进行寻租，在国家获得所有权的同时赋予农民

经济发达地区土地利用与民众利益
土地利用与空间规划丛书

的永佃权，以确保农民获得长期而稳定的土地权利①。

还有少数学者认为，农村土地集体所有制实行私有化。文贯中（1989）认为，农民对自己的土地产生长期稳定的预期，可以有效克服集体所有或国有化的种种弊端，有助于土地使用效率的提高。单胜道（2003）认为，实行农村土地私有化，能提高土地经营的长期效力，充分发挥市场对土地资源的调节作用，能充分调动农民的积极性，也有利于农村土地的流转。事实上不仅社会主义国家存在多种所有制性质，资本主义国家的土地也是国有、社团（集体）所有和私人所有并存。

在农村土地家庭承包经营制度问题的研究方面，学术界对土地家庭承包经营制度的实质有三种不同的观点：第一种主流的观点认为，家庭承包制度是农业合作组织为克服过去集体生产的"大锅饭"而采取的一种生产责任制，是一种能真正体现农民在集体经济中的主人翁地位，并能把直接生产者与土地最佳地结合起来的生产组织形式和经营形式；第二种观点认为，家庭承包制度是一种土地租赁的特殊形式，承包者农民与集体的关系不是生产责任制的关系，而是租佃关系（刘福垣，1992）；第三种观点认为，家庭承包制度既没有坚持集体所有制，也没有坚持按劳分配，集体经济已经名存实亡（刘必坚，1980）。

农村土地家庭承包经营制度在法律上表现为土地家庭承包经营权，延长土地家庭承包期限就是稳定土地家庭承包经营权。王景新（2001）认为，集体成员应当天然地无差别地享有集体所有的土地，并把这种观念转化为一种制度安排，土地制度改革和建设必须平衡农民长期的土地使用权与平均占有之间的关系，对那些土地的小调整进行严格的限制，至少应限定在10年。也有学者认为，农民在今后30年

---

① 实行土地国有化 赋予农民永佃权：http://www.chinareform.org.cn/ad/nongcunmeeting_2003/1-09.htm.

内可以排他地自主使用和处置承包地，推进农业和农村经济结构的战略性调整不能寄希望于土地的行政调整，而应通过农地使用权的市场化流转来解决。还有学者认为，要按照市场化土地制度目标的要求，割断人对地的依赖关系，改变平均承包方式，实行竞争承包，取消机动地，禁止小调整。何凌云、黄季焜（2001）以广东省为例进行实证研究后认为，土地使用权的稳定性，不但影响农民对农业用地旨在提高土地肥力的长期性投入，而且影响农业用地的短期投入。

小结：① 对农村土地产权的研究内容主要包括农村土地集体所有制、农村土地家庭承包经营制度等方面，对农村土地产权形成了集体所有、国有、私有三种不同的观点，对农村土地家庭承包经营制度也形成了三种截然不同的观点；② 不论集体、国有还是私有土地产权制度，每种所有制都有其自身的优点和缺点；③ 学者们对延长土地家庭承包期限、稳定土地家庭承包经营权的看法不一，是基于土地制度改革可能产生的各种影响而产生的。

（5）农村土地流转研究

关于农村土地流转方式的研究。一种观点认为，土地使用权可以依照出让、出租、发包、转让、转包、转租、入股和抵押等八种方式进行（修海玉 等，1994）。另一种观点强调市场化土地流转制度的构建，即培育农村土地市场，包括土地所有权市场和土地使用权市场。为了实现土地的有效流转，实现集约化、规模化生产，提高土地的经营效益，在实践过程中，有些学者提出了一些操作性较强的新思想和新模式。姜勇等（2009）以土地整理为平台，促进农业结构调整，促进农村承包经营权流转，促进新农村建设。唐学文、王有斌（2010）提出"公司+基地"、土地股份合作、季节性流动等模式，有效推进农村土地流转。杨学城等（2001）认为有偿转租或转让、土地投资入股、土地信托、土地互换等流转模式，是实现农业产业化、现代化和农村城镇化的有效方式。韦云凤（2009）提出"集体统一规划、小组协调生产、分户承包管理"和"公司+基地+农户"等土地流转模式。蒋永穆、杨少垒（2010）认为利益协调推进模式是建立农民、企业、集体和政府"四位一体"、根本目标一致、四方合力推进土地经营权流转的有效模式。邓大才（2002）提倡在东部经济发达和城郊非农机会较多的地区使用股份合作经营模式、承包土地资本化模式、承包土地证券化模式、团体租赁经营模式和托管经营模式。杨德才（2005）提出股田制企业模式能较好解决我国农村家庭联产承包责任制面临的突出问题。吴力科（2009）提出"土地流转"与专业合作建设相结合的农民专业合作社模式，认为发展"一村一品"是创建专业合作社的前提。彭富明（2009）提出土地股份合作制。这些流转模式最大限度地提高了土地的利用效率，有利于实现规模化经营。同时，实现了土地所有权和使用权的稳定分离，也有利于分散经营的风险。但其对农业内外部要求较高，存在农村剩余劳动力转移、建立社会保障、培育优秀集体或龙头企业等诸多问题（吴萍，2010）。

改革开放以来，各地通过农村土地流转实践，形成了一些具有地方特色的流转模式，南海模式是我国最早的一种农村土地流转实践探索。1992年，佛山市南海罗村镇下柏管理区，把辖区内农民的土地划分为农业保护区、工业开发区及群众商住区，同时以行政村或村民小组为单位，将农民承包的农村集体经营组织拥有的集体土地集中起来，然后由股份合作组织将土地统一发包给专业队或少数中标农户规模经营，或由集体统一开发和使用，农民根据土地股份分享土地非农化的增值收益、经营收益，经营初期股权不能继承、转让、抵押和提取。南海模式打破了政策上的种种限制，实现了土地的集约化经营（蒋省三，刘守英，2003）。随后，在农村土地流转的实践中形成了以两田制为特征的监利模式（黄德斌 等2008）、以土地换社保为特征的嘉兴模式（李学军，李飞，2010）、以农民集体建设用地使用权流转为特征的芜湖模式（许恒周 等，2008）、以农地直接入市为特征的广州模式（冯艳芬 等，2013）、以农村土地资本化为特征的成都模式和以宅基地换房为特征的天津模式（倪明胜，2009）等。这些模式的共同特征是在某一方面突破了当时政策规定的一些限制，对当地农民增收和农村发展起到了一定的促进作用，但也都存在一定的问题。傅晨、范永柏认为东莞农村土地承包经营权流转的主要成效是促进了农业剩余劳动力转移、有效防止了土地抛荒，指出土地流转存在发展缓慢、不规范、没有明显提高土地利用效率、土地流转中介机构发育滞后、政府角色错位等问题，并有针对性地为促进东莞市农村土地承包经营权流转提出政策建议。

关于土地流转定价的研究。我国土地流转定价方法的研究还处于探索起步阶段，许多学者从不同的角度进行了分析。大多数学者认为收益还原法适合我国土地流转价格的估算。彭荣胜等（2002）提出，虽然收益还原法存在纯收益与还原利率确定困难的问题，但运用较广泛。陈青安等（2008）探讨了利用C-D生产函数确定纯收益的定量化方法。此外，成本法、市场比较法、社会福利价值定价法等方法也常用于土地流转定价。

关于农村土地流转影响因素及对策的研究。我国学者对土地流转因素进行了深入的探讨，土地产权、市场机制、社会保障以及政府干预与土地流转都存在密切关系。张红宇（2002）认为，农村土地使用权属不充分，导致难以在大范围内进行土地流转，影响土地资源配置效率。田传浩、贾生华（2004）对苏、浙、鲁地区的调研得出，农户对土地使用权稳定性的预期显著影响其土地流转行为，对稳定性的预期越高，农户租入土地的可能性越大，租入土地面积也越大。于代松、朱穆超（2002）认为，建立农地流转市场应重点做好物化农民的土地使用权、构建流动市场服务体系、提高农民土地市场化流动意识和参与能力等三个方面的工作。徐志明（2009）提出要采取"因地制宜，量力而行，形式多样，农民自愿"的原则，多渠道、多层次、多

经济发达地区土地利用与民众利益
土地利用与空间规划丛书

形式地施行农村低保、养老、医疗等社保制度，以土地股份合作制为突破口，探访农村社会保障体系建设新途径。冷小杰（2005）认为，由于农用地市场发育的迟缓和市场机制本身固有的不足，必然使市场机制在土地资源配置中存在不少缺陷，政府的宏观调控是促使土地流转的重要因素，要加快完善农用地流转的法律法规，指导农用地土地流转合同的订立，妥善调节和处理农村土地流转纠纷。王雪琴、黄衍雄（2008）以佛山农地为研究对象，分析佛山地区土地非法流转方式产生和存在的原因，并提出合理的解决对策。张征（2009）对广东省农村土地经营及流转基本情况进行系统调研，研究了广东省土地流转的成效和几种典型的做法，在此基础上总结出土地流转必须同产业发展紧密结合、实行各方兼顾的土地股份制利益分配方法等经验。

小结：① 主要介绍了农村土地流转方式、土地流转定价以及农村土地流转影响因素及对策等方面的研究内容；② 很多学者结合研究实例提出了诸多行之有效的土地流转的方法和模式，这些模式的提出丰富了我国农村土地流转的方式，促进了农村发展和农民增收，但是这些模式也都有其自身难以克服的缺陷；③ 对土地流转定价的研究成果相对较少，研究的方法趋向于多元化；④ 对土地流转的影响因素和对策的研究方面，目前，基于土地流转机制提出了要建立土地市场体系、推进社会保障系统、引入金融中介等办法，但研究较泛，有待于深入探讨，提出切实可行的方案。

（6）农村宅基地整理研究

农村宅基地整理，从根本上说就是推进宅基地集约利用。陈美球等（2009）对当前农户农村居民点用地集约利用意愿进行实证分析。此外，也有学者专注于宅基地产权问题的探讨。何英彬等（2009）从土地整理潜力、土地整理模式及土地整理政策建议三方面对农村居民地土地整理的研究成果进行了梳理，明晰了农村居民点土地整理的目的与效果对耕地数量的影响。叶艳妹、吴次芳（1998），朱华燕

（2006），李芹芳等（2008），赵珂（2008），曹玉香（2009）也提出了相似的观点。吕学昌（2003）认为，我国加入WTO以后，农业发展战略和农业产业结构的调整，可以有力推动农村居民点的重构。张占录、杨庆媛（2005）以北京市顺义区农村宅基地为分析对象，具体分析了其整理的推动力。谷晓坤等（2007）以浙江嵊州为例，研究了宅基地整理的驱动力，并将驱动力分为政策驱动力和经济社会驱动力。阳利永、刘秀华（2007）对我国农村居民点整理的内部和外部优劣势进行了系统分析，认为宅基地整理潜力大，节余建设用地指标。张卫华等（2009）利用SPSS分析软件和主成分分析法对株洲市1998—2007年土地利用变更数据及相关社会经济数据进行分析，认为影响农村居民点土地面积变化的驱动因子可归纳为社会经济因素和自然因素两个方面，其中社会经济因素是主导。李晰、曲晨晓（2007）构建了农村宅基地土地集约利用评价体系，并以河南长葛市为例采用层次分析法进行实证研究。马佳、韩桐魁（2009）采用实地调查、综合分析、主成分分析、ArcGIS空间统计分析等研究方法构建评价指标体系，对孝南区行政村层面的农村宅基地集约利用做出评价。做过类似研究的还有朱传民等（2007），石诗源、张小林（2009），宋伟等（2006），唐柳、王瑾（2007）等。

从整理组织模式和资金筹集模式方面来说，学者提出的模式包括政府主导型、市场主导型、村集体自主型等（罗瑞芳，2010）。吴苓（2007），陈伟峰、赖浩锋（2009），万国华（2009），蔡玉胜（2009），张晓丽（2009）等学者对宅基地换房问题从经济、法律角度进行了多方面研究和思考，认为宅基地换房模式既能够有效推进农村城镇化，又能够解决大城市建设用地资源困境问题，还对促进耕地保护具有重要意义。王瑞雪、赵秀红（2009）认为应该审慎看待宅基地换房制度。赵柯（2008）认为宅基地整理过程涉及农村居民点的拆迁安置、农民土地的再分配和补偿，后者的内容是影响宅基地整理实施效果的关键因素。此外，还有学者从微观上给出了宅基地集约利用实施的具体措施建议。

关于农村宅基地入市的研究。有学者认为，农村宅基地不得交易是农村宅基地分配制度的有机组成部分，物权法必须重申禁止农村宅基地贸易的现行法律政策（孟勤国，2005）。也有学者主张建立农民宅基地使用权流转制度，参照土地承包经营权的改革方向，调整农村宅基地的产权设置，探索建立与农村宅基地合法流转相配套的财税体制和集体土地产权制度等（中国土地勘测规划院地政研究中心，2007）。

小结：① 针对我国国土资源的现状和国家相关政策文件的要求，关于宅基地集约利用的研究是当前学术界关注的焦点；② 对宅基地的研究内容和研究方法趋向多元化，地理学者、经济学者、法律学者等分别从不同角度、采用不同的研究方法对农村宅基地整理进行了大量的研究，但是各个领域的整合程度还不够；③ 从整理组织模式和资金筹集模式方面来说，学者提出的模式包括政府主导型、市场主导型、村集体自主型等；④ 对宅基地集约利用的实现方式研究主要集中于对宅基地整理这一具体实现手段的研究，缺乏体现和机制的研究，多数学者认为城市化是宅基地集约利用的驱动力；⑤ 上述研究普遍反映的一个问题是农村宅基地集约利用程度还很低，而宅基地集约利用可挖掘的潜力比较大；⑥ 关于农村宅基地入市的研究，有学者认为，农村宅基地不得交易，也有学者主张建立农民宅基地使用权流转制度，调整农村宅基地的产权设置。

（7）农村集体建设用地研究

国内关于农村集体建设用地的研究体现了以下特点：一是关于流转问题的成果较多，研究也较深入，并且对集体建设用地入市已基本达成共识；二是绝大多数专家学者认为明晰土地所有权是当务之急；三是纳入了政府管理制度；四是研究主要放在了所有权、流转权、利用权及管理制度上（赵娉婷，2011）。

关于我国农村土地集体所有的问题的研究。李佳、张志军（2008）认为农村土地集体制度存在合理性。王卫国（1997）认为，我国现阶段农村土地权利的制度设计，应采取一种渐进式、改良式的方案，维持集体土地所有制现状，对集体土地使用制度进行改革。农村集体建设用地存在的最大问题是"集体"界定模糊，殷琳（2005）认为乡、村、村民小组在不同程度上都是农民集体土地所有权的代表。何启环（2008）认为政府拥有公地，农村合作社、中国公民、在中国境内注册的法人企业都可以拥有土地所有权，多元化的所有权制度是所有权进入市场的基本前提条件。

作为最热点的集体建设用地流转问题，多数学者急切盼望早日入市，建立城乡统一的土地市场。周建春（2003）认为，集体建设用地流转是市场经济下生产要素合理流动与优化配置的要求，也是打破城乡建设用地双轨制、实现城市化和经济社会协调发展的必然要求。当集体土地进入市场，集体经济与城市经济分割的窠臼就可以打破，农民与城市、农业与工业就可以走向一体（王少俊，2008）。围绕集体建设用地入市的利益分配，叶元海认为，比照国有土地使用权方式、年期、价格等直接纳入集体土地出让轨道，集国有土地转让市场、出租市场、抵押市场于一体，并改用累进税进行调节，让农民享有大部分收益（叶元海，2009）。

农村建设用地抵押权作为一种前沿问题也引起了诸多学者的关注。洪传芳（2008）认为，转让农村集体所有制土地上的建筑物时，如不改变原土地的所有性质，则一定是本集体经济组织中的成员方能参与竞买，如果要在非本集体成员中流转，则应先经法定程序改变土地集体所有和土地用途。

小结：① 国内关于农村集体建设用地的研究体现了对集体建设用地入市基本达成共识、明晰土地所有权是当务之急、纳入了政府管理制度等特点，研究重点是所有权、流转权、利用权及管理制度等方面，关于集体建设用地非正式行为规则研究较少，增减挂钩试点的实证研究较少；② 未将土地征用制度作为集体流转的一种方式进行研究，研究对象往往易于停留在农用地上；③ 集体用地入市利益分配和抵押权引起了学者们的关注，但集体土地进入市场依然受到很多限制，研究有待于深化。

（8）农地征收补偿研究

伴随着我国20世纪90年代末以来城市化进程的加速，土地征收补偿成为土地问题的热点，土地征收补偿是土地征收问题的核心和关键（刘祥琪，2010）。我国学者从不同的角度研究了征地补偿机制中存在的一系列问题，现行的征地补偿机制产生问题的主要原因有如下几种观点：一种观点将其归结为计划经济体制的缺陷，例如，刘永湘（2004）、马贤磊等（2006）认为土地征收补偿费用过低的症结在于我国整个价格体系扭曲、缺乏弹性，从而导致农村土地所有者的利益得不到完全补偿，因此首要任务不是改革土地自然增值部分的分配规则，而是要消除土地价格扭曲，让市场成为国家和农民利益的主要机制。郑文博（2006）、张英洪（2006）、陈国富（2006）认为农村与城市二元性分割的土地制度以及国家对城市土地一级市场的垄断是造成土地征收补偿问题的根源。王华春等（2005）认为，在计划经济时期国家把土地征收补偿压低的原因是为工业化进行原始积累。还有研究认为土地征收补偿问题的背后是城市与农村土地在权利拥有及它们在市场上的实现能力方面的差异。这一差异是农村和城市土地价值差异巨大的基础。另一种观点认为，征地补偿问题产生的原因是由于法律制度存在缺陷，代表人物有陈江龙（2002）、周其仁（2004）、张慧芳（2005）、吴郁玲（2006）、郭熙保（2006）、朱启臻（2006）等。

关于土地增值收益分配问题，目前主要的观点可以归纳为"涨价归公"还是"涨价归农"。林毅夫认为，城市化带来了土地利用形式的改变，大量农用地将会随着经济发展转变为城市用地，快速的经济增长必然导致地价飞涨，土地的涨价，不管是城市中被征收后所带来的涨价还是从农用地变成非农建设用地所带来的涨价，是整个经济发展带来的结果，土地拥有者的贡献微乎其微，因此，这样的涨价所获的利益应更多地回报社会（楼培敏，2004）。黄祖辉、汪晖（2002）认为，非公共利益性质的征地行为对农民土地发展权的侵害，带来的后果是降低土地配置效率、延迟土地开发时机、降低征地效率。吴郁玲等（2006）认为，农地价值的增值主要来自于农地内部和农地与非农地之间转化两个方面。在涨价归农还是归公的问题上，杜新波、孙习稳持折中的观点，认为土地增值收益分配的症结在于不同主题投资所产生的外部性。严金明（2009）认为，依法征地，采用市场机制，将征地价格与市场价格挂钩，按市场价格对失地农民进行合理补偿。

关于失地农民安置方式的研究，国内学者主要从土地换社保、集体土地入股分红，以及多元化征地补偿安置方式的角度进行研究，可以采取土地换社保、入股分红、经济补偿、社会保障和就业服务等一系列措施解决被征地农民问题。王建等（2008）认为失地农民社会保障问题已经成为全社会关注对象，需要为失地农民设计可操作性的社会保障方案，建立社保资金的合理筹措方式。汪敏（2009）认为，完善被征地农民的社会保障制度具有极其重要的意义。李炳等（2002）提出"开发性安置"思路，将农民置换土地使用权获得的安置费通过开发性项目的投资转化为生产性物质资本。陈君艳（2008）认为，农民科学、合理离开土地成为历史必然，实际征地中由于相关政策体系不完善，造成失地农民"进无出路、退无保障"的两难境地，解决办法是切实解决失地农民保障问题，关键是要逐步建立起"就业服务、社会保障、经济补偿"三位一体的长效保障机制。

征地补偿市场化改革日趋明显，刘亚玲（2005）认为，征地补偿的标准应该按照市场经济的标准来确定核心问题。邹卫中（2006）

指出要解决征地及补偿计划性与农民市场化思维之间的矛盾，必须使征地市场化。张文荣（2008）认为，非公益性用地完全可纳入土地使用权出让及转让市场。胡传景（2008）认为，市场经济环境下，农民没有必要区分用地的公益性、非公益性，得到的补偿标准应该一致。

小结：① 对征地补偿标准研究的重心主要是对农民的补偿如何实现市场定价的机制，以及如果农民的补偿按照市场化方式运行，土地的增值收益在国家、集体、农民三者之间如何分配；② 由于土地集体所有制模糊的个人和个人、个人和集体之间的关系，导致补偿对象确定的困难，如何处理补偿对象，学者们的观点并不统一；③ 已有的研究多是对土地征收过程中存在的问题或现象进行探讨，但对这些问题的深层次原因、如何改进等缺乏深入研究；④ 定性研究较多，定量研究较少。

（9）农村土地制度改革研究

关于农村土地制度改革方向的研究。针对现行土地制度的缺陷，我国学者对农村土地产权制度改革的研究大致有三种观点：私有化、国有化和坚持并完善集体所有制。杨小凯（2002）、蔡继明（2005）对农村土地持有私有化观点，他们认为家庭经营已经使农民实际占有农地，集体应该放弃徒有虚名的所有权，土地私有化产权明晰，保证了农民对农地拥有排他性的产权，保证了农地资源的有效配置和高效使用。杨勋（1989）、孙自铎（1996）等认为农村土地应国有化，我国农地的法律所有权与实际所有权不一致，农地所有权的真正主体是国家，乡、村集体只是国家所有权的基层代理人，农户直接向国家租赁农地，既可以避免集体负责人对农户承包权、经营权的侵犯，又可以在更大范围内实现社会公平，防止兼并土地。丁关良（2000）、刘守英（2000）、王小映（2004）等认为要坚持并完善集体所有制，我国的集体所有、家庭联产承包经营的农村土地制度基本上适应我国现阶段社会生产方式和基本国情，因此现阶段应保持农村土地集体所有制不变，进行农地使用权的创新，即进一步完善家庭承包责任制，推进农地承包物权化进程；在稳定家庭承包责任制、实现农地使用权长期化的基础上，促使农地使用权流转，实现农业适度规模化经营；培育使用权交易市场等。刘季芸（1999）以南海市为例，实行土地股份合作制，促进了土地资本化，使土地从单一农业用地变为一、二、三产业多功能用地，级差地租增加了农村财富，从而带来了农村经济和精神文明共同发展，为实现农村现代化创造了制度和物质基础。

关于农村土地股份合作制的研究方面。唐正繁（2003）认为，农村土地股份合作制以农村土地集体所有制为基础，利用股份制产权结构的特点，将农地的产权分解为价值权、经营权和使用权，在"三权分离"的基础上，形成农民拥有土地资产的股权、集体经济组织掌握土地经营权、租佃农户或其他经济组织享有土地使用权的权力制衡关系，从而实现土地股份制与土地经营租佃制相结合的双层产权制度。解安（2002）、汤艳红（2005）认为，农村土地股份合作制产生和发展与我国改革开放的背景有直接关系，农村土地股份合作制是指在坚持农村土地集体所有权不变的前提下，以土地的承包权折股，将以人划地的集体所有变为社区农户的股份共有，再经过公开投标经营的一种土地制度。郑观藻等（1995）认为，广东南海农村土地股份合作制的产生是由于农村经济发展起来后出现了一系列从未遇到的矛盾，如失地农民生活出路的矛盾等。张雪玉等（2005）从三个方面探讨土地合作制产生动因问题，家庭承包经营责任制所暴露出来的弊端是农村土地股份合作制产生的基础，经济发展是动力，政府有关文件提供了政策环境。万宝瑞（2004）认为农村土地股份合作制有利于农业劳动生产率的提高、实现集约化和规模化经营，有利于专业化生产、产业化经营、标准化生产等。黄祖辉和傅夏仙（2001）认为农村土地股份合作制是对农村土地集体所有、家庭联产承包责任制的完善和深化，实现了产权制度创新，促使了土地使用流转机制不断完善、就业分散机制的建立等。解安认为农村土地股份合作制的作用表现在保护耕地、土地合理规划与开发、推动土地规模经营、理顺集体与农民的分配关系等方面。蒋占峰（1994）总结农村土地股份合作制的作用是制度优势突出、解决了农地产权不清问题、利于农地流转的规范化、促成规模化经营等。蒋励（1994）认为存在的问题包括立法问题、战略目标和指导思想问题、股权界定及分配问题、继承转让问题等。杜立等（2009）就珠江三角洲地区的农村股份合作制进行调研分析，在进行清产核资、股东资格界定、股权配置和股红分配以及股权流转滞后，对改革后土地用途及收入组成进行研究，最后总结了珠三角农村股份制的成效、出现的问题以及解决问题的建议等。魏建平（2006）指出20世纪90年代初珠三角部分农村建立了以土地为中心的股份合作制，创造了农村居民分享工业化和城市化收益的制度环境，为了进一步提高珠三角的城市化质量，需要对农村股份合作制进行改革完善，关键是推动股份合作组织进行公司化改造和增强股权的流动性。丛艳国等（2009）以佛山市南海区为例，研究得出20世纪90年代南海区的集体土地股份制大大促进了乡村工业化，却抑制了城市化，集体土地股份制、村集体经济等改革的突破口应是打破集体土地的封闭性，促使集体经济组织股权市场化、公司化。

小结：① 我国学者对农村土地制度改革的研究大致有私有化、国有化和坚持并完善集体所有制等三种观点，但第三种观点更适合于我国当前的国情，也可以节约巨大的制度变迁成本，坚持并完善集体所有制，代表了未来一段时期内我国农村土地制度的改革方向；② 国内关于农村土地合作制的研究内容比较丰富，但缺乏系统的梳理，表现在学术论文多而专著少；③ 案例研究主要集中在珠三角和长三角，而对中部地区的分析研究较少；④ 对于某些模式进行报道性的研究较多，缺乏理论分析和规律性研究的深度。

第二章　经济发达地区土地问题和转型

　　改革开放前，中国采取依靠资源投入的经济增长方式，土地利用效率很低，土地资源浪费严重。改革开放后，人口快速增加，土地资源的稀缺性增强，中国实行了"严格保护耕地、严格控制建设用地"的战略，虽然降低了建设用地面积，但是并没有解决土地资源的供需矛盾。珠三角作为改革开放的排头兵，各城市建设用地扩展较快且土地供需矛盾尤为突出。当前土地资源利用的主要矛盾是有限的土地资源供给与日益增长的土地需求之间的矛盾，表现在城市与农村争地、工业与农业争地，还表现在林业与农业争地、林业与畜牧业争地、工农业发展与环境保护和建设争地等各个方面，而且在人口达到峰值、工业化和城镇化完成之前，这些矛盾还将逐步加剧。解决土地资源供需矛盾的根本出路，正如中央已经指出的，在于转变土地利用方式，集约利用土地。各行各业各类用地都要集约利用，在集约利用土地的基础上才能统筹协调优化配置各类用地，保障经济安全、粮食安全和环境安全，保障经济社会可持续发展（郑振源，2011）。因此，各地区尤其是经济发达地区已将转变土地利用方式、集约利用土地置于土地利用战略的首位，在此基础上保发展、保资源、保环境，推动实现经济社会全面协调可持续发展。本章以珠三角为例，探索建设用地增长及其空间差异、建设用地扩张和经济增长、工业化之间的关系，基于此，分析现有土地利用模式和存在问题，进而分析快速城市化背景下土地问题存在的深层次原因及其转型途径。

一、珠三角地区建设用地扩展分析

"珠三角"的概念最早起源于20世纪90年代初。90年代后期，在"（小）珠三角"的基础上出现了"大珠三角"的概念。2003年，又提出了"泛珠三角"的概念。至此，"珠三角"实际上涵括了"小珠三角""大珠三角""泛珠三角"三个不同层面既相互区分又紧密关联的概念。《珠江三角洲城镇群协调发展规划（2004—2020）》中明确说明：珠江三角洲，即珠江三角洲经济区，包括广州、深圳、珠海、佛山、江门、东莞、中山、惠州市区、惠东县、博罗县、肇庆市区、高要市、四会市，土地总面积41 698平方公里。为了便于收集数据和计算，本研究中的"珠三角"包括广州、深圳、珠海、佛山、江门、东莞、中山、惠州和肇庆九个城市，土地总面积为54 656平方公里。珠三角作为我国快速城市化的典型地区之一，也是我国最具代表性的城市群之一，伴随着区域城市化与工业化的快速推进，其建设用地也迅速扩展并呈现不断连绵的特征。据国土部门的数据资料显示，目前该地区建设用地占区域总面积的20%左右，部分城市如东莞、深圳的建设用地所占比例已经超过40%。建设用地的快速蔓延，造成了周边农用地的大量减少以及生态空间的丧失，给区域生态安全带来了巨大威胁，同时也损害了农民等利益相关者的基本利益。因此，分析

1978—2011年以来珠三角建设用地扩展的统计特征和空间特征，以期把握建设用地扩展存在的问题、规律与趋势，从而为建设用地的空间布局与规划管理提供科学依据，也为实现珠三角地区土地可持续利用和关注民生福祉做铺垫。

1.珠三角建设用地增长及空间差异

（1）建成区面积扩展分析

改革开放使珠江三角洲迈上了社会经济发展的快车道，建设用地也开始迅速扩展。特别是到了20世纪80年代末，率先在深圳开始的土地使用制度改革，重新赋予了土地以财产性质，并在90年代初期迅速开启了珠江三角洲的房地产市场，形成较为明显的"房地产热"（Property Boom）。房地产投资也很快从深圳、广州、番禺、惠州等地蔓延到整个珠江三角洲。与此同时，"股票热""证券热"和"开发区热"使珠江三角洲成为全国资金流向的"洼地"，珠江三角洲经济发展的"泡沫"成分逐渐显现（叶玉瑶 等，2010），同时建成区面积逐年扩大，之后形成从中心向外围扩展的趋势。

通过梳理1985—2011年珠三角九个城市的建成区面积，可以得知珠三角整体的建成区面积呈线性增长，其中1999—2004年增长最快，2004年至今增长趋缓。从单个城市的建成区面积增长量来看，广州、深圳、东莞三市处于持续增长且趋缓的状态，其余六市如佛山、珠海、中山、江门、惠州、肇庆建成区面积虽每年处于增长状态，但增长缓慢。主要原因在于珠三角伴随着工业化与城市化的迅速推进，其建设用地进入高速扩展时期。同时，受到香港和外部性经济的影响，由环珠江口向外，建设用地扩展的剧烈程度总体呈下降趋势。随着全球化和城镇化的进一步推进，面对人地矛盾和土地供需矛盾的加大，土地节约集约倒逼产业转型升级，导致珠三角各城市建成区面积趋缓扩展且保持稳定状态，在增量建设用地不足和土地利用问题凸显的情况下，各市开始走节约集约之路。

表2-1　1985—2011年珠三角九市建成区面积统计表　单位：平方公里

区域名称	广州	深圳	佛山	珠海	东莞	中山	惠州	江门	肇庆	珠三角
1985年	218	48	14	14	8	27	8	10	9	356
1989年	182	61	21	38	13	14	10	15	15	369
1990年	182	69	23	39	14	14	14	15	15	385
1991年	182	72	23	41	15	15	15	16	16	395
1993年	207	81	27	56	15	19	22	18	19	464
1994年	216.2	84	29	70	15	19	23	37	20	513.2
1995年	259	88	32	56	17	23	23	24	21	543
1996年	262	101	32	80	90	26	23	25	22	661
1997年	267	124	34	58	111	26	23	27	24	694
1998年	275	129	36	59	102	26	27	34	32	720
1999年	345	132	37	59	126	27	59	35	34	854
2000年	431	136	37	59	148	28	89.3	35	35	998.3
2001年	526	147	38	69	169	29	97.4	46	40	11614
2002年	554	168	115	76	345	30	60.9	74	41	1464
2003年	640.2	516	128.5	105.6	246	32.5	63	75	46	1853
2004年	703	551	126.3	105.6	649.7	33.4	74.7	95	52	2391
2005年	735	713	130	105.6	652.8	35.6	95.7	100	56	2624
2006年	780	719.88	131.9	108.05	608.12	85.6	95.91	108.62	65.55	2704
2007年	844	764	142.91	118.34	681.86	85.6	110.15	108.62	67.9	2923
2008年	895	787.9	149.98	118.34	681.86	86.1	132.03	113.75	70.96	3036
2009年	927.1	813.12	151.03	118.34	800.46	87.3	160.71	120.42	74.46	3253
2010年	952.02	830.01	151.53	123.64	820.26	87.3	214.96	128.66	79.95	3388
2011年	990	841.68	153.23	123.64	854.31	88.2	221.29	134.36	92.54	3499

第二章
经济发达地区土地问题和转型

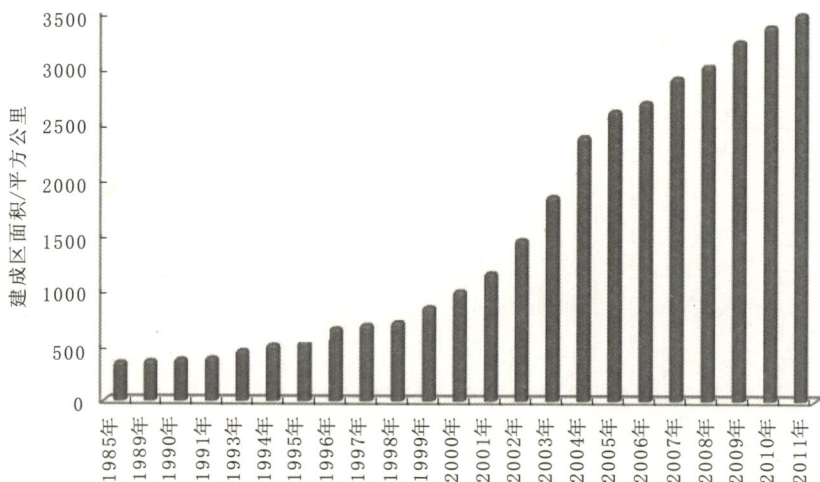

图2-1 1985—2011年珠三角建成区面积增长统计图

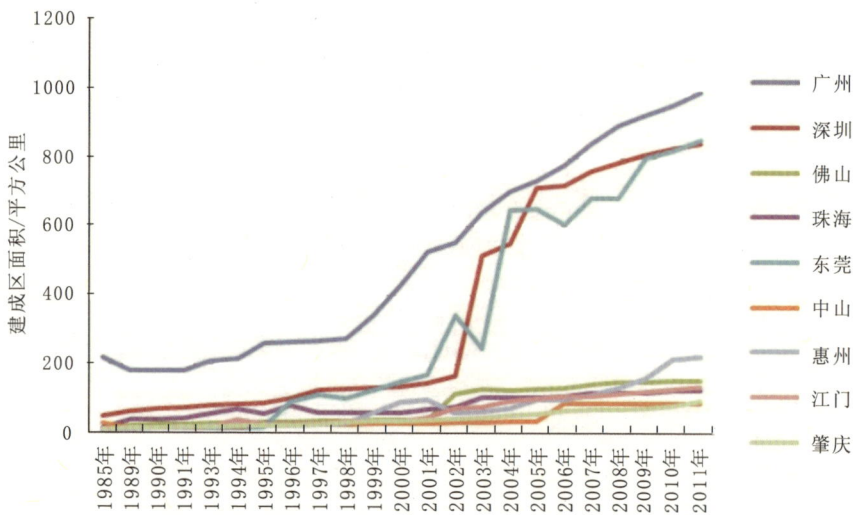

图2-2 1985—2011年珠三角九市建成区面积增长统计图

（2）建设用地扩展的空间差异

基于对1985—2011年珠三角九市建成区面积增长的分析和对珠三

经济发达地区土地利用与民众利益

土地利用与空间规划丛书

角建设用地扩张已有的研究文献，可从空间上了解珠三角九市的建设用地扩展的空间特征。

① 1988—1998年建设用地迅速扩展且扩展重心偏向东岸地区。1988—1998年是珠江三角洲建设用地扩展最快的时期，整个珠江三角洲的建设用地从1988年时的1765.30平方公里扩展到4345.70平方公里，扩大了近1.5倍，建设用地扩展速率达 9.43%。建设用地扩展的重心已经明显偏向东岸地区，并且围绕广深铁路和107国道广深段形成了东岸地区建设用地扩展的主轴线。珠江三角洲"马路经济"盛行，建设用地沿公路低水平蔓延式扩展，造成土地资源的浪费。如1992年的东莞一级公路里程已经增加到150公里，沿公路的蔓延式开发形成了"百里长街"的建设用地的畸形发展。另外，随着工业开发区与房地产的急速发展，出现了大规模的土地开发热，开发区、大型楼盘成为这一时期建设用地扩展的主角，大量农田被推平用来兴建楼宇出售，以获得高回报。很大部分的土地开发与炒卖等投机活动有关。由于土地价格便宜，投机者往往占用过大面积的土地，低密度厂房和楼宇随处可见。有很多农田被推平后并没有进行任何建设，搁置土地占了很大比例（叶玉瑶 等，2010）。

② 1998年至今建设用地扩展速度有所减缓，但强度依然很高。1998年以来，珠江三角洲的经济增长速度有所放缓，特别是经历了90年代初期的经济热，政府出台了相应的价格调控政策、土地开发政策以及外商、外资、外贸相关政策等，使珠江三角洲经济发展进入调整阶段。这一阶段，珠江三角洲的GDP总量由 1998年的1911.38亿元（1980年可比价）上升到2007年的6846.51亿元（1980年可比价），年均增速下调至15.23%，尤其是在2004年前的几年里，GDP年均增速维持在13%左右。随着经济"降温"以及国家一系列紧缩性土地政策的出台，珠江三角洲的建设用地扩展速度有所减缓，但强度依然很高。截至2006年，珠江三角洲的建设用地总量已经达到6816.04平方公里，

第二章
经济发达地区土地问题和转型

与1998年相比增加了0.5倍以上，建设用地扩展速率为5.79%，建设用地密度已经高达 17.02%。深圳、东莞等城市的建设用地密度甚至达到40%以上。整个珠江三角洲形成了建设用地不断连绵的态势，特别是东岸的穗、莞、深地区，已经形成了一条高密度的城市开发走廊（叶玉瑶 等，2010）。

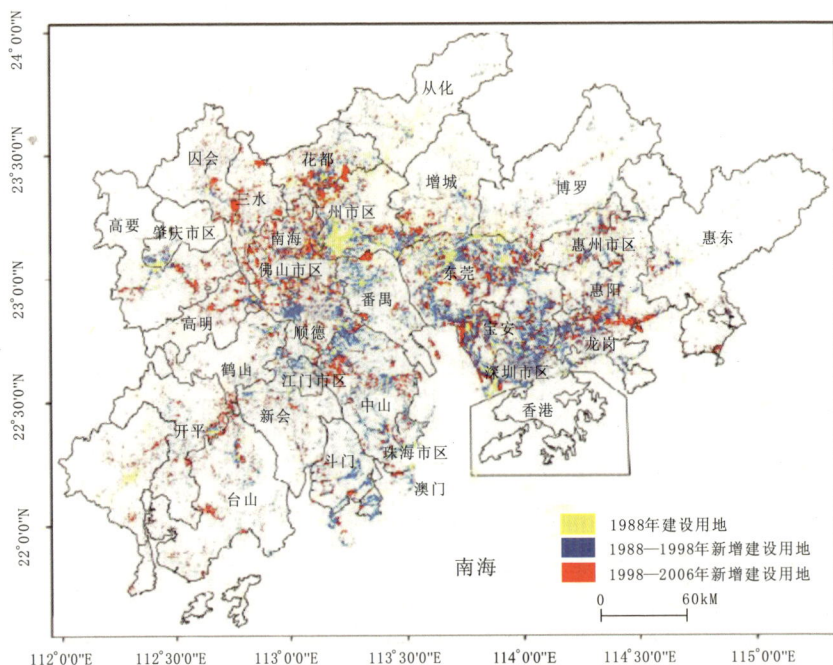

图2-3　1988—2006年珠三角地区建设用地变化示意图

资料来源：叶玉瑶，张虹鸥，许学强，等. 珠江三角洲建设用地扩展与经济增长模式的关系.地理研究，2011（12）：2259-2271.

珠江三角洲的建设用地扩展除了社会经济等人文因素的影响外，其中工业化和城市化的快速推进是造成该区域建设用地迅猛扩展并不断连绵的重要原因，自然或空间因子对建设用地扩展的作用，特别是离城市中心距离、离干线公路距离、离海岸线距离以及地形等地理区位因子会对建设用地扩展产生重要影响（叶玉瑶 等，2010）。如珠三角的建设用地明显表现出向沿路、沿海、平原区等典型区位集聚的特征。其实质反映出建设用地扩展的空间指向作用，从而使建设用地扩展表现出"海洋指向""道路指向"以及"平原区指向"等空间指向特征。然而，建设用地指向的集聚，也给当地生态安全造成极大威胁。特别是平原区，既是建设用地集聚的优势区位，往往又是优质农田集中分布的地区，由此引发开发建设与耕地保护的矛盾（叶玉瑶等，2012）。

由此可见，在快速城镇化和工业化的推进下，珠三角各城市建设用地扩展普遍存在速度过快、密度过高、布局散乱等问题，也引发了建设用地与耕地保护之间、与农民等利益相关者之间的矛盾，急需加强"三规合一"与主体功能区规划的衔接与管控引导，同时积极挖潜存量建设用地，严厉打击闲置土地和违法用地，走节约集约利用之路，进而实现珠三角区域的可持续发展。

2.珠三角建设用地扩展与经济社会发展的关系

（1）建设用地扩展与经济增长的关系

改革开放以来，珠江三角洲经济迅速增长，GDP总量由1980年的152.60亿元增长到2011年的43 720亿元，共增长了近286倍。与此同时，建设用地也迅速扩展并呈现不断连绵的特征，由此带来农用地的大量减少以及生态空间的丧失，给区域生态安全带来了巨大威胁，也加重了人地之间的矛盾。在影响珠三角建设用地扩展的众多因素中，经济因素是重点。

珠江三角洲建设用地扩展与其自身粗放型、外向型的经济增长模式之间存在本质的必然联系，两者之间是互为因果、相互推动的，共同构成"土地-经济"互动系统（叶玉瑶 等，2011）。

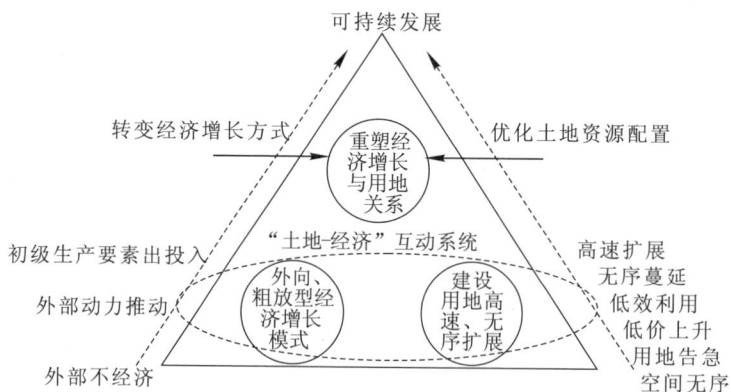

图2-4 珠三角经济增长模式与建设用地扩展互动模型

资料来源：叶玉瑶，张虹鸥，许学强，等. 珠江三角洲建设用地扩展与经济增长模式的关系. 地理研究，2011（12）：2259-2271.

其形成原因主要可以概括为以下几点：

① 廉价土地成本驱动下建设用地粗放扩张。改革开放以来，珠江三角洲依靠其良好的区位条件，借助其丰富的土地资源以及低廉的土地开发成本，吸引了大量"三来一补"与劳动密集型产业，从而逐步确立了外向型、粗放型的经济增长模式。在规模方面，建设用地增长速度飞快。改革开放初期珠三角城乡建设用地约1570平方公里，2013年已达到约8534平方公里，增加了5倍多。多市土地开发强度接近或超过国际公认警戒线。按照国际惯例，一个地区国土开发强度的警戒线为30%，超过该强度，人的生存环境就会受到影响。2013年，珠三角国土开发强度已达16.49%，而且2012年末珠三角人均未利用土地面积仅为0.03亩，可开发土地与用地需求的矛盾十分尖锐。具体到各市，深圳、东莞、中山、佛山的国土开发强度已超过国际警戒线（30%），珠海、广州也已逼近该强度。其中深圳的国土开发强度最高，接近50%。此外，加上"自下而上"的发展方式以及土地双轨制的特殊背景，珠三角各地政府为吸引外商，纷纷压低土地资源价格，甚至以零地价出让土地，形成了"以土地换发展"的局面。上述原因

经济发达地区土地利用与民众利益

土地利用与空间规划丛书

造成建设用地高度扩展、无序蔓延以及效率低下的问题持续存在，同时也是造成建设用地空间形态分散化的本质原因。

②土地资源供需矛盾加剧以及节约集约用地模式的转变使珠三角地区在实现经济高速发展的同时，也消耗了大量的土地资源。有限的土地资源和不断增长的用地需求使得上述粗放的土地利用模式难以为继。在此背景下，破解土地资源供需矛盾，支撑经济社会发展空间需求，必须改变过去的外延式扩张的土地利用模式，重视"生态-生产-生活"空间的协调和存量土地的挖潜利用，进而达到高效利用土地资源，支撑经济社会转型发展的目标。

（2）建设用地扩展与工业化的关系

改革开放初期，珠三角凭借独特的地缘、人缘与资源优势，大量承接香港劳动密集型产业，迅速地开启了工业化道路。与此同时，建设用地（包括城市或城镇建成区、独立工矿、农村居民点以及交通等非农建设用地）也开始迅速扩展并呈现不断连绵的特征，由此带来农用地的大量减少以及生态空间的丧失，给区域生态安全带来了巨大威胁。

珠三角地区工业化发展阶段与建设用地扩展剧烈程度之间、工业化水平与建设用地集聚程度之间以及产业结构水平与建设用地效率之间都存在密切的联系：从珠江三角洲的经验来看，工业化进程越快，建设用地扩展越剧烈；工业化水平与建设用地空间形态变化之间呈现典型的U形曲线关系，随着工业化水平的提高，建设用地空间形态先是趋于分散，直到进入工业化后期，随着工业化水平的进一步提高，建设用地空间形态将趋于集聚；建设用地的利用效率与它所承载的产业活动的经济效率存在紧密关系，建设用地效率的提高过程与产业结构高级化的演进过程是高度一致的。由此可见，工业化与土地利用两者之间互为因果，相互推动，共同构成"土地-经济"互动系统（叶玉瑶 等，2011）。

改革开放初期，珠江三角洲在快速城镇化和工业化的冲击下，走上了零地价出让土地换发展的快车道，形成外向型和粗放型的工业发展模式。这种"村村点火，户户冒烟"的村镇工业化模式，造成珠三角土地资源消耗速度快，生态环境破坏严重，村组利益不均衡，人地矛盾突出等一系列问题。这些问题造成珠三角地区土地资源的紧约束和工业发展模式的难以为继，亟须合理的土地资源优化配置、开展土地整治工作和环境再造，实现经济社会生态环境的可持续发展。

综上，在快速城镇化、工业化的过程中，珠三角地区建设用地扩张速度快，出现了土地城镇化快于人口城镇化、人地矛盾突出、粮食与建设的矛盾加剧、建设用地结构不合理且不平衡、生态环境破坏严重、农民等利益相关者利益冲突日渐凸显等问题，亟须以生态文明建设为导向，盘活存量，关注民生，走可持续、和谐的城镇化之路。

二、土地利用现状模式和问题

改革开放以后，随着经济体制逐步转型，投资主体趋向多元化、基层化和投资企业自身的特点影响了经济发达地区分散无序的土地利用空间，主要体现在用地均衡、结构单一、无明确的功能分区。同时，城市化过程中，乡村劳动力发生了结构性转移，即劳动力向城镇转移，具有空间集聚的特点。此外，集体土地的隐性流转、城市规划区内土地所有制存在二元结构，对集体土地控制力不从心、扁平化的管理体制均导致了土地、资源、环境、人口"四个难以为继"局面的出现，也造就了"工业房地产"式均衡发展的土地利用模式、粗放外延式的土地利用模式、经济与社会发展错位的土地利用模式、以租赁市场为主的土地利用模式（郭素君，张培刚，2008），同时这些模式产生了一系列典型的土地问题。

1.土地利用现状模式

（1）"工业房地产"式均衡发展的土地利用模式

"工业房地产"式均衡发展的土地利用模式主要存在于村镇层面，以农村型经济的形式体现。农村型经济在空间上需要得到均衡发展，以实现不同区位农民群体的共同富裕。这种模式在空间上和功能上均表现出均衡性：空间上的均衡性表现为各个社区（原为行政村）、村民小组都有相当规模的工业，工业厂房权属众多；功能上的均衡性表现为"遍地开花"的工业房地产式的开发，工业用地出租、转让成为原住民收入的主要经济来源。这种土地利用模式导致原本生态资源较好的社区中的大量生态用地被占用，整个街道功能和景观形态具有明显的同质性和单一性，没有明显的功能分区，经济单一脆弱。

（2）粗放外延式的土地利用模式

粗放外延式是相对内涵集约式而言，即地均生产总值低于区域中其他各区（县）平均水平，用地强度在60%左右，较高的用地强度造就了高的建筑密度，但是却没有充分有效地利用好土地，导致高密度、低容积率情况的出现。在产业类型方面，产业技术含量低，大部分都是劳动密集型产业，厂房环境较差。

（3）经济与社会发展错位的土地利用模式

城市的现代化不仅要有经济的现代化，而且要有城市社会的现代化，也要体现以人为本的现代化。从目前经济发达地区各村镇的用地构成现状来看，工业用地所占比例大，将近占建设用地的一半，但配套公共设施和第三产业用地明显不足。这与我国城镇化过程中城市化滞后于工业化的特征相符合，经济发达地区各村镇以农村为主导的分散型经济使得每个个体侧重于追求经济利益的最大化，而忽视了社会效益和环境效益，公共配套设施建设滞后、公共开敞空间的预留明显不足，在某种程度上制约了第三产业的集聚，而这些恰恰关系到城市在社会方面的发展（郭素君，张培刚，2008）。这种模式导致了经济发达地区各村镇只有工业不见第三产业，只见城不见市，村不像村，城不像城，城与市相分离的现象。

（4）以租赁市场为主的土地利用模式

土地租赁是经济发达地区农村集体土地流转的一个主要形式，表现为工业厂房租赁和原住民房屋租赁两个方面。如深圳观澜居民小组、社区和街道直属的工业厂房80%以上属于出租，厂房出租市场的形成满足了投资者和原住民的利益需要，投资者成本低、见效快，一次性投入少，原住民则希望通过出租获得持久的收入来源。随着厂房租赁市场的形成，原住民房屋出租的市场也随之形成，大量的工厂劳动力进入城市后，无法承担较昂贵的生活开支，他们选择了廉价的原住民房屋，入股分红和住房租赁成为原住民收入的主要来源（郭素君，张培刚，2008）。

2.典型的土地问题

（1）土地开发的双轨化

随着我国进入城市化加速发展时期，城市化地域不断拓展，沿海经济发达地区和内地一些较发达地区逐步形成"城市和区域一体化"，并表现出强烈的双轨化特点。一方面，这些地区市级政府主导的、以主城区为中心向外延伸的"城市郊区化外扩"，是"自上而下"式的城市空间拓展，向外"侵入"乡村地区，土地开发过程中产权、利益关系并未彻底清晰，城中村依然不断产生；另一方面，外围地区的本地城镇化则是"自下而上"式的城镇建设空间蔓延生长，以街镇及村集体为单位，依托集体用地，沿道路交通设施不断填充密实化（雷诚，范凌云，2011）。

土地开发在"自上而下"和"自下而上"这"双轨"动力下引

发问题的关键在于："自上""自下"双方建设发展需要在土地空间上重叠并置，尽量降低各自发展的成本——上级政府试图控制地方工业化、城镇化的多点蔓延发展，为"以重大项目为驱动的城市建设发展"留出尽可能多的成长空间；而基层村镇则希望借助区域及城市重大设施项目的动能，进一步加快土地经济发展及谋取本地社区利益。事实也证明，两者作为独立发展主体而造成的城乡空间和土地等资源竞争，不仅带来了严重的土地开发问题，更引发了深层次的城乡社会发展矛盾（雷诚，范凌云，2011）。

珠三角、长三角等快速城市化地区受这种"双轨"动力机制影响的城乡二元化特征尤为突出，所引发的土地开发问题十分普遍。如何整合城乡土地二元发展路径，形成城乡土地高度一体化、高效利用的发展局面，这值得我们重点关注。

（2）土地流转市场的二元化

在快速城市化地区，其土地流转主要有两方面：一方面是政府主导下的"正规"国有土地开发收益，其主要获益者是地方政府；另一方面农村集体用地也通过多种合法和不合法渠道进入了土地一、二级市场，形成了"非正规流转"（雷诚，范凌云，2011）。

集体土地按照"廉价土地出租—吸引资本—收取租金—再开发土地—继续出租"的模式进行滚动开发和流转。土地开发和产业具有较强的自发性，也导致了以下问题：土地流转"不规范"、以民营资本投入为主、突破规划的控制范围蔓延扩张、小产权房不断涌现、未获批村镇企业园不规范开发、快速带动周边农村地区土地性质的转变（雷诚，范凌云，2011）。

因此，快速城市化地区形成了"正规与非正规"的二元土地市场并存，土地市场交易复杂，而且形成若干地方利益团体，引发了诸多社会性问题。

（3）过度依赖土地财政

由于国家与地方政府高度垄断城市和农村土地，且集体土地的农转非需要通过国家和地方政府征地来实现，因此造成了快速城市化地区，乃至全国大多数地方财政过度依赖于来自土地转让和与土地相关的收入，并助长了地方政府对土地的强制征用。

1994年实行分税制后，中央和地方在财政分配中的基本格局发生了很大变化，增值税的75%及所得税的一半上划后，地方收入占财政总收入的比重由1993年的78%下降到2005年的47.7%。而财权上收并未相应减少事权，地方财政支出占总支出的比重由1993年的71.7%提高到2005年的74.1%。这种情况也强化了地方政府积极开辟可自主支配收入来源的动力（蒋省三 等，2007）。

据统计，土地出让收益已成地方政府的重要财政来源，普遍占到地方政府收入的30%~60%。地方政府通过"土地储备机构"把征用来的土地抵押给银行以获得贷款，有些城市的城建所需资金的60%~70%是通过这种方式获得的（贾艳慧，2010）。

（4）土地使用管制面临极大困难

在二元土地制度背景下，基层村镇基于土地的发展活力和利益诉求强劲，难以进行有效管制，上级政府主导的规划实施困难。在经济利益驱动下，村集体建设用地流转活跃，形成超脱于城市管理之外的"稳固经济自循环体"，规划难以打破这一"坚固的利益联盟"，村集体往往抵制上级编制的规划，导致规划实施和城市拓展的成本加大，难以遏制层出不穷的村镇地区土地违法利用。面对城区拓展的空间需求，上级政府不断采用行政区划调整、编制城乡统一用地规划的手段来严格控制外围的发展空间；但对于具体的集体违规行为，政府难以彻底清查，更多是采取较为被动的"重点地区用地规划控制"方式，规划往往难以取得实效（雷诚，范凌云，2011）。

经济发展对土地的需求远大于建设用地指标也是造成快速城市化地区土地使用管制困难的一大原因。目前分配给各地的建设用地指标是1997年编制土地利用总体规划时自上而下下达的，计划色彩太浓，且与地方经济发展需求脱节。尤其是沿海发达地区的经济发展速度超过预期，实际用地需求大大超过计划下达量。一些省份5年就用完了10年的指标，有的省份2000年就已用完了2010年的指标。用地指标严控与经济高速发展对土地需求产生的尖锐矛盾，诱发非法用地蔓延（蒋省三 等，2007）。

（5）土地股份制抑制城市化进程

土地股份制的核心理念是让农民以土地权利参与工业化，尽可能减免国家征地制度对农民土地权益的侵害，让农民参与分享工业化进程中农地非农化的增值收益。具体做法是用集体土地股份制来替代原来的农户分户承包制，农地的使用权与所有权合二为一，村集体作为土地所有权的代表人重新获得土地经营权，农民按股获取分红。这一制度创新大大促进了农村的工业化进程，可以说，农村集体土地股份制促进了快速城市化地区农村工业的大发展。但土地股份制是一把"双刃剑"，在刺激农村工业化迅猛发展的同时，却限制了城市化进程，尤其是农民的市场竞争能力受到限制，更加速了农村社区的封闭性（丛艳国 等，2009）。

农民与土地和农业联系在一起。农业收成受季节、作物生长规律及自然灾害的影响很大，收入不高，波动较大，风险也大；农民缺乏学习科学技术的动力，依附于土地便成为其自身所固有的特点，其中核心是依附性。土地股份制改革前，农民依附于其承包的土地；土地股份制改革后，农民依附于股红。由于股红依然来源于集体经济组织经营的土地或厂房，农民依附于土地的特性并没有改变。这就不利于农民市场竞争力的培育，坐享分红，自然缺乏提高自身素质的内在动力（丛艳国 等，2009）。

（6）单一的物业出租经济

集体经济组织利用集体土地参与工业化，经历了"土地承包—乡镇企业—土地经营"的历程，最后都走上"物业出租"这条路。大部分农民不赞成动用集体资产办企业，因为根据大量的实践，办企业往往以失败告终。物业出租无论是土地，还是厂房，既安全，收益又稳定，经营管理非常简单。农村集体的物业租金成为集体的主要收入来源，经营土地成为发展集体经济的重要途径（丛艳国 等，2009）。

（7）以低地价支撑高速工业化

快速城市化地区以低价土地支持高速工业化和出口导向的工业发展主要表现为两方面：

一方面是地方政府以低价土地招商引资，以政府财力补贴工业用地的成本，降低工业企业的生产成本，为工业高速推进提供便利。或者通过创办园区，以成片土地滚动开发，提供优良的政策环境，满足企业用地需求。

另一方面主要表现为出租集体土地发展工业。集体土地的出租省去了阻力日益加大的征地过程和烦琐的办理各种用地手续，而且租金非常低廉。对于没有银行金融支持又没有原始积累的初办企业来说，集体土地出租给其提供了创业的可能性和巨大的发展空间。正是这种农村集体土地非农化的灵活用地方式，促使快速城市化地区高速工业化和以出口导向的工业的发展（蒋省三，韩俊，2005）。

（8）用地不节约集约，耕地流失严重

人为的农村土地低价助长了土地更为粗放利用的投资方式，刺激了对土地的无效利用，包括强调城市的外延扩张，而不是对现有城市空间进行更有效利用，这导致了土地密集型城市发展中大量土地资源的浪费。

巨额的土地出让收入刺激地方政府大量圈地，建立各种工业园区、开发区。建设各种开发区是我国城市边缘区发展的一个普遍现象，然而很多地方并没有根据各地区的具体条件制定合理的开发方式和开发规模。由于缺乏足够的资金，开发区只有2%的土地得到较好开发，未开发的土地也不能用于农业建设，造成土地资源的严重浪费（蒋省三，韩俊，2005）。

调查显示，目前城市被征用土地中有43%闲置，城市经济发展的低效模式导致了更多农业用地的流失，使得设计和实施保护农地的措施很难成功。根据资料显示：从1957年到1995年，全国累计减少耕地6.51亿亩；1997年，全国人均耕地面积为1.57亩，1998年为1.56亩，1999年为1.54亩，到2003年全国耕地面积继续减少，全国净减少耕地253万公顷，人均耕地已由2002年的1.47亩降为1.425亩；中国已有5个省市和666个县区市的人均耕地低于联合国粮农组织确定的0.8亩警戒线，其中有400多个县、市低于0.5亩，主要分布在东南沿海经济发达地区。这对可耕地只占国土面积14%的中国而言，必须采取措施保护农业用地不受这种低效模式的影响（张银银，陶振华，2010）。

三、土地问题症结和转型

1.土地问题的症结

（1）问题的根源——城乡土地二元制度

我国实行的是城乡不同的土地制度，即城乡二元土地制。

我国《宪法》规定土地实行国家所有和集体所有两种所有制形式。"城市的土地属于国家所有。农村和城市郊区的土地，除由法律规定属于国家所有的以外，属于集体所有；宅基地和自留地、自留山也属于集体所有。国家为了公共利益的需要，可以依照法律规定对土地实行征收或者征用并给予补偿。"同时，《土地管理法》规定："中华人民共和国实行土地的社会主义公有制，即全民所有制和劳动群众集体所有制。全民所有，即国家所有土地的所有权由国务院代表国家行使。任何单位和个人不得侵占、买卖或者以其他形式非法转让土地。土地使用权可以依法转让。国家为了公共利益的需要，可以依法对土地实行征收或者征用并给予补偿。"

《宪法》和《土地管理法》规定了我国土地管理制度的二元公有制结构，即国家所有的全民所有制和集体所有制。虽然《物权法》第39条规定："所有权人对自己的不动产或者动产，依法享有占有、使用、收益和处分的权利。"但在现实生活中，集体经济组织对本集体所有的土地并没有完全的产权。除按国家规定，受严格的土地用途管制外，集体经济组织对本集体建设用地所有权的行使目前还是依据《土地管理法》第43条的规定执行，即只能用于本集体经济组织内的乡镇企业、宅基地和乡（镇）村公共设施和公益事业建设。农村集体经济组织不能私自改变建设用地的用途，不得出租、转让、抵押建设用地。

（2）城市与农村分别建立了不同的土地市场

在城乡土地二元体制之下，城市土地市场有相应的地价体系，土地转让有较为完善的转让市场和较大的自由空间。而且，国有土地使用权在市场上自由流转，转让价格主要由市场来决定。而在现有制度框架下，农村土地市场地价体系则尚未形成，集体土地不能直接进入市场，土地承包经营权的流转限于不改变集体所有权性质和农业用途，不能自由转化为城市建设用地。必须先由政府"低价征用"，然后才可以由政府进行出让开发（贾艳慧，2010）。政府征地是农村土地"转换"为城市建设用地的唯一合法途径，由此形成了我国土地城乡二元分割的独特格局。

（3）土地资源配置的二元性导致土地利用不集约

目前我国城乡土地资源配置处于计划与市场配置、城乡分割、价格扭曲和灰色状态并存的状态。

土地资源配置的计划性表现为以下几点：① 地方政府每年占用耕地数量须经国务院和省级政府计划审批；② 地方每年进入非农建设使用的土地由中央政府以规划指标控制；③ 地方政府投放于城市建设的土地以协议和划拨的非市场方式供应。而土地资源配置的市场性则主要表现为以"招、拍、挂"的市场方式供应土地。这使得大量建设用地进入市场仍处于计划与市场之间的状态，地方经济发展中土地供求失衡。

在城市用地中，除仅占15 %~20 % 的商业、房地产等经营性用地以"招、拍、挂"出让外，绝大部分城市基础设施和非经营性单位用地都采取行政划拨方式供应。由于绝大部分建设用地获得成本低，从而助长了政府办公大楼、超大型广场、超宽马路等城市景观大量出现。可见，在政府主导的土地资源配置中，非市场配置的比重过高，造成土地不集约利用（蒋省三 等，2010）。

我国是一个土地资源稀缺的国家，这种极不经济的土地配置方式缺乏市场平等的土地权利体系支撑，使资源的稀缺程度不能通过平等的市场交易形成的价格信息得到真实反映，造成土地资源利用的粗放、浪费。

（4）国家与地方政府高度垄断城市和农村土地

在土地资源城乡二元分割的基础上，我国政府对土地的使用和配置进行了严格的管理，对土地资源实行了高度集中的严格管制。国家与地方政府不仅对城市建设用地一级市场进行了垄断，还对农用地占有最终的支配权和终极所有权，形成对农用地征用的垄断。这是中国城乡二元土地制度的一个极为重要的特征。

（5）"土地财政"的成因

"土地财政"的形成原因有以下几方面（蒋省三 等，2010）：

① 目前我国处于快速城市化时期，城市土地需求量大，而土地管理又非常严格，建设用地指标有限，因此，城市土地供需失衡，土地价格急剧上升。

② 近年来我国房地产市场持续火爆，一个个"地王"相继涌现，推高了地价与房价。而房价的暴涨，反过来又使得地价上涨。

③ 由于财权事权的不对等，导致地方政府财政压力很大。城市政府需要出让土地以获得巨额收入，弥补财政收入的不足，加上城市

政府垄断土地一级市场，因而城市政府往往适时限量推出土地，人为制造土地供不应求的假象，拉高了地价。

④ 城市政府的企业化。1994年我国的分税制改革导致了城市政府的企业化，即城市政府将城市当作企业来经营。其中一个最重要的举措就是积极推动城市土地资源的保值增值，提高城市土地的出让收入。

（6）农民与城市居民拥有不同土地权利，农民土地权利弱化

在中国二元的土地法律体系下，农村土地集体所有权与城市土地国家所有权处于完全不平等的地位。农民作为集体组织的成员，平等地拥有对集体土地的成员权，但并不能按份分割农地的所有权。《土地管理法》和《农村土地承包法》虽然向单个农户提供了30年土地的承包权，但只限于农业用途，既不能进行土地交易，也不能将土地抵押融资，只是一种残缺不全的权利。农民的土地产权主体地位没有明确，他们不是法律意义上的卖家。现实中经常出现土地在农民不知情时被村干部出卖、农村土地被肆意侵占的情况，而农民却很难得到合理、足额的经济赔偿（张银银，陶振华，2010）。

由于政府垄断土地一级市场，土地征用过程和由此产生的补偿对农民极为不公平。他们不能分享自己的土地在城市市场所产生的增值收益，也不能将自己的土地直接拿到市场上去流转。而且，他们所获得的土地补偿只与这些土地被农作时的价值相关，常常只是其农用价值的若干倍，远远低于其在城市被作为他用时的土地价值（张银银，陶振华，2010）。2002 年，全国土地使用权招标拍卖收入平均每亩为 35.67 万元，而对征地农民的补偿通常每亩只有 1.5 万元～3.5 万元。这种土地收益分享的巨大差异对农民十分不公平，也成为引起一系列社会问题的根源（贾艳慧，2010）。

2. 土地利用转型的途径

面对粗放，土地利用功能单一，空间结构不均衡，公共设施配套

不足，生态环境破坏严重，人口、经济、资源、环境难以为继的土地利用模式，为了适应未来新型工业化、信息化、城镇化、农业现代化"四化"同步的可持续发展道路，倒逼经济发达地区转变土地利用方式，实现人口、经济、社会、资源、生态环境、民众利益相互协调的可持续性和谐发展道路。纵观当前土地利用方式转变的现状及未来的发展趋势，土地利用转型途径主要体现在新型城镇化道路、节约集约用地道路、关照农民权益和保障农民长远生计之路、产业转型升级道路等方面。

（1）新型城镇化是土地利用转型的根本途径

在快速城镇化过程中出现土地集约化利用程度及土地利用效率较低、城镇建设占用影响了耕地保护和粮食安全、土地收益分配不公、农民利益没有得到保护、区域间和城镇内部土地利用结构失调严重、城镇土地利用不当导致生态环境日益恶化等问题（朱天舒，秦晓微，2012），这对土地利用方式转变提出了要求。可见城镇化必然带来土地利用方式的变更。

① 破除城乡二元结构，实现城乡统筹发展。城镇化的本质在于人口的城镇化，即通过合理配置土地和解决当地劳动力的就业问题，加之基础设施、社会保障制度、医疗、教育等问题在农村的解决，进行就业城镇化，转变农民身份，进而促进当地经济的发展。顺理成章，城镇化成为转变土地利用方式的根本途径。

② 将土地规划和城市总体规划或城镇规划及主体功能区规划相互衔接，积极推进城镇化进程。将宏观（区域）、中观（地方）、微观（村）尺度的土地利用规划、城镇规划和村庄规划动态联系起来，将宏观尺度的规划作为土地空间利用的引导手段来提高规划的科学性和合理性。村镇规划要加强对村镇土地利用活动的规划控制和引导，以及土地利用功能的协调和控制，做好土地规划和城镇规划及村庄规划的协调和衔接，实现土地节约化和规模化经营。此外，在做好土规

与城规衔接的同时，还应遵循主体功能区规划，注重水源及水体纳污能力、规避发展盲区以及建构产城融合的发展空间。同时通过实行新的城镇化战略，建立新型合作社，积极推进城镇化进程。新型农业合作化的模式分三个层级：第一层级主要面向生产，即现代农牧业的种、养产业；第二层级主要面向加工，即广义的农产品加工制造产业；第三层级主要面向市场，即按统一的质量安全控制标准、统一的品牌、统一的现代物流。农民在合作社组织中实现自治，农业在适应新产业形态中一体化发展，农村在农业产业发展的内在动力下实现新型城镇化（朱天舒，秦晓微，2012）。

③ 以市场为导向，改革土地制度，增加受众主体。明确农村集体土地产权和土地收益的主体，即土地收益归谁所有，应将农民集体纳入收益群体中，保护农民的权益。此外，改革征地制度，提高土地征收补偿标准。应参考土地在出让市场上的成交价格来制定征地补偿标准，同时征地补偿分配实施的各个环节应达到透明化、规范化和法制化，并引入公众监督机制，最终实现收益分配的公平、公正、公开。

④ 注重土地生态效益，加强公共服务设施建设和管理。在当前生态环境日益破坏的前提下，应科学规划各类用地，实施环境整治措施。通过区域生态环境建设规划的实施，在城镇所在区域范围内因地制宜调整各类用地布局，协调配置居民点、农田、林地、草场、河湖水系等用地，逐渐形成结构合理、功能互补的土地生态空间格局；城镇地方政府要根据城镇中各类经济社会活动特点，以及这些活动对生态环境要求和影响程度，在空间上规定不同功能区范围，科学划定生态保护区，切实保护和合理配置各类重要生态用地（朱天舒，秦晓微，2012）。此外，针对村镇发展中公共设施水平不足的情况，应加强公共服务设施方面的投资与建设，确保人民群众真正享受到改革发展的成果。

⑤ 城乡融合助推新型城镇化。在土地利用转型的途径中，其新型城镇化道路、节约集约用地道路、关照农民权益和推动产业结构升级转型的转变土地利用的方式最终目的是实现城乡融合，走"以人为本"的新型城镇化之路。因此，城乡融合是实现新型城镇化的有力推手。

a. 城乡融合助推新型城镇化的意义。新型城镇化战略实施的一个重要方面即是要改变以往城乡分治的做法和重城轻乡的倾向，而应在充分考虑城市和农村发展、城市居民和农民利益的基础上，实现城乡之间协调发展、共同发展，使城市和乡村、市民与农民能够平等分享城镇化的成果。因此，创造平等统一的新型城乡关系，营造城乡互动发展的制度环境，使城乡之间相互吸引发展要素、相互融合、共同发展，最终实现城乡融合，对于推动新型城镇化战略的实施具有重大意义。

b. 城乡融合助推新型城镇化的路径。城镇化既是一国经济发展过程中不可逾越的历史阶段，也是我国全面建成小康社会的关键。作为农村人口占大多数的我国，如果脱离农村推行城镇化，既不现实也不符合社会主义共同富裕的本质。因此，统筹城乡发展的新型城镇化是我国经济社会发展的必然选择。推动新型城镇化应重点实现城乡在经济、文化、社会事业等方面的一体化，在由城乡对立走向城乡融合的过程中，最终实现人的全面自由发展（冯蕾，2013）。

首先，城乡经济发展一体化，实现城乡经济的良性互动。着眼于生产要素的自由流动，实现三大产业在城乡间的联动，最终形成以"产业集聚发展、类型梯度分布、产业间纵向关联"为特征的现代城乡一体化的产业体系，促进农村土地的流转，实现农业的适度规模经营。此外，积极探索农村土地流转的有效形式，鼓励农业适度规模经营主体的多样化，以尊重农民意愿、保障农民权益为根本，将市场导向与政府推进有机结合，从而实现我国农业的适度规模经营，保证农业的稳产、高产、优产。针对大中城市，要积极发挥其对小城市、小城镇和农村的辐射带动作用，转变经济发展方式，走新型工业化道路，调整产业结构，重点发展科技含量高、绿色环保的都市型工业，以及以教育、金融、文化、商务为核心的现代服务业和高新技术产业，在产业集聚发展和扩散效应的作用下，有力地带动城乡经济的一体化发展（冯蕾，2013）。

其次，城乡社会事业发展一体化，促进城乡居民公平共享新型城镇化成果。在硬件即基础设施上实现城乡一体化，加强和完善农业基础设施以及各种生活服务设施建设，逐步实现村村通电、通水、通路、通气，改变农村"脏、乱、差"的现象，促进村容整洁的新农村的建成。要统筹城乡教育资源，百年大计教育为本，城乡教育资源分配的巨大差别已严重偏离了新型城镇化的"以人为本"。因此，应下大力气实现城乡教育的均衡发展。在建立和完善农村教育经费保障机制的基础上，提高教学质量和办学条件，始终要把农村义务教育的实现放在首位，有条件的地区可以逐步普及高中阶段的义务教育及其他各类农村职业技术教育等。在养老、医疗、社会保障等方面，应结合各地农村经济发展与收入水平，完善以政府为主导，个人、社会共同参与筹资的保障体系。分档次、分阶段地逐步推行农村养老保险制度和新型合作医疗制度，扩大农村最低生活保障的覆盖面，真正使其"老有所养、病有所医、生活有保障"（冯蕾，2013）。

最后，城乡文化发展一体化，推动城乡精神文明的和谐共荣。只有推动城乡文化的一体化发展，才能使进入城镇的农村转移人口不仅实现身份上、职业上的转变，更重要的是实现生活方式及理念的变化，真正融入城镇生活及文明，也才能使农村居民不断提高自身思想和文化水平，真正消除城乡差距，走向城乡从物质到精神的整体融合。要加强对农村基础文化设施建设的投入，构建较为完备的公共文化服务设施体系。例如，覆盖乡村社区的各类型的图书阅览室、数字图书馆、文娱活动室等，这是实现农村文化发展的硬件保障。要发挥农民的积极性和主动性，推动农村乡土文化的繁荣。乡土文化不仅是中华文化的根，也是农村居民精神家园的魂，因此应保护农村的乡土文化，并支持和鼓励村民自办符合当地特色及实际需要的文化活动，培养农民传播文化的自觉性，引导其在参与推动农村文化发展的过程中实现自我教育、自我提高（冯蕾，2013）。

综上所述，在新型城镇化过程中统筹城乡的经济、文化、社会事业发展，也就为人的全面自由发展提供了物质基础、生活保障、精神食粮，人获得了从内到外、从物质到精神的全面武装，从而也就践行了新型城镇化发展的根本目的。当然，新型城镇化发展作为一个复杂工程，不可能一蹴而就，需要在政府的正确引导、科学规划下，社会各界广泛参与，群策群力，走一条生态和谐的发展道路。

（2）土地利用转型要走节约集约用地道路

在"转变经济发展方式"的大背景下，土地利用方式也将随之发生转变。过去的土地利用方式，已经不能完全适应新的经济发展方式的要求，在"转变经济发展方式"的同时，科学地"转变土地利用方式"，节约集约用地，是带有全局性、根本性、战略性的重大问题，成为经济社会发展的迫切需要（张文祥 等，2010）。节约集约用地转变土地利用方式的措施，主要体现在依法协调不同利益和采取信息管理手段两方面。在依法协调不同利益方面，即土地管理工作者从用地预审到发放土地使用证，全方位地进行行政审批和行政执法。落实土地节约集约利用的有关法律法规和政策，实现土地利用方式的转变；在采取信息管理手段方面，掌握农村土地利用数据库和城市地籍数据库相关信息数据，以及土地利用总体规划信息数据的基础上，进行城市土地节约集约利用，包括城市存量土地有潜力的，用挖潜的方法解决建设用地，不占或少占耕地。确需占用城市存量土地以外土地的，采取城乡建设用地挂钩，以及按指标占用少量耕地并占补平衡的办法解决，以此达到节约用地；用存量土地进行城市建设，按照土地规划和城市建设的用地标准，对人口容量、用地结构、建筑容积率、建筑密度、土地投入产出率进行测算以此达到集约用地。这样，才能实现城市土地利用方式的转变（张文祥 等，2010）。

（3）重点"关照"农民权益，建立保障农民长远生计的土地利用转型创新模式

2012年7月27日，国土资源部正式在南京设立转变土地利用方式创新试点，并在南京宣布启动试点。试点中，南京将实现土地利用方式的六个创新转变，以解决经济转型升级时期"保护耕地与保障发展"的两难问题，解决农民最关心的耕地、宅基地盘活、升值问题，解决城区通过土地利用方式转变促进产业转型升级途径问题等。

首先，推进"六大转变"，盘活城乡土地。即从粗放型向集约型转变，大幅提高供地门槛，提高新增建设用地节约集约化水平；从低效利用向高效利用转变，实施差别化供地政策，引导产业结构调整升级；从争取增量向挖掘存量转变，实施存量低效土地再开发；从零星分散向集中集聚转变，推进产业向园区集中、居住向社区集中、农业向规模经营集中；从项目管理向制度设计转变，探索完善规划、审批、耕地保护、市场建设等管理方式；从部门管理向共同管理转变，加强上下联动和部门协同。

其次，重点"关照"农民权益，保障农民长远生计。重点"关照"农民权益主要体现在充分赋予农民集体主体地位，农村土地整治坚持农民集中自愿申报、自主选择原则；农民集体可自行筹资实施，也可引进政府机构或社会投资者；整治新增的耕地，归该农民集体所

有；农民集体自行实施的整治项目，节余建设用地指标及流转收益归集体和农民所有；引进政府机构或社会投资者组织实施的，节余建设用地指标归属及流转收益向农民集体和农民倾斜并由双方合同约定；整治后归集体和农民所有的节余建设用地指标，在符合规划前提下，优先安排在该集体使用，用于产业发展，促进农民就业和增收，其余部分可探索市场化配置模式。在保障农民长远生计方面，积极探索土地换保障的有效形式，完善被征地农民社保体系，农民转变为城市居民的，全部纳入城镇养老、医疗、失业、工伤、生育综合社会保障体系，与城镇企业职工享受同等待遇；向被征地农民发放再就业证书，提供免费就业培训和就业岗位推荐，确保被征地农民"现有生活水平不降低，长远生计有保障"；探索对国家重点工程、重大基础设施、能源交通等项目用地的补偿安置新模式，在项目确定并且年内开工建设的前提下，在农民自愿基础上，经市政府同意，申报用地阶段可先行开展补偿、安置有关工作；建立耕地保护基金，对承担耕地和基本农田保护任务的农村集体经济组织和农民进行补贴补助。

（4）以土地利用方式转变推动产业结构转型升级

依靠外延扩张的粗放型发展模式，已经无法适应当今社会经济发展趋势，只有从根本上转变经济增长方式，推动产业结构转型升级和城市升级，才能实现"推进经济社会双转型、建设富强和谐新社会"的目标。而转变土地利用方式作为推动产业结构转型升级的重要手段，应顺应大局的发展趋势，朝着节约集约用地、科学规划用地、依法依规管地的方向转变。通过改变土地利用方式来解决社会经济发展中凸显的土地供需矛盾，使经济发达地区产业结构得到优化升级，引导经济发达地区各区域经济步入持续健康、快速发展的轨道。

（5）集体土地的出路：土地股份合作制

① 土地股份合作制的地方实践。广东是最早试行土地股份合作制的地区。1992年广东省开始逐步取消粮食订购任务，放开粮食市

场，这为人多地少的发达地区的农民摆脱完成粮食订购任务的压力、实现农业结构调整、寻找非农就业出路创造了条件。广东南海当时正处于经济快速发展的时期，非农产业高速发展，第二、三产业用地紧张。而小规模且分散的家庭农业经营无法进行高效的土地利用和投入，不利于土地的集约高效利用。因此，南海在认可集体经济组织不变更土地所有权的前提下，将集体土地进行统一规划，然后统一以土地或厂房出租给企业使用，集体经济组织和农民以土地股份制的方式分享了农地非农化过程中的土地级差收益，由此诞生了"南海模式"的土地股份合作制（蒋省三，韩俊，2005）。

1994年4月，广东省委省政府在南海召开珠三角地区农村股份合作制改革座谈会，会议决定在珠三角推广股份合作制，并在粤东、粤西地区进行试点。这种农村股份合作制以解决土地问题为主要内容，以社区合作经济组织为基础，把集体土地、财产、资金等作价折股量化到人，成立股份合作社或股份合作公司，全面转换农村经营机制。同时，明确集体产权与农户个人产权关系，促进了土地流转和劳动力转移，推动了农业规模经营和农村现代化建设。改革开放以来，广东省在实践中涌现出几种典型的农村股份合作制（表2-2），丰富了农村土地改革的内涵。

表2-2　广东农村股份合作制的几种典型模式

	主要做法
天河模式	①在土地不能折价入股、不瓜分集体财产的前提下，对集体资产进行清产核资，造册登记，并折价以股份的形式全部量化到人，编集体资产"共同共有"为"按份共有"；②量化到个人的股权，按其股份数量享受集体经济利益分配，并可依法继承；③对股权实行"一刀断"的固化政策及"生不增、死不减、迁入不增、迁出不减"，所有股权不能买卖、抵押、抽资退股；④集体资产折股一般以人口股、工龄股、劳动安置股、福利股四个方面计股到人；⑤在村一级成立股份合作经济联社，生产队（村民小组）一级成立股份合作经济社，经济联社设立董事会、监事会，一般经济联社、村委会、党支部"三驾马车，一套人马"

	主要做法
南海模式	① 以原有社区经济组织为基础，组建股份合作组织。② 在资产折价上，根据不同的资产条件选择不同的折价形式，其中，土地数量、质量较均匀的地方，一般按政府规定的征地价折价；土地等级和人均占有数量差别大的地方，主要按土地的经营效益折价；集体经济落后、农民土地观念薄弱的地方，主要按农村综合因素折价。③ 在股权配置上，根据农民的不同情况，采取综合因素配股、两级配股、年龄配股等三种方式。④ 因地制宜选择股份形式，如社区组织股份制、土地股份制、企业股份制。⑤ 在股权构成上，可集体股和个人股共设，也可在明确集体提留比例的前提下，不设集体股，把全部股权配置给农民。⑥ 在股东资格上，每个合作经济组织必须按统一标准公平公正认定
顺德模式	① 取消经济社（自然村或原生产队）一级建制，原则上以行政村为单位组建合作社；② 清产核资，把原经济社的财产按合理比例并归股份合作社，对集体所得的征地补偿费，除按征地后到入社时的实际年数计算承包收入给原经济社、青苗补偿费给承包者外，余下部分一律入社，原经济社的土地属集体所有，不作价入社；③ 把原经济社财产净值作股本金量化到个人入社；④ 成立股东大会，设立理事会和财务监督小组，在股权配置上，集体股占有的比例一般为20%左右
龙岗模式	① 股东资格的界定不仅仅依据户籍关系，还要考虑各种情况，界定为三类股东；② 把股权结构设置为集体股、合作股（人头股）、募捐股三部分，三者在总股本中的比例为3：6：1；③ 实行有偿配股，根据不同类型的股东，实行不同标准的有偿配股；④ 实行股份流转制度，明确股东对股份的处置权，允许合作股、募集股在本股份合作组织内依法继承和转让；⑤ 凝固合作股股数，一次性将合作股配置给股东，"生不增、死不减、迁入不增、迁出不减"；⑥ 股权管理以户为单位；⑦ 股份合作经济组织通过股份流转和股份分配实现社会管理功能；⑧ 股份合作经济组织分层次，自然村一级设股份合作社，行政村一级设股份合作联社，镇一级设股份合作公司

② 土地股份合作制的特点。土地股份制是集体所有权的体现。虽然各地的土地股份合作制的具体操作方式有所差异，但其性质都是将土地的使用由原来的集体所有、农民分户承包经营变成了集体所有、集体经营。其特点有以下几点（蒋省三 等，2010）：

第一，股权的成员性。土地股份合作制沿袭了我国农村包产到户时土地分配的基本原则，将分红权主体严格限定为集体经济组织的合法成员，并对因婚嫁、入学、入伍等各种因素引起的人口变动所导致的成员权变化而需调整股权的情况做了严格规定。此外，根据"人人有份"的分红原则把股份划分为"基本股"，根据"贡献大小"又划分为"年龄股"。

第二，股份的财产性。土地股份合作制保留和延伸了农民的土地收益权。在承包制下，土地承包权是农民对所承包土地投入使用后获取收益的权利凭证。在实行股份制后，股份制则是集体组织成员所应享有的红利分配的权利证明。拥有股权的农户虽然不像承包制时那样能直接使用和处置土地，而是把土地的使用权让渡给集体经济组织，但他们对土地的收益权不仅以红利的形式得以保留，而且他们在土地作非农使用后还可以分享土地的级差增值收益。

第三，股权的公共福利性。股权的公共福利性体现在全体社区成员分享因土地级差收益形成的集体资产和公共产品上。由于集体组织是土地的实际经营者，因此使得股权的福利化增加了行政色彩。通常每个股份制章程都有关于处罚违反计划生育、逃避兵役及其他违反村规民约的附带条款。

③ 土地股份合作制所存在的问题。土地股份合作制是创新社区集体经济组织产权制度的一种重要形式。这一制度在界定集体产权、保护农民土地权益方面确实起到了重要作用。但农村土地股份合作制普遍存在股份封闭的问题。

由于目前的股份合作制大都实行股权无偿配给，而且大部分社区的股权还要进行定期调整，个人股权只是分红依据，不能转让、继承、赠送、抵押，农民一旦退出社区将得不到补偿。这使农民只关心股份分红的数量，形成刚性增长的惯性，只想行使参与分红的权利，不愿付出应尽的义务，只有追求收益的要求，没有任何承担风险的意识。同时，这也限制了人口和资本的转移和集中。低福利社区的农民无法进入高福利社区，高福利社区的农民不愿进入低福利社区，这不利于农村股份合作制向更高层次发展。

从社区股权的高福利性来看，对股份合作经济组织的增量收益全部按福利股份分配，不仅在社区成员之间无法体现增量收益公平分配的原则，也不利于股份合作经济的进一步增值。而且大部分社区设置单一的福利性股份，使股份合作经济组织资产运营的好坏，不影响股东福利分红水平，股东不直接承担经营性风险，违背了股权的基本属性。这将为进一步推进股权的资本化、社会化流转带来极为不利的影响（蒋省三，韩俊，2005）。

第三章 经济发达地区利益平衡案例研究

一、沿海、沿江地区利益平衡案例

1.深圳集体土地国有化

深圳市在短短的十几年时间内，经历了两次大范围的农村城市化改制，第一次发生在1992年的特区内，经过这次城市化，特区内的68个行政村、173个自然村都转为城市居委会，4万多农民全部转为城市居民。第二次城市化发生在2003年特区外的宝安、龙岗两区，涉及两区共18个镇、218个村民委员会、27万村民，规模较第一次城市化要大得多。其核心内容是2004年开始的"深圳宝安、龙岗两区集体土地国有化转制"，几乎与此同步进行的还有"深圳市城中村改造"。2004年，深圳市对宝安、龙岗两区进行的城市化改制主要以"转地"为突破口，通过适当的补偿，将两区251平方公里土地全部转为国有。为解决村民的生活保障问题，两区将27万多村民"农转非"，全部转为居民，并将满18岁的居民全部纳入城市养老和医疗保险体系。为此，深圳动用了超过2000亿元的庞大投入。区政府在各社区成立社区工作站，承担社区行政事务，并设定3年的过渡期，过渡期内管理经费仍由股份公司承担，过渡期后统一由区和街道承担，工作人员由区政府统一管理，社区居委会和集体资产公司允许人员交叉任职。集体经济股份划分为集体股和个人股，个人股实行固化，社区成立集体资产管理委员会，对集体股实行管理。

深圳的集体土地国有化的方式为：

① 撤销村民委员会建制，建立居委会。将原村民委员会的发展集体经济和组织村民自治的两大职能分开，分别由新的集体经济组织、居民委员会和街道办事处承担。

② 在原各村集体企业的基础上组建和完善城市集体经济组织，独立承担发展集体经济的职能。

③ 对条件成熟的原村办企业可进行股份制改造，根据不同情况和市关于股份制改造的有关规定，建立和健全股份制企业内部管理体制及规章制度。确定股权分配方式：集体积累股、个人分配股、个人集资股。

深圳集体土地国有化的特点有：

① 以一次性征用解决土地所有权矛盾。根据《关于深圳经济特区农村城市化的暂行规定》，对特区集体所有尚未被征用的土地实行一次性征收。这一方式基本解决了不同所有权体制下的土地资源配置矛盾。

② 通过农村集体组织成建制的转化，瓦解农村集体组织对集体土地的违章使用。农村集体组织的成建制转化，动摇了集体土地产权的排外性，使"块块"的行政管理体制向"条条"转化，为政府控制土地发展权奠定了基础。

③ 红线划定现状农村建设用地范围，通过红线管理实施建设控

制。通过城市总体规划将特区内农村建设用地纳入整体建设控制，继续以红线圈定方式管理原农村范围的建设用地，并将土地征收后给予原农村集体经济组织的"征地返还"纳入红线管理范围。这种方式有效地控制了农村集体经济组织的建设用地扩张。

④ 基础设施配套逐步移交。村政建设与管理的转变受制于农村整个体制的转变，农村城市化后，村政事实上就是市政。其规划、建设和管理都纳入整个城市的统一运作。但是一方面，由于特区农村投资市政的总额已超2亿元，如果一下子全部由市政统建统管并衔接配套，一是市政难堪负担，二是市财政将遇到一时无法解决的原有村政设施的收购或投资的补偿难题；另一方面，鉴于各村投资村政的比例不一的现状，通过国有化后政府的投入尽快缩小差距具有合理性。为此，通过逐步过渡的方式，不同对待新旧基础设施的建设管理：今后村政规划、建设已成为城市小区的市政，小区市政按市统一规划的要求由市、区组织投资和建设；旧有的建成设施在一定时期内让其自建自管和自用。

然而，深圳城中村现象的出现是其城市化不彻底的一种外在反映，表明集体土地国有化并未从真正意义上得以实现，仍存在着一些问题和不足，表现为：土地国有化与征用的土地收益再分配矛盾成为持久性的土地管理冲突焦点，包括混淆了土地所有权国有化与土地强制征用的关系、土地发展权管制与农民利益保障的平衡利益处理、农民处于被动的地位等；土地行政管理行为方式中的不到位与不合理；农村集体经济组织股份化改造尽管出现了集体积累股、个人分配股、个人集资股，提出了按资分配、按劳分配等不同的再分配形式，但这种股份公司仍然属于集体所有制企业，原有的财产所有权不变。

2. 南海土地股份合作制

为了既满足工业化对土地的需求，又保障农民对土地的收益权利，南海于1992年开始用集体土地股份制来替代原来的农户分户承包制。即将集体财产及土地折成股份，把全村或全社的土地集中起来，由管理区（现行政村）或经济社（现村民小组）实施统一规划、管理和经营，配股对象以社区户口为准则确定，并根据不同成员的情况设置基本股、承包权股和劳动贡献股等多种股份，以计算不同的配股档次，按股权比例分红。其具体做法是：第一，以行政村和村民小组为单位，对集体土地进行"三区"规划，分为农田保护区、经济发展区和商住区，由集体经济组织出面以土地招商引资。第二，将集体财产、土地和农民承包经营权折价入股，区别不同地区，采取不同的折价形式，把土地和固定资产折股量化给农民，以稳定农民的土地承包权；农民在获得承包权后，再把土地的使用权交给集体，纳入股份合作组织统一使用，以达到规模经营和统一规划的目的。将集体土地进行统一规划，然后以土地或者厂房出租给企业使用。

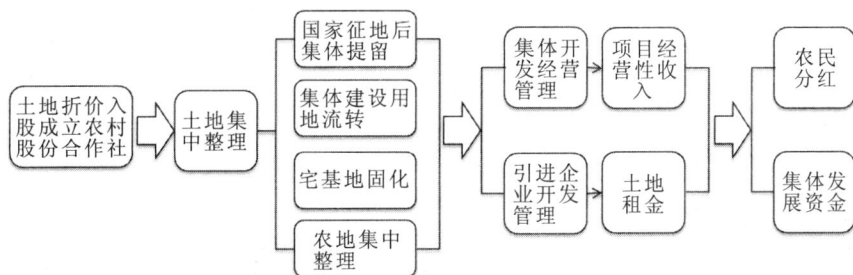

图3-1　农村土地股份合作社运作机制

资料来源：周素红，周锐波，吴志东. 快速城市化下的城中村改造与村社转型. 广州：中山大学出版社，2011.

实行农地股份制后，尽管农地使用权的主体发生转移，村集体作为土地所有权的代表人又重新获得土地经营权，农民获得股份的分红权益。但是股份的分红同农民以往作为公社社员时的劳动分红有本质区别，前者是法律赋予农民使用和处置土地的收益，是财产的凭证；而后者是集体劳动的收益，只是劳动的凭证。况且，土地股权不仅承认土地在作农用时的农民对土地的收益权，还承认土地作非农使用后农民对土地增值的收益权。因此，土地股权同农地承包权就其强化物权性质来看，它们是一脉相承的，而且还将在农地承包权中隐含的物权性进一步显现出来。土地股权是农地承包权在农村工业化过程中的自然延伸和新的实现形式。

南海利用集体非农建设用地，推进了本地的工业化，促进了地方经济的高速发展和农民的普遍致富。然而，集体非农建设用地的实际状况是土地、厂房的非法出租，属于法律所禁止的范围。南海土地股份合作制面临着一个共同的问题就是法律困境。我国的法律和政策关于集体非农建设用地的规定，仍然停留在以农村集体组织投资创办或合作创办企业的阶段，对民间私人资本推动的农村工业化而引起的对集体非农建设用地需求扩张估计不足。具体而言，我国现行法律没有为私人创办企业留下合理的用地空间。集体非农建设用地非法流转的最终受害者仍是农民，不仅不能保护农民集体正当的财产性收入，也影响到中小企业的发展后劲。除此之外，南海土地股份合作制还存在合作经济组织的管理方式与现代公司制管理仍有差距、股份合作制经济组织长期发展中的股权社区化等问题。南海利用集体建设用地的非农化利用，推进了本地的工业化，形成了众所周知的"南海模式"，促进了地方经济的高速发展，提高了村民的生活水平。然而，集体非农建设用地的实际状况是土地、厂房的非法出租，处在我国法律所禁止的范围，与长三角、珠三角其他地区类似，南海土地股份合作制面临着一个明显的问题就是法律困境（蒋省三 等，2005）。

3. 重庆"地票"制度

根据《重庆农村土地交易所管理暂行办法》（以下简称《暂行办法》），所谓"地票"，是指包括农村宅基地及其附属设施用地，乡镇企业用地，农村公共设施和农村公益事业用地等农村集体建设用地，经过复垦并经土地管理部门严格验收后产生的指标。地票交易制度，是上述指标以票据的形式通过重庆农村土地交易所在全市范围内公开拍卖。地票购买者包括土地储备机构、园区建设单位、民营企业、国有企业、自然人。这种交易制度设计是"先造地后用地"，农村闲置土地资源依法有序退出，先把农村集体建设用地垦复转化成耕地之后，才在城市新增建设用地，对耕地的保护力度更大、保护效果更好。同时，地票交易制度创新可以有效解决当前城镇化和工业化加速期，城市建设用地指标紧张的矛盾，而城乡建设用地总量不增加、耕地总量不减少。

地票交易操作设计分为四个主要环节，第一，在自愿前提下，由各村申报年度土地垦复计划，乡镇累计汇总报至市国土局专门管理部门，其垦复计划获批立项后（国土部门照相立档），对农村闲置宅基地及其附属用地、乡镇企业用地、农村公共设施和农村公益事业用地等农村集体建设用地进行垦复；第二，由土地部门和农业部门联合对垦复出来的土地进行质（土地评级）和量（土地丈量）的评估验收，将确认腾出的建设用地指标数作为地票；第三，地票在"地票交易所"挂牌上市，所有法人、机构和具有独立民事行为能力的自然人，均可在交易所竞拍购买地票；第四，买到地票的法人、机构及自然人，在城市规划区范围内去寻找可开发的、尚且还是农村的土地，用地票当征地指标进行转用，土地征收后作为国有土地进行"招、挂、拍"，买到地票企业与其他竞争者一起再参与"招、挂、拍"竞争，取得土地使用权。

"地票"作为一种新事物，使固化不可转移的土地资源实物化，以票据形式转化为可流动的资产进行交易，是中国农村集体建设用地制度改革、构建城乡一体化建设用地市场的一项重要探索（王婧 等，2011）。但由于种种原因，现行地票制度无论在理论研究还是具体实施上都存在明显的问题和漏洞，具体表现在：地票的登记与扣押环节尚需完善、地票交易的指标仍以"打包"的方式存在导致单个指标在最终成交价格上出现差价无法保证公平、无法保证复垦耕地的质量和数量、地票交易二级市场是否需要开通、地票交易可能会形成建设用地指标的"双轨制"和交易的利益合理分配的问题等，应加强对地票交易制度的理论研究，充分认识地票的实质，使该政策可以更好地发挥作用。

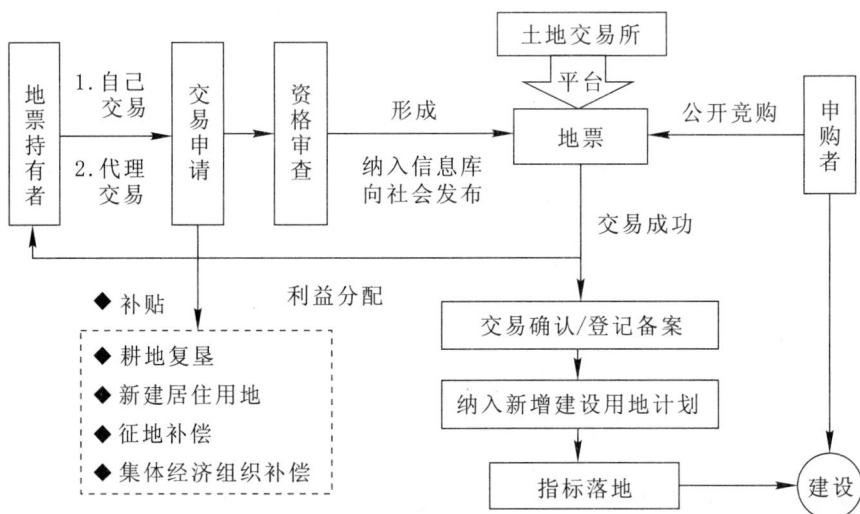

图3-2　重庆"地票"交易示意图

资料来源：王婧，方创琳，王振波. 2011. 我国当前城乡建设用地置换的实践探索及问题剖析. 自然资源学报（9）：1453-1466.

4.苏南地区的"三集中"战略

所谓"三集中"是指乡镇工业向开发园区或工业集中区集中、农业向适度规模经营或现代都市农业规划区集中、农民向城镇或农村新型社区集中。经过初期由地方基层政府（镇、乡、村）为主导的分散摸索阶段，进入了目前以省、市政府为主导的有计划、有步骤、有系统、自上而下的全面推广阶段。同时，各地区根据自身的农村经济发

经济发达地区土地利用与民众利益
土地利用与空间规划丛书

展情况，制订了可量化的实施目标，并将其纳入市（县）、区级政府年度考核和实绩评估指标中。以无锡市为例，2005年就明确提出：到2007年农业适度规模经营的面积比例达到60%，工业开发园区和集中区的产出占全市乡镇工业经济总量的比重达到75%以上，同时1/6的自然村居民并入城镇和农村新型社区；到2010年，上述三项指标则分别要达到80%、90%和1/3。苏南各地自实施"三集中"战略以来，以工业园区为代表的园区经济已经成为各地经济发展的主力军。苏锡常地区的园区经济，以不到全省1/10的土地面积，支撑着全省20%的工业收入、40%的出口额和17.7%的财政收入。在总量扩张的同时，工业园区的土地经济效益也逐渐得到提高，亩均投资强度接近150万元，亩均产出水平超过250万元。

苏南地区实施"三集中"战略有三个基础条件分别为：

（1）强势政府的推动

旧的苏南模式是县、乡政府直接领导的农村经济社会发展模式，大部分乡镇企业是由乡镇政府，或者利用原有的集体积累，或者利用政府的动员力量，或者由政府出面向银行贷款兴办的，在经济发展过程中，地方政府起着主导作用、基层干部发挥着重要的影响力。在乡镇集体企业改制以后，基层组织仍旧有着强有力的影响力，这种影响力在实施"三集中"战略中再次发挥了积极的作用。政府在调度地方的人力、财力、物力、土地等资源，及时处理和解决"三集中"战略过程中出现的问题，以及推动"三集中"战略顺利实施过程中，起着主导作用。

（2）良好的经济基础

苏南人的创业精神和优越的地理位置使它在计划经济时代就建立起了良好的集体工业基础。和其他地区比较，苏南具备众多发展农村工业的优势：发达的农业为工业生产提供了必要的原始积累；地理上接近上海，使它能够很容易地获得工业生产所需的技术、人才和原材料等；发达的交通，使它更便利地连接原料产地和市场；近代工业的遗产，使它具备必要的管理技能和有技术的工人；等等。这些条件使苏南在集体经济时期就发展了它的工业基础。良好的工业基础，在各乡镇产生了工业集聚效应，为工业的集中、农业的集中和居住的集中打下了良好的物质基础，创造了良好的条件。乡镇经济的发展，加快了农村城镇一体化的发展，加快了农村富余劳动力由农业转向工业，促进了为工业生产和职工生活服务的第三产业的发展，使得大量的农民转化为城镇居民，并不断聚居，形成了小城镇。

（3）园区经济的示范作用

园区经济的发展对三集中起到了示范效应。园区经济在苏南地区有着广泛的影响力，苏南各地通过建立工业园区，以强势政府和有效政府为基础，以招商引资为手段，以土地换资金，以空间求发展。苏州新加坡工业园被人们誉为我国工业园发展的鼻祖，苏州拥有的4个国家级经济开发区和9个省级开发区，基本上是在20世纪90年代初开始建设的，苏南地区成为我国外商投资企业和台资企业最为密集的区域之一，世界500强企业差不多一半落户在这里。各类开发区建设取得了良好的成效，园区经济本身是工业集中的一种体现，不仅带动了地方经济发展，同时对各乡镇的"三集中"起着良好的示范效应。

二、广东四小龙——东莞利益平衡案例

东莞市从2009年7月起正式启动全市村级体制改革试点各项工作，首先以工作基础较好，代表性较强的黄江镇、厚街镇作为试点镇。其中，厚街镇着重探索政务服务中心职能界定、土地统筹开发、"三旧"改造、集体资产运营等方面的经验。黄江镇着重深化原"联村管理"模式，着重探索政府服务中心职能界定、土地统筹开发、公共管理和服务提升优化、集体资产运营等方面的经验。除此以外，寮

经济发达地区土地利用与民众利益
土地利用与空间规划丛书

步镇、虎门镇等其他地方也对村级体制改革进行了有益的探索和实践，具有不少可资参考的改革思路和经验做法。

1. 厚街镇

2009年3月，厚街镇被确定为东莞市村级体制改革试点镇。厚街镇根据《中共东莞市委、市政府关于推进村级体制改革试点工作的意见》，结合实际，大胆探索，在改革农村传统体制，转变经济管理方式，加强公共服务统筹等方面进行了重点尝试，取得了村级体制改革试点工作的初步成效。

一是以实施"村改居"为突破口，改革基层管理体制。由镇试点办提出全镇"村改居"总体方案，然后各村结合实际制定实施方案，提交村民代表和户代表审议和表决。二是以撤销村民小组为突破口，改革基层组织结构。撤销村民小组建制，是减少村集体供养人数，降低管理成本的有力举措，是实施村级体制改革的重要步骤。三是以统筹经济核算为突破口，改革集体经济管理模式。推行村组集体经济统筹，是打破村组经济各自为政，提高公共资源使用和产出效率的必然要求。为此，厚街镇取消了原村民小组集体股份经济合作社的独立经营权，推动原村组两级核算向社区一级核算过渡。四是以建立政务中心为突破口，改革基层政务服务方式。组建政务服务中心，将原来由村级承担的行政管理职能和公共职务职能分离出来，这是厚街镇村级体制改革试点工作的核心内容。五是以统筹治安队为突破口，改革基层社会管理机制。针对村级治安队人员复杂、管理粗放、难以适应当前治安力量需求的状况，厚街镇选取了沙溪片5个社区作为试点，对各社区治安队实行统一招聘培训、统一教育管理、统一发放工资、统一考核奖惩，并建立治安队员工作绩效考核制度，设立奖惩专用账户，在治安队员个人经费中预留20%，镇财政增拨原来经费的10%，作为每季度绩效考核奖惩经费。

（1）结合实际情况，多种形式合并

厚街镇着重探索了集体资产运营等方面的经验。在村组经济统筹上采取直接合并和设立分社过渡两种模式。全镇有12个社区通过合并实行社区一级经济管理。10个社区设立分社，小组资产产权属原经济合作社所有，但财务核算和资金管理统一到经联社进行。

（2）置换或回购物业以保障村组经济持续发展

集体旧厂房土地如果一次性卖出，村组收入虽可一时增加，但集体物业面临减少减值。厚街镇近日制定《村组集体"三旧"改造实施意见》（以下简称《意见》），破解这一难题，《意见》要求，"三旧"改造后村组集体土地收入及利润应不少于50%用于置换或回购物业，以确保集体资产保值增值。达到了较高补偿标准保障村组集体利益和保持村组集体物业的延续性。

（3）成立土地储备中心，盘活村组土地

厚街镇成立了土地储备中心，加大土地统筹工作力度，统筹部分土地作为镇政府储备土地，统一经营，提高土地利用率。在时机成熟的时候推出市场挂牌，同时鼓励有条件的村通过土地入股、出资入股等形式，统筹开发建设生产性项目。这样一来，一方面解决了村组债务问题，另一方面提高了土地使用的效率。

2. 黄江镇

黄江镇改革以"整合社区，集中居住"为特点。从2005年开始，黄江镇以整合社区为切合点，积极探索村级管理新体制。目前，该镇已成功将8个村整合为2个新社区。新社区成立社区政务中心，集中处理社区行政事务，运作经费采取社区成员单位承担60%，镇财政资助40%的模式，工作人员由镇统一管理，纳入财政供养，大力整合社区治安、环卫、公共设施等资源，在新社区实行"大治安""大城管"和"大城建"，整体提高公共服务水平，统一规划建设公共设施尤其是农民公寓，逐步实现集中居住。集体经济管理上，实行政经分离，推行股份制改革，配股给村民，实行股份分红，完善土地管理机制。黄江镇整合社区的模式有利于社区资源的集约利用和统筹发展，但是社区间经济发展不平衡，整合社区过程中平衡资产和收益的分配难度较大，土地统筹机制仍在探索中。另外，新成立的政务中心或将加大镇财政压力，单靠镇（街道）一级财政将难于全面承担社区一级公共开支。

（1）"整村改居" "减员增效"

黄江围绕"四个统筹"加以推进：一是统筹区域，将原来的19个村、1个社区撤并后改制为7个社区；二是统筹政务，新成立了7个政务服务中心；三是统筹社区综合服务，每个社区设立1个社区综合服务中心，内设一站式服务窗口、文化活动室等，今年还计划在梅塘社区建立社区综合服务示范点，作为全市首批社区综合服务示范点；四是统筹治安与环卫。此后，黄江还将加大土地统筹、资产统筹的探索力度。

（2）土地收益三级分利

在土地统筹利用过程中，按照东莞市委市政府公布的试点方案，改革后，村集体土地将由市、镇统筹经营，收益则由市、镇、村三级分享。这也就意味着，原村委会或村小组对土地的话语权将有所减弱，在土地利用的可持续性方面大大推进。

3. 寮步镇

改革开放以来，寮步镇抓住发展机遇，走出了一条以厂房物业出租为主要经营方式的发展道路，推动了集体经济的快速发展。2006年，寮步镇基本完成了集体经济股份制改革。近年来，寮步镇不断加强优化统筹土地利用，加大对农村集体经济的帮扶力度，并积累了如下几点经验：

（1）加大对村组土地的统筹

寮步镇政府注重通过统筹、收购、合作经营等方式，盘活土地资产，提升土地价值，解决发展资金瓶颈，实现集约发展。如采取收购方式对村组经济发展加以统筹，通过对某6个村的1800亩土地进行统筹，政府全部收购之后再进行统筹发展，然后再对村组集体经济进行帮扶，如整合后的部分收益返还给村组发展物业经济。政府这种土地统筹方式促进了农村集体经济的良性循环，提高了土地的产出效益。截至2009年底，全镇已统筹土地超过3000亩。

（2）完善管理制度，加大对欠发达村的帮扶

寮步镇构建了民主理财、财务监督、审计监督、统计监测、审查监控、干部薪酬管理激励机制相协调相配套的集体经济监管体系，集体经济管理制度框架已经基本完善。出台了《关于扶持经济欠发达村的决定》，对镇属欠发达村开展结对帮扶、提供免息贷款、由镇财政负担社保费用、集体经济负担部分以及补贴改善公共环境设施等一系列帮扶措施，尤其结合寮步区位和发展实际，逐步提高了对村组土地生态补偿的标准。

4. 虎门镇

改革开放以来，虎门镇顺应经济发展潮流，进行了一系列的经济制度改革。1996年，虎门成立了镇资产经营管理有限公司，代表政府经营管理和监督集体企业，采取各种形式对集体企业进行体制改革。2006年，全镇29个村委会全部成立了股份经济联合社，农村股份合作制改革迈出新的步伐，为"村改居"工作奠定了基础。近年来，虎门镇在村组土地工作中积累了如下几点经验：

（1）高度重视土地确权工作

虎门镇高度重视土地确权工作，把农村集体土地确权登记发证工作当成一项政治任务来抓。虎门镇已经根据国家有关部委、省、市的要

求，结合本镇实际，成立了领导小组，加强领导，分工负责，并制定了《虎门镇农村集体土地确权登记发证工作方案》，对农村集体土地所有权证确认到每个具有所有权的农民集体经济组织，按权属关系将集体土地所有权证核发到相应的股份经济联合社、股份经济合作社。

（2）实施严格的监督管理制度

虎门镇部门社区、村组要定期向虎门镇相关部门汇报集体管理的情况，规定小组的土地、厂房、宿舍以及商铺租赁合同和账务账册及原始记账凭证等资产经营资料，须统一移交给社区资产管理办公室存档，接受社区的监督。对土地资金实行严格的管理制度，如土地资金的使用，必须经过村民达标大会全部同意才能通过。此外，虎门镇属资产管理公司对所管辖物业加强盘查管理，开展市场供需及价格调查，确保集体资产保值增值，对于增值潜力不大的能转让就转让，对于产权不明确的想办法补办各种手续，发挥物业的最大效益。

5. 莞城区

莞城地处市中心区，城市化程度较高，自2003年实行"村改居"以来，通过实行行政与经济管理分离、农村集体经济组织转制等措施，积极理顺社区管理体制。2005年以来，莞城区开始对旧城区、旧村居、旧厂房进行改造，通过改造，推动了土地集约利用，完善了城市功能配套，促进了产业转型升级，改善了市民居住环境。在"三旧"改造方面，积累了如下经验：

（1）以科学规划指导"三旧"改造

自2005年开展"三旧"改造以来，莞城区注重规划先行，先后制定《莞城区控制性详细规划》、"两点、两线、两面"旧城改造方案、《莞城区土地利用总体规划（2006—2020）》《莞城区"三旧"改造专项规划》等规划。通过高标准的科学规划设计，完善规划体系，整合城市资源，有效指导莞城的"三旧"改造工作。

（2）以和谐拆迁加快"三旧"改造

在实施"三旧"改造项目时，坚持在总体规划的基础上，实行集中连片开发，分期分批推进各个改造项目。在改造区域上重点选择区位条件优、改造动力足、群众基础好的成熟地段和社区，从整体上整治及改善交通、居住和商业环境，做到成熟一片改造一片，改造一片提升一片。

（3）以连片开发推进"三旧"改造

近年来，莞城区共建成搬迁小区5个，提供了5000多个安置单位。在"三旧"改造中，突出"和谐拆迁"，如采取报刊宣传、网络公示、上门解释等多种形式宣传"三旧"改造的目的、意义，讲解相关政策，赢取群众的理解和支持；结合莞城实际，制定合理的拆迁补偿办法，其中采用住宅换住宅按1：1，商铺换住宅按1：3的产权置换方式进行补偿，大力促进拆迁工作的开展。对拆迁安置房建设项目，在审批、建设、配套、验收等环节给予支持和协助，加快建设进度，力争让拆迁户能早入住安置房。

（4）以"修旧如旧"实现"三旧"改造

在"三旧"改造过程中，保留和合理利用现有的特色民居和历史建筑，使旧城区所承载的历史文化和城市记忆得以保存和延续。其中，可园文化片区、西城楼大街、运河东1号等改造项目就是在尊重莞城历史文化的基础上，实现"修旧如旧、建新如故"。恩门楼、却金碑亭、容庚故居、振华路骑楼建筑群等富有历史意义的文化建筑和特色建筑得到保护和传承。

（5）以利民惠民体现"三旧"改造

莞城区始终把利民惠民作为开展"三旧"改造工作的出发点和落脚点，务求使老百姓得到真正实惠，共享"三旧"改造成果。截止到2010年，莞城区在改造中规划了10万平方米土地用于城市基础设施建设，改造建成了一大批公共基础设施，同时新增了公共绿地面积65.7万平方米，进一步完善城市设施配套，方便群众生活。

6. 松山湖高新技术产业开发区

改革开放以来，东莞依靠港台雄厚的资本、内地廉价的劳动力和本地廉价的土地，经济建设取得了巨大的成就。但相伴而来的是，科技自主创新能力不足、城市快速扩张、土地利用粗放、生态环境恶化，一度被看成"先污染后治理"的典型。正是意识到面临资源、环境和人才的严重约束，2001年东莞市委、市政府提出了开发建设松山湖的决策，其目的是通过打造一座全新的集科技、产业、生态和人文为一体的平台，充当"国际制造业名城"的新载体和发动机，来推进东莞经济增长方式转变和发展模式创新。2001年11月，松山湖高新技术产业开发区经广东省人民政府批准设立，2010年9月经国务院批准为国家高新技术产业开发区，11月正式获国务院授牌。

松山湖高新区规划总用地面积为59.43平方公里，其中水域和生态核心绿地等不可建设用地面积为14.25平方公里，城市建设用地面积为45.18平方公里。工业用地率和高新技术产业用地率分别为63.67%和57.11%，综合容积率、建筑密度、工业用地综合容积率和工业用地建筑密度分别为0.71、34.00%、0.89和45.23%。在用地效益、高新技术产业用地产出强度等方面都表现突出，合理、集约、高效利用土地资源。

（1）重视规划在先，建设在后

松山湖高新区的建设深刻反思了珠三角20多年来的"先污染后治理"的发展模式，充分认识到"先规划，后建设"的重要性和巨大的环境价值，避免了建设的随意性，发挥了营造大环境对地方发展的积极贡献。在规划和建设中，体现了满足需要、以人为本的理念，合理设计城市功能区，建立起相对完善的医疗卫生、文化娱乐、商业金融、行政办公、邮电通讯等城市服务体系，倡导绿色概念的生态城市生活方式，实现松山湖新城人与自然和谐共处，经济社会与资源、环境的协调发展，使该园区成为美好家园和创业者的乐土。坚持资源环境一体化理念。松山湖的规划和建设，十分强调"着眼大区域，营造大环境"，不以牺牲土地资源、生态资源为代价。对资源实行优化配置，并积极引导资本、高新技术等资源的加入。"山、水（湖）、园"为一体的生态理念、符合实际的圈层布局、主导产业的合理定位等，都比较好地体现了资源环境一体化理念。

（2）建立完善的土地管理制度

针对土地资源稀缺而宝贵的状况，松山湖高新区提出要建立四项制度：

一是供地目录制度，主要内容是要结合松山湖园区的产业发展规划，制定细化的产业供地目录，明确区分禁止供地项目、限制供地项目和鼓励供地项目。凡是不符合供地目录和产业发展政策要求的项目，一律不许落户松山湖园区。

二是实行建设用地定额制度，设定松山湖园区供地标准。比如，每亩土地实际投资不得低于50万美元。对于投资额小于300万人民币或每亩投资额低于50万美元的工业项目，一般不直接供地，由松山湖园区集中建设标准厂房出租，满足生产用地。

三是带项目供地制度，坚决杜绝假借项目圈占土地现象。除松山湖园区实际投资规模5000万美元以上或年纳税额1000万元以上的大型生产项目以及松山湖园区急需发展的配套产业项目可以按发展规划预留扩展用地外，一般情况都要严格遵照建设项目当期投资规模供地。

四是实行以基准地价为参照的土地供应最低保护价制度。以土地最低保护价作为招商引资供地条件中必须严格执行的底价，抑制圈占浪费土地。

此外，还规定，松山湖园区中心区内可以适度开发配套旅游项目，但严格控制建设高档别墅类房地产项目，禁止擅自兴建商业楼宇和住宅，禁止兴建任何厂房，禁止从事工业生产性质的活动。

土地管理制度的建立使松山湖高新园的开发建设更加遵循高起点、高标准、高效益的原则，更有利于坚持立足长远、适度开发、高效利用、集约经营的发展方向。

（3）合理整合土地，明确功能区划分

为了解决土地利用效率总体水平不高、土地利用粗放的现状与"经济社会双转型"对土地需求增加的矛盾，松山湖高新区实行工业进园的土地利用方式，促进节地型经济增长。

在用地功能的安排上不是简单的研发产业在空间及功能布置上的拼合、集中，而是借鉴先进地区的发展经验，对单元功能进行有机的拆分、合理重组，从而使规模和整体功能提升，实现资源共享、环境共享、平台共享以及公共设施共享。

三、"百善之区"——广州利益平衡案例

广州在经济快速发展的当前，城市外部空间快速扩展，内部空间进行结构调整，同时受到土地资源的刚性约束，土地利用发展面临未来土地资源紧缺、土地利用低效、土地供需矛盾加大、保护耕地红线压力剧增、农村土地管理薄弱、人地矛盾突出等问题。面对经济发展和用地之间的矛盾，为了突破土地发展瓶颈，必然涉及利益相关者各方的利益，处理好土地利用和各方利益的关系日渐成为重点。从发展来看，广州在"三旧"改造、留用地问题、土地流转、美丽乡村建设等方面成效较为显著，给其他区域、其他城市给予一定的启示和借鉴。

1. 广州"三旧"改造中的补偿机制

"三旧"改造是指对旧城镇、旧厂房、旧村庄改造，是国土资源部与广东省开展部省合作，推进节约集约用地试点示范省工作的升级战略。广东省审时度势，于2009年8月出台《关于推进"三旧"改

造促进节约集约用地的若干意见》（粤府〔2009〕78号）（简称《若干意见》），标志着"三旧"改造在广东省正式推开，并享有三年（2010—2012年）的先行先试机会。其中，以广州、深圳、东莞、佛山作为"三旧"改造的四大试点市，总体要求是：以推进"三旧"改造工作为载体，促进存量建设用地"二次开发"，统筹城乡发展，优化人居环境，改善城乡面貌，努力建设生产发展、生活富裕、生态良好、文化繁荣、社会和谐、人民群众充满幸福感的新广东。

广州市"三旧"改造用地面积为501.47平方公里，其中旧城镇面积56.18平方公里，占总量的11%；旧村居面积269.89平方公里，占总量的54%；旧厂房面积175.40平方公里，占总量的35%。根据广州市"三旧"改造项目标图建库统计资料，全市十区"三旧"改造用地标图建库共计9897宗，涉及用地面积399.03平方公里。其中旧城628宗，占地38.07平方公里；旧村3687宗，占地219.11平方公里；旧厂5582宗，占地141.85平方公里。广州市针对旧城镇、旧厂房、旧村庄改造的不同特征，采取了不同的补偿办法。

（1）旧城镇改造补偿

① 提供多种补偿方式，确保补偿到位。完善旧城更新改造拆迁补偿安置办法，优先落实保障安置房用地供应；完善异地安置房的配套建设，并针对被拆迁户的实际情况，制定相应的拆迁补偿办法。根据旧城更新改造计划和动迁房源的需求情况，多渠道筹措动迁安置房源。明确动迁实施的主体，提高动迁队伍服务水平和动迁效率，建立科学动迁机制，规范动迁工作。基于上述各项政策和工作的展开，为居民提供多种方式的拆迁补偿安置选择，确保补偿到位。

② 实行"阳光动迁"，尊重居民意愿。实行"阳光动迁"制度，对旧城更新改造试行事前两轮征询制度，全面、及时、动态地公开各种拆迁补偿安置信息，两轮征询的同意改造户数和签订协议户数必须分别达到规定的比例方可启动改造和实施拆迁。充分尊重改造区

域居民的意愿，调动其参与改造的积极性，使其成为旧城更新改造的主导者和推动者。

③ 加强监督管理，防范违纪违法。积极探索第三方参与房屋拆迁监督的新方法，邀请人大代表、政协委员、社会工作者、法律界人士和被拆迁人代表等，参与房屋拆迁全过程监督。加大对动迁工作的监督检查力度，防范和查处动迁工作中滥用职权、玩忽职守、徇私舞弊等违纪违法行为。

④ 实施行政强制，维护公众利益。对于两轮征询后少数未签订拆迁补偿安置协议的被拆迁人，依法启动行政裁决程序，并委托区政府组织采取行政强制执行依法生效的行政裁决决定，切实维护社会公众利益和最广大群众的合法权益。

（2）旧厂房改造补偿

对于经划拨、出让等方式合法取得使用权的国有土地、符合登记确权条件（含1987年1月1日前已使用）的历史国有土地，按以下两种方式进行补偿：

① 公开出让、收益支持。具备开发经营条件的原址用地，可由土地储备机构收购，也可由企业自行搬迁整理土地后，政府组织公开出让。原土地使用权人可选择两种不同的收益支持方式计算补偿款。补偿给原土地使用权人的土地收益包含土地整理、修复费用，由土地储备机构负责房屋拆卸等工作的，相关费用应从补偿给原土地使用权人的土地收益中扣除。旧厂房在2010年底前完成搬迁、拆除的，按成交价10%追加补偿比例，在2012年底前完成搬迁、拆除的，按成交价5%追加补偿比例。土地出让成交后因规划调整使地价款发生增减的，收益补偿不再调整。

② 公益征收、合理补偿。原址用地中规划控制为道路、绿地及其他非营利性公共服务设施的用地占总用地面积50%以上且不具备经营开发条件的，由政府依法收回并给予合理补偿。原土地使用权人可

选择两种不同方式计算补偿款。纳入旧城区成片改造范围且不具备独立开发的旧厂房用地，由政府依法收回，并按照处置方式中的公益用地标准予以补偿。

（3）旧村庄改造

① 确定合理的补偿标准。由区政府或其会同村集体经济组织根据改造范围内村民现状住房面积、整治改造成本等因素，确定住宅房屋拆迁补偿安置基准建筑面积，以基准建筑面积为依据，合理确定"拆一补一"复建补偿标准和货币补偿标准。非本村村民房屋拆迁补偿办法，在符合条件下原则上按产权面积予以货币补偿。优先建设复建补偿安置房，全面改造项目的安置房可以办理国有房地产权证，并注明未办理土地有偿使用手续。对不履行村集体经济组织成员决定通过的拆迁补偿安置方案的，村集体可以依法提起诉讼。

② 提供多元化的补偿方式。城中村整治改造范围内的原有合法产权的房屋，被拆迁人可以选择复建补偿、货币补偿，或者二者相结合的补偿安置方式。复建补偿标准：确定拆迁补偿安置基准建筑面积的改造项目，住宅房屋被拆迁人选择复建补偿的，被拆迁房屋的建筑面积在基准建筑面积以内的按"拆一补一"给予安置，不足基准建筑面积部分，被拆迁人可以按安置住房成本价购买，超出基准建筑面积部分不再实行安置，按被拆迁房屋重置价给予货币补偿。在村民自愿的基础上，超出基准建筑面积部分的货币补偿可折算成股份参与集体物业收益分红。没有确定拆迁补偿安置基准建筑面积的改造项目，住宅房屋被拆迁人选择复建补偿的，被拆迁房屋属合法建筑的部分，按"拆一补一"给予安置，合法建筑外的部分，按建设成本给予货币补偿。被拆迁合法的非住宅物业原则上由改造主体按"拆一补一"进行等面积复建补偿。货币补偿标准：货币补偿标准应根据被拆迁房屋的面积、区位、用途等因素，由区政府或其会同村集体经济组织确定，其中住宅房屋基准建筑面积以内的货币补偿标准不得低于广州市集体

土地住宅房屋拆迁补偿最低单价。非本村村民建造或购买的房屋，且已领取房地产权证的，可以参照城中村整治改造的拆迁补偿办法，原则上按产权面积予以货币补偿。

2. 广州解决留用地问题的实践与探索

征地留用地主要是政府在征用集体土地时，划定在确定的建设用地范围内安排一定面积的建设用地，核定一定比例的土地指标，留给被征地的村农民集体，用于支持被征地农民集体经济组织和村民从事生产经营，并且长期保留农民集体的土地发展权和财产权，从而使被征地农民能够分享到城市发展的土地增值收益。

留用地最早出现在20世纪80年代的广州市。1992年，番禺县首先出台《关于加强土地管理规定的通知》，规定按征地数额15%～20%留给镇、村建设的土地。1993年，广州市出台《广州市国家建设征用土地和房屋拆迁管理若干补充规定》，将番禺的做法推广到全市，规定征用土地应按所征土地总面积的5%～8%，留地给村发展第二、三产业，安置剩余劳动力，如以村为单位一次性大面积征完土地时，按所征土地总面积的8%～10%留地。1995年3月，广州颁布实施的《广州市土地管理规定》明确规定："土地行政主管部门征用集体所有土地，按下列比例限额留出土地：市辖区可按所征土地总面积的8%～10%留出；代管市可按所征土地总面积的10%～15%留出。"留用地做法从政府规范性文件上升为地方性法规，广州市老八区自此开始执行统一的留用地政策。随着经济社会不断发展和土地制度的改革，征地留用地制度也不断发生变化。广州在探索中不断完善，不断创新留用地兑现的方式，对保障被征地农民的长远生活起到了重要的作用。

（1）广州留用地制度的特点

① 合理确定留用地安排比例。历史上，广州安排留用地的比例不断变动，不同时期有不同的比例，同时期不同的区的留用地安排

比例也不相同，分别为5%、8%、10%、15%以及20%，在一定程度上造成了征地补偿的不公平，更容易引起农民的不满情绪。2012年2月21日，广州市人民政府办公厅引发《关于贯彻实施〈广东省征收农村集体土地留用地管理办法（试行）〉的通知》，规定留用地指标面积按照实际征地面积的10%计算。《关于贯彻实施〈广东省征收农村集体土地留用地管理办法（试行）〉的通知》规定，兑现留用地指标可采取多种形式，包括折算货币补偿。留用地折算货币补偿额按照不低于发布征地预公告时留用地指标面积与被征收土地所在区域工业用地基准地价级别价乘积的150%计算。安排留用地，包括集中留地和分散留地。被征地的农村集体经济组织可以按照留用地指标核定书载明的留用地折算货币补偿与征地单位提供的有权处分的房屋进行等价置换。

② 全程监管留用地使用。在用途上，广州明确规定留用地可以按照规划要求用于除商品住宅建设以外的用途。在货币补偿上，明确规定征地单位在用地报批前将留用地折算货币补偿款预存到指定的银行账户。在征地公告后，货币补偿款一次性全额支付给农村集体经济组织，并纳入农民集体财产统一管理。在监管留用地使用上，《关于贯彻实施〈广东省征收农村集体土地留用地管理办法（试行）〉的通知》规定，由于自身原因未按照批准用途动工开发建设且自批准之日起超过2年的，应暂缓办理该农村集体经济组织分散留地的选址和用地手续，但可以允许其申请集中留地。

（2）广州留用地多形式实践

广州留用地政策实行较早，在维护被征地农民长远生计、切实提高被征地农民补偿安置标准等方面取得了一些成效。

一是多形式兑现留用地。结合实际情况，广州各区创造性地采取实地留地、指标抵扣、折算货币补偿或指标统筹调剂等不同形式的办法落实留用地。南沙区试点采用"货币加物业兑现留地"，即村自愿放弃实物留地的，土地公开出让后，政府按土地出让金的一定比例返还村集体。萝岗区采取"租赁留用地指标"方式先行兑现留用地，即在暂时无法安排留用地的情况下，由政府租赁村的留用地指标，待将来有地可安排时再兑现实地。目前，萝岗区采取此方式兑现了约254亩留用地。同时，发挥开发区统一征地、整体规划和招商引资的优势，结合园区建设，指导、协助村集体利用留用地建设员工楼、标准厂房，为开发区产业布局提供服务和保障。白云区结合历史无合法建设用地手续的土地总量大、整治难的现状，充分利用旧村改造的政策，通过抵扣留用地指标完善存量建设用地手续。如2009年白云区太和镇营溪村主动申请使用留用地指标抵扣其名下历史违法用地项目，利用留用地指标覆盖违法用地并办理用地手续，既消化了留用地指标又减少了违法用地。

二是推广留用地集中安置。针对村集体经济发展留用地普遍存在利用粗放、效益不高的问题，为切实提高被征地村集体和农民的收益，帮助其解决招商引资困难，广州因地制宜加快推进留用地集中安置。在解决大学城留用地问题时，采用成立项目公司统一承租的运作模式，发挥政府统筹协调和集中力量办大事的优势，取得了良好的效果。通过充分听取农民意见，结合亚运城建设，在亚运城2.73平方公里范围内和亚运城周边，统筹安排亚运城被征地村集体的集中留用地并同步报批。在花都机场周边噪音区和留用地集中安置区搬迁安置上，明确采用集中安置的方式，在新华街、花山镇、花东镇分别建立3个留用地集中安置区，用于解决位于机场保护隔离区范围内的23条村的约1099亩留用地欠账问题。

三是招商推介提高产出效益。积极推进留用地招商引资工作，因地制宜地完善产业布局，促进留用地的高效利用。黄埔区引荐大润发、广百百货、吉之岛、人人乐等一批商业企业考察留用地地块，并与村集体签订投资意向书。同时将留用地指标与产业园区用地挂钩，引入园区统一招商管理，提高村集体收入和促进工业园区发展。荔湾区结合区商业网点布局和产业功能定位，吸引新广佛商业中心、沃尔玛等项目落户留用地地块。番禺区统筹安排亚运城被征地的石楼镇6条村集中留用地，并成立项目公司进行统一承租。

（3）广州留用地工作经验

一是将留用地问题上升到民生问题来高度重视。广州留用地之所以取得突破，建立制度，关键在于市委市政府将解决留用地问题作为涉及农民切身利益的民生工程来抓，本着以人为本、民生为重的原则，将思想和行动切实统一到全市的决策部署上来。

二是建立健全制度才能保证落实留用地。推行留用地20多年，广州也出现过留用地遗留问题。之所以出现问题，根本原因是历史上未能建立和完善规范化长效管理机制。在解决老问题的同时，更加注重立足标本兼治，注重制度创新，建立了一系列留用地同步落实、多方式兑现、兜底保障、信息化管理的政策措施，不再产生新的遗留问题。2009年，市政府颁布的《广州市申请使用建设用地规则》规定，村集体利用历史违法用地建设非公益性设施，经批准补办手续时，有留用地指标未兑现的，应首先核减留用地指标。2009年12月30日，市政府颁布的《关于加快推进"三旧"改造工作的意见》规定，城中村改造涉及补办历史用地手续的，要兑现留用地指标。2009—2010年在新一轮全市土地利用总体规划和城市规划控制性详细规划修编过程中，各级国土、规划部门将留用地欠账指标核定成果优先落实到"两规"修编工作中，确保安排符合"两规"的用地用于留用地安置，为下一步工作打下坚实基础。

三是依靠基层、齐抓共管才能落实留用地。留用地是一项系统工程，不能单靠国土部门一家包打天下，而是要按照"谁家孩子谁家抱"的原则，根据职能分工落实各单位责任，发挥市、区、街"两级政府、三级管理、四级服务"的优势，形成整体协同的工作合力，才能有效解决留用地问题。各区政府是解决留用地问题的第一责任主体，镇（街道）是兑现留用地指标工作的关键环节，只有充分调动和发挥基层单位主动服务的积极性，兑现工作才能落到实处。实践证明，能够在规划修编、统筹调剂、集中留地、选址兑现等方面取得积极进展的区、镇，无一不是依靠和发挥了基层齐抓共管的强大合力。

3. 花都区花东镇土地流转做法与成效

为加快推进城乡一体化建设，实现现代农业科学化、商品化、集约化和产业化发展，近年来，花东镇按照"政府引导、试点先行、加强管理、加大投入"的思路，遵循"依法、自愿、有偿"的原则，积极探索土地规模经营模式，稳步推进土地健康、有序流转。2001—2009年，全镇农业企业租用100亩以上规模农村土地共6911.48亩，建立蔬菜、花卉、玉米等生产基地45个，有效提高了土地使用效益，促进了全镇现代农业发展，推进了城乡一体化建设进程。

（1）政府引导，土地使用流转市场不断健全

政府在土地流转过程中主要起组织引导、提供服务的作用。一是提供平台，优化环境。为确保土地流转健康、有序进行，花东镇加强组织领导，由一名分管副镇长具体负责，以镇农办为主要负责部门，规划土地流转，收集、发布土地供求信息，规范流转程序，评估流转价格，指导办理土地流转手续，协调处理各方关系，搞好土地流转的服务，优化流转外部环境，不断健全流转市场。二是做好宣传，注重引导。土地流转初期，部分农户对土地流转存在疑虑，不愿承担承包风险，造成土地流转工作迟滞，零星流转、农户间相互流转较多，规模流转、集体流转较少。针对这些情况，该镇加大宣传力度，组织镇、村干部学习相关法规，宏观把握政策，采取分片包干的方法，逐家逐户做好思想引导工作，让村民弄清土地流转的实质，看到土地流

转所带来的实惠，增强对流转工作的信心。三是创新思路，形成规模。结合科学发展观学习实践，进一步解放全镇干部群众思想，将土地流转提高到统筹城乡发展所需、科学发展所需的高度，鼓励有条件的村采取以村为单位统筹农民土地的做法，逐步形成流转规模，并充分发挥花东镇地理优势，加大招商引资力度。目前，全镇有占地面积100亩以上规模的农业企业45家，产品远销香港等地，农产品产业链基本形成，经济带动效应明显。

（2）试点先行，集中使用土地模式基本形成

土地流转不得改变土地的使用性质，必须遵循"依法、自愿、有偿"的原则，花东镇通过试点现行，让农民真真切切看到好处、得到实惠。通过全面考察和反复论证，选定经济基础较好、地理条件较优的联安村作为先行试点。早在2002年就集中了该村十几户散户用地建立第一个农家菜场作为试点，并实现了当年发包、当年收益，消除了疑虑，提高了干劲。2005年，全村通过转包土地建立菜场达10余个。为进一步扩大规模，增强招商引资吸引力和竞争力，继续将全村27个经济社5000多亩农民用地由村进行统分统管，形成规模用地格局。通过大规模集中土地，统一规划土地转让，实现了资源的优化重组。目前，全村转让土地3200多亩，农户租金由2002年的400元/亩增加到现在的750元/亩，并保持不断上升的势头，2009年全村仅土地租金收入就达240多万元。同时，农民除了通过按股分红，还把劳动力解放出来，进工厂打工，农民人均年收入由2003年的4000多元提高到现在的8000多元。达到了增产增收的目的，推进了现代农业发展，并带动农户从事专业化生产，实现生产、加工、销售的有机结合，实现当地农业经营的产业化、商品化和市场化。该村被定为广州市的蔬菜生产基地，是广州市的20个专业村之一，拥有了自己的注册商标，产品销往香港等地。此外，该镇充分发挥试点村的示范作用，在全镇有条件的村（如莘田二村）大力推广施行，较好地推进了土地流转工作。

（3）加强管理，土地使用行为依法规范

加强农村土地承包经营权流转管理，关键是依法规范流转行为，确保流转平稳、有序进行。一是依法规范形式。花东镇严格遵循法律和政策规定，采取法定的转包、出租、转让、互换、股份合作等方式进行土地转让，并根据实际情况适当发展专业大户、家庭农场、农民专业合作社等规模经营主体。二是依法确保权益。镇法律服务所提供优质、高效的法律服务，镇司法所、经管中心严格承包合同审查，确保土地流转的合法性和农民权益不受侵害；建立流转纠纷调处机制，及时化解流转纠纷。三是依法加强协调。加强与纪检监察、司法、信访、国土等部门的沟通协作，形成联动机制，重点纠正和查处侵害农民土地承包权益和非法改变流转土地农业用途等问题。四是依法创新机制。强化流转公平制，提升流转透明度，充分保护村民的知情权、参与权和资产处分权。

（4）加大投入，土地使用效益不断提升

土地转让的目的是通过规模化、集约化使用土地，实现土地效益的最大化。花东镇注重加大资金和技术投入，不断提高生产经营与管理水平。一是加大资金投入。2009年，花东镇投入1000多万元完成了联安、竹湖、京塘、杨二等村3500亩农田标准化建设和大东村500亩鱼塘标准化改造；计划分4年投入600万元用于联安蔬菜基地建设，其中70%用于排灌引水、道路交通等基础设施建设，目前已投入300余万元。二是加强技术支撑。采取"请进来，走出去"的办法，不断提高专业户的生产水平，提升流转土地使用效益。以农业技术服务中心为平台，定期组织专业户学习，并从省、市请来专家，讲授生产技术、病虫防治等知识，指导科学生产；加强技术交流，组织专业户观摩见学，相互取长补短；为45个生产基地安装了灭虫灯，并以中国移动花东分公司为依托，建立信息互通平台——农信通，及时发布病虫防治、灾害天气预防等信息。三是完善农村社会保障机制。积极推进农村社会的保障体系改革，全面推广普及养老、医疗、生育、伤残等社会保险，逐步建立和完善农村的各项社会保障制度，弱化土地的社会保障功能，最大限度地发挥土地的市场要素功能。

目前，随着花东镇统筹城乡工作的逐步深入，土地流转的方式、规模也随之多样化、扩大化，并逐渐成为促进统筹城乡建设的新途径。同时，流转土地种植粮食作物少、政府投入较高等问题也日益凸显。这些问题都有待在今后的工作中加强引导，及时解决，以实现农村农业协调发展，更好地促进城乡一体化建设。

4. 美丽乡村建设与发展

2011年12月，广州市第十次党代会第一次提出"打造现代化美丽乡村"，加大城乡统筹力度，建设富裕、整洁、文明、和谐的现代化新乡村，全面开展村庄整治，打造一批"名镇名村"，建设独具岭南特色、生态宜居的都市美丽乡村和农民幸福生活的美好家园。2012年3月，广州市召开了2012年农村工作会议，会议在回顾和总结2011年广州市农业农村工作中的进展与不足的基础上，对2012年农业农村工作及推动城乡一体化发展工作做出了研究部署，提出加快统筹推进现代化美丽乡村建设，会议认为建设现代化美丽乡村是缩小城乡差距的现实需要，是广州实施新型城市化战略的要义所在。9月18日，广州市委十届三次全会正式吹响建设"美丽乡村"号角，提出到2015年，要打造10个镇114个美丽乡村。9月19日，广州市政府下发了《中共广州市委 广州市人民政府关于全面推进新型城市化发展的决定》（以下简称《决定》），《决定》明确指出要推进城乡一体化发展，建设幸福社区和美丽乡村，开展美丽乡村建设试点。自此，广州市各区县逐步开展美丽乡村建设工作，进行实地调研，选取试点村，编制工作方案及行动计划。

（1）美丽乡村建设行动及计划

2012年2月，从化市召开美丽乡村规划建设研讨会，就如何完善美丽乡村规划指引、如何更好地推进项目建设广泛征询各方意见和建议，并于2012年4月拟定了《从化市美丽乡村创建工作方案》。从化市将从每个镇（街道）中各选一个村作为美丽乡村创建点，共8个创建点，从其中挑选2~3个村作为广州市的创建点，并按照"一村一案"的原则，精心策划，扎实推进，确保创建点工作在2012年年底初见成效。2013年基本完成首批美丽乡村建点工作，打造了一批美丽乡村的示范区。《从化市美丽乡村创建工作方案》指出美丽乡村创建工作将按照规划建设有序、村容村貌整洁、配套设施齐全、生态环境优良、乡风文明和睦、突出岭南特色、管理机制完善、经济持续发展的标准，将从化市创建点打造成为宜居、宜业、宜游的社会主义新农村。

2012年5月，花都区启动美丽乡村建设，确定了美丽乡村建设的红山村等8个试点村、东方村等12个重点村和花都生态农业示范园等4个示范园区。通过对全区188条村的深入走访调研，制定并通过了《花都区推进农村综合提升建设美丽乡村试点工作行动计划（2012—2016）》和《花都区推进农村综合提升建设美丽乡村试点工作方案》，提出了"用5年时间建设好美丽乡村"，以推进农村综合提升为抓手，加快"美丽乡村"建设的城乡统筹规划。以5年作为规划年限，努力实现"前两年捉点连线打出品牌、中间两年延伸扩面产生影响、后一年完善提升全面建成美丽乡村"的目标。为确保美丽乡村建设取得实效，又先后出台了《花都区美丽乡村建设工作考核方案》和《花都区美丽乡村建设工作督查方案》等一系列配套文件。

目前，增城市按照广州市委、市政府的战略部署，紧紧围绕推进新型城市化发展、建设广州城市副中心的目标，把美丽乡村建设作为统筹城乡一体发展的突破口，确定了28个创建试点村，其中广州市级1个；增城市级4个；镇级23个。增城于2012年启动了荔城街庆东村温山吓社、中新镇霞迳村、派潭镇高滩村田心塘社、小楼镇西园村、增江街初溪村、朱村街丹邱村、新塘镇基岗村和郭村、石滩镇仙塘村、正果镇黄屋村10个首批美丽乡村建设试点村，其中中新镇霞迳村被选为广州市市级试点村。增城市因地制宜地推进美丽乡村建设各项工作，以农村的自然条件为基础，进行科学统筹、科学谋划、科学决策。结合村庄的资源条件和生产生活特点，增城市将试点村划分为建成区的城中村、规划发展区的农村、生态发展区的农村等类型，分类进行建设。同时，积极做好各试点村的村庄规划，将试点村划分为农民居住区、生态旅游区、现代农业区、产业发展区等功能区，合理布局发展空间。为解决美丽乡村建设过程中资金不足的问题，增城市积极创新工作模式，注重发挥市场机制的作用，引入投资主体参与建设，走出了一条"政府主导、村民主体、企业主唱"的美丽乡村建设新路径。

（2）美丽乡村建设典型案例

【从化市西和村】

西和村是广州市美丽乡村建设试点村，充分利用广州市重点建设项目"万花园"落地建设的产业优势以及周边环境的生态优势，在美丽乡村创建工作中，创新思路，利用"整体片区"的概念，精心规划，认真实施。基础设施的完善是西和村建设的基础，为建设美丽乡村，西和村投入300多万元开展村容立面整饰工程，投资130万元建设玫瑰广场，投资1000多万元开展农田水利设施改造工程。除基础设施外，西和村还通过积极引进花卉企业的落户，有效带动西和村村民实现就近就业，提高了村民务工性工资收入以及经营休闲旅游农庄等第三产业的收入。

【花都区红山村】

红山村是花都区新农村建设的示范村，获得"广东省卫生村""广州市观光休闲农业示范村""广州市文明示范村""广州市最美乡村"和"全国生态示范村"等称号，红山村是梯面镇保持绿色生态环境、坚持人与自然和谐可持续发展道路、着力打造新客家风情绿色生态名镇的一个缩影。近年来，红山村积极转变经济发展方式，加快发展乡村生态旅游，建设了油菜花观光木长廊、木凉亭、民间传统灰塑等旅游配套设施，打造深谷、浅谷、红谷等旅游景区，开发建设了"深谷幽峡"和

经济发达地区土地利用与民众利益
土地利用与空间规划丛书

"乡村休闲景点"等旅游景观。2012年，红山村成功举办了"2012年花都区油菜花节"，油菜花节在打造美丽花海的同时，更融合了传统文化元素，现场展示梯面的客家文化及特色农产品，以红山村为蓝本创作的《油菜花盛开的时候》被评为中国优秀村歌。

图3-3　红山村

图3-4　红山墟日

【增城市霞迳村】

霞迳村是增城市2012年美丽乡村建设试点村，也是广州市级美丽乡村建设试点村。目前，霞迳村美丽乡村建设完成投资740万元，完成了项目整体规划、施工图则、泥砖房拆除安置等设计和方案，内容涵盖房屋外墙院整饰、排水、排污、垃圾环卫系统、道路建设、农民公寓和安置房等。结合村民的生产生活特点，霞迳村划分为农民居住

第三章
经济发达地区利益平衡案例研究

区、旅游开发区、生态农业区、村内企业发展区4个功能区。为实现集约节约用地,霞迳村将集中建设村民居住区,引导"住宅进区";旅游开发区将通过拆除泥砖房为旅游发展用地腾出发展空间;生态农业区将利用土地流转和扶持农业政策,发展2000亩现代农业;村内企业发展区将规范整治好村内现有企业,为农民提供更多就业机会。

【海珠区小洲村】

小洲村是海珠区一个具有典型岭南水乡特色的村。目前,《美丽乡村海珠区·小洲村示范村庄综合整治规划》正在征询意见和公示。在《综合整治规划》中,拟新建的小洲村公园,将坐落在该村东边的闲置果园地上,面积约2万平方米。该区建设和园林局将在果园的基础上增加休闲步道、健身设施,体现岭南文化特色,未来将成为小洲村一个旅游亮点。公园规划分为两个主题区,分别体现岭南农业特色和小洲水乡文化。果园内的河涌将得到保留,新增桑基鱼塘、岭南文化园、岭南古亭等景观节点。

图3-5　小洲村村庄综合整治规划

经济发达地区土地利用与民众利益
土地利用与空间规划丛书

四、经验借鉴与启示

① 坚持规划国土集中统一管理模式是深圳长期以来实行土地使用制度改革的经验与教训总结，一直被认为是解决土地所有权"二元化"的基础与实现土地资源的有序、高效配置的内在要求和保证。因此，改变集体土地使用现状必须以实现规划、土地行政管理从村镇形态转向城市形态为目标；以土地垂直管理，"五统一"模式得到贯彻落实为条件。同时还必须考虑以下几个问题：理顺土地行政管理体制和自上而下的行政管理关系；建立合理、有效的土地利益再分配机制、土地征用合理补偿的制度；从规划、土地行政管理的角度，寻找合理有力的政策法规依据，对于改变集体土地权属过程中涉及的土地征用、农地转用、耕地占补平衡，以及农业保护区的变更等一系列可能造成政策法规突破的问题，提出解决的创新方式与思路。深圳集体土地国有化的实施是有其特殊的历史发展背景的，并不一定适合推广到东莞实施，东莞市需结合自身情况有选择性地进行借鉴。

② 农村土地股份合作制是新形势下农村土地经营制度的又一重大创新。土地股份制可以屏蔽国家征地制度对农民权益的侵害，有利于农民分享工业化进程中的土地级差增值收益，现行的以行政村或村民小组为单位的土地股份社，规模小，易操作，在土地股份制实施起步阶段是必需的。但经过10余年的发展，这类股份社的弊端也逐渐显露出来，主要表现在股份社的规模过小、数量过多，客观上使得工业用地变得分散。另外，运作土地股份合作制需要成熟的外部条件，并不是所有地区都适用土地股份合作制。农村土地股份合作制的局限性表现在农地产权不完善影响农地股权稳定性、区域发展不平衡影响农地股份合作发展、农地股份合作制内部机制存在弊端和农地股份合作制缺乏法律保障。东莞在推行农村土地股份合作制的过程中，应对各个村的实际情况进行详细的分析，建设符合

第三章
经济发达地区利益平衡案例研究

实地情况的农村土地股份合作制度。同时，应尝试在更大范围内组建股份社。可借鉴上海市农村股份社的经验，在村（村民小组）上面，再建立一个镇级或跨镇级的特定的经济组织（土地信用合作社等），以此为单位来统一运作所辖范围内农村土地，由此实现产业用地在更大范围内的布局与集中。

③ 重庆的地票交易制度为东莞解决建设用地指标紧缺问题提供了一个很好的思路，即建设用地指标跨地区配置。然而目前重庆的地票交易制度只是重庆市域范围之内的，东莞市各村镇之间的建设用地指标均不足，如果只是在东莞市域范围内的指标交易无法满足东莞市的发展需求，可考虑在更大的范围内进行建设用地指标交易，以做大土地增值收益，有效推动城乡和区域的统筹发展。

④ 苏南地区通过"三集中"战略的实施，有效推进了农村地区工业集约化、农业规模化、农村城市化、农民市民化的进程，改变了地方经济的发展方式和农业的生产与经营方式，同时也改变了农民的居住环境，以及农村的格局和面貌。"三集中"战略有效地解决了农村社会事业发展、基础设施建设、工业生产布局、生态环境改善方面存在的问题。东莞市目前存在的工业用地布局分散及土地利用碎片化的问题可以考虑吸收苏南地区的经验，积极推动工业向工业园区集中、农业向适度规模经营集中、农民向农村新型社区集中，探索节约集约用地新道路，改变目前以低产出、低效益为前提的村域经济主导模式，逐步走向以镇域经济与区域经济为主导的模式。

经济发达地区土地利用与民众利益

土地利用与空间规划丛书

第四章　东莞经济社会发展与土地关系分析

　　改革开放以前，东莞是一个传统农业县，农业以种植业为主，除了水稻等粮食种植产品外，还种植了香蕉、荔枝等经济作物。沿海地区部分人以捕鱼为业，在经济结构、经济规模和社会管理等方面与其他农业县并没有太大区别。1978年，东莞的GDP仅为6.11亿元，城乡居民储蓄余额0.54亿元，农民纯收入只有149元。1978年以后，东莞借助改革开放政策，加上其优越的区位条件，大力发展工业，形成了以外源带动为主，市、镇、村、组四轮驱动的发展模式，经济社会发展取得了举世瞩目的成就。初步核算，2011年东莞GDP 4735.39亿元，比上年增长8.0%。分产业看，第一产业增加值17.71亿元，下降0.4%；第二产业增加值2377.40亿元，增长6.8%；第三产业增加值2340.28亿元，增长9.3%。三大产业比例为0.4∶50.2∶49.4。从经济类型看，公有制经济增加值1171.94亿元，增长4.1%，占全市生产总值的24.7%；民营经济增加值1773.48

亿元，增长10.8%，占37.5%；外资经济增加值1789.98亿元，增长7.9%，占37.8%。在第三产业中，交通运输、仓储和邮政业增长14.5%，批发和零售业增长8.0%，住宿和餐饮业增长6.1%，金融业下降0.8%，房地产业增长6.6%，其他服务业增长12.8%。人均地区生产总值57 470元，增长5.4%。

一、城镇发展概况

1. 城镇化

改革开放以来，东莞市利用其毗邻港澳、海外华侨众多的优势，大力吸引外资和"三来一补"（来料加工、来样加工、来件装配、补偿贸易）项目，推动了乡村工业化的发展进程，随之带动了建设的突飞猛进，城市化进程加快。1985年，经国务院批准，东莞撤县设市，下辖莞城、石龙、虎门3个镇；1986年，全市撤区设镇，城镇增加到29个，全面推行镇管村体制；1988年，东莞市升格为地级市，下辖32个镇（街道）；1997年底，新湾镇并入虎门镇，形成现在4区28镇的行政区划构成和空间分布格局，城乡一体化格局也基本形成。

随着城镇经济的发展，城镇规模在不断扩大，城市化水平也在稳步上升。据2010年全国第六次人口普查统计，东莞市总人口822万，占全省总人口的7.46%，是广东省居广州、深圳之后的第三大人口大市。而从人口城市化水平来看，东莞已经进入城市化发展的成熟阶段。2010年，东莞市城镇常住人口为385.98万人，城镇化率达60.04%（图4-1），正处于城市化水平加速发展的阶段；居住在农村的人口为257.59万人，占39.96%。全市人口密度高达3343人/平方公里，是全省平均水平的5.4倍，在全省各市中仅次于深圳，居第二位。

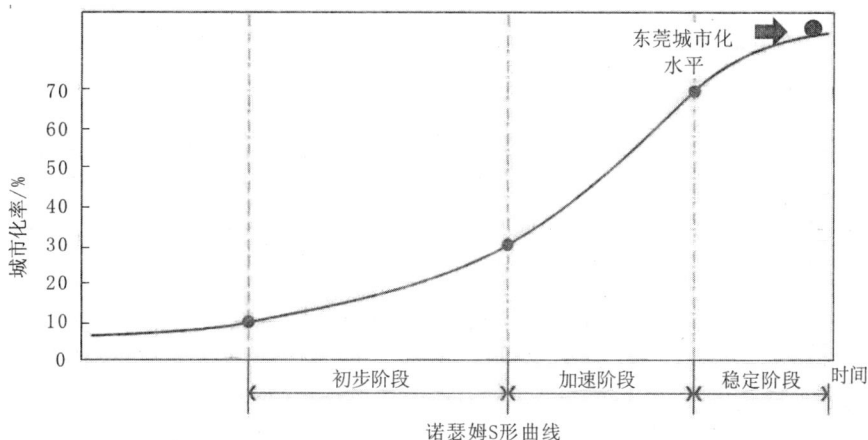

图4-1　东莞城市化发展水平

　　从各城镇的角度来看，人口总量超过30万人的有长安、虎门、厚街、常平、东城、塘厦、凤岗等镇区，其中长安、虎门人口总数60多万人，若按城市类型来区分，这两个镇可被归入大城市的行列（表4-1）。与此同时，这几个镇区的户籍人口仅为非户籍人口总量的一半。人口密度方面，城区、石龙、长安、石碣等的人口密度较大，其中城区人口密度最大，达到1.6万人/平方米。

表4-1　东莞市城镇等级规模结构表（2010年）

规模等级	人口（万人）	城镇名称	城镇数量	
			个	比重（%）
特大城市	>100		0	0
大城市	50～100	城区、虎门、长安	3	10.71
中等城市	20～50	厚街、寮步、大朗、清溪、塘厦、凤岗、常平、石碣、高埗、大岭山、黄江、横沥	12	42.86
小城市	10～20	石龙、中堂、麻涌、道滘、沙田、樟木头、桥头、企石、石排、茶山、东坑	11	35.71

第四章
东莞经济社会发展与土地关系分析

规模 等级	人口 （万人）	城镇名称	城镇数量	
			个	比重 （%）
小城镇	<10	望牛墩、洪梅、谢岗	3	10.71
合计			29	100

资料来源：《2011年东莞统计年鉴》。

然而，东莞市在城市化如火如荼进行的过程中，也依然存在着一些突出的问题，主要有以下几点：第一，工业用地占城镇建设用地的比重过高，个别城镇甚至高达40%以上，而公共服务设施用地比重却较低，城乡建设模式相对粗放；第二，由于主导政策长期向推动工业发展倾斜，相对忽视了服务业的发展，大部分城镇公共基础设施发展失衡，公共服务水平相对落后；第三，建设用地的迅速扩张导致生态景观产生巨大的改变，环境保护压力巨大、问题突出；第四，由于户籍制度、社会保障机制等改革进程缓慢，数量巨大的新东莞人未能随着城市化进程融入本地，使得城市化率及城镇人口受经济波动影响较大，不利于构建和谐社会。

针对这些问题，东莞市人民政府在2012年出台了《东莞市城市化发展"十二五"规划》，东莞将以空间结构优化为重点，促进"精明增长"；走可持续城市化道路，优化城市化发展方式；推行公交导向型开放模式，促进城际轨道交通沿线土地综合开发；以公共服务均等为导向，促进"空间公平"；以宜居城乡创建为手段，促进"生活优质"。按照这项规划，到2015年，东莞的城市化发展水平将达到88%。

2. 城镇空间发展

由于东莞采取的是自下而上的发展模式，以工业增长为主的发展阶段，使城镇空间在"市场区位"与"成本"的诱导下体现出以下

特点:

(1) 空间结构外向型特征突出

目前东莞形成"以香港为指向"的城镇空间结构,城镇发展的交通导向型明显,与香港联系便捷的地区得到优先发展,城镇空间结构体现出城镇外源驱动和以产业集聚为主的发展特点。反映的是以村为单位,非镇区级工业园区企业数量比重的空间差异,表现出企业在与香港联系便捷的地区优先集聚的特点。

东莞城市中心区规模狭小,带动能力不强,各镇之间形成各自为政的格局。中心城主城区与各镇的联系均不是很紧密,城镇个体之间的联系也非常薄弱。除莞城与各区的联系较多外,居民出行活动绝大部分在镇内进行。这些现象充分反映了东莞外源驱动,经济活动尚未与当地各种资源契合,内源活动尚未成长的特点。

(2) 城乡空间形态无序化

东莞各城镇沿交通线路发展明显,城镇之间无间隙,城镇和乡村连绵发展。然而沿线开发多为一层皮的开发模式,城镇腹地开发不完全。

区域景观特点不突出,"村村像城镇,镇镇像农村"已成为人们对东莞城市特征的普遍认识。自然景观破碎化,部分正在消失,城镇景观团块化与灰化,人工斑块的大小增长过快,灰色水泥景观斑块在许多镇成为主导,缺乏生态结构导致城镇区的景观格局失衡。

(3) 城镇形态极端破碎化

小城镇的空间呈现多重碎化现象:各城镇发展各自为政导致城镇空间碎化,建设用地与非建设用地交错混杂导致城镇形态碎化和各种功能空间混杂碎化。

① 城镇总体空间碎化。城镇总体空间碎化是由于在土地和监管权力上呈现村大于镇、镇大于市的局面,从下至上的发展使得总体城镇空间系统总体上看呈现各自为政的局面。

从市域总体层面看,空间增长以离散分布性增长为主;从各镇区自身建设来看，由于缺少上一层次的规划指导，固有的"自下而上的编制规划"的开发建设，使得个体在寻找建设空间时具有一定的局限性，个体内部建设用地即使相对有序，但就拼合在一起的全市规划结构而言，必然造成整体秩序的混乱。同时，各自为政、资源分散开发的格局，影响了资源利用的效率。各类功能用地混合在一起、空间环境差；土地级差不明显。同时功能区规模小，容纳能力有限。

各镇规划的主要发展方向存在以下规律：沿海各镇的发展方向表现出同时指向岸线及内陆地区两种趋势；水乡各镇的发展方向主要指向东江水系下游、入海口方向；城区呈"圈层结构"向外辐射状发展；中西部各镇具有各自的发展指向，同时松山湖、东部工业园成为未来用地的主要增长区，对各镇的发展方向具有一定的吸引作用。

② 城镇内部空间混杂破碎。由于各村有独立规划、建设管理权，开发只考虑交通区位优越性，逢路开厂开店，造成早期城镇建设用地的跳跃式发展。加上后期的填充式发展，整个城镇的用地布局没有逻辑关系，最终导致城镇建设用地与非建设用地呈现混杂破碎，工业、居住、公共设施等功能用地混杂布置。

3. 产业发展

改革开放以来，东莞顺应了国家改革开放的大环境和国际产业发展规律，充分利用政策、区位和人文等优势，有效承接了港台地区和其他发达国家的产业转移，大力发展外源型经济，形成了较为完善的产业体系，综合实力显著增强。2010年，全市生产总值4246.45亿元，按可比价格计算，比上年增长10.3%。其中第一产业增加值16.64亿元，增长1.9%；第二产业增加值2183.18亿元，增长16.8%；第三产业增加值2046.43亿元，增长3.9%。三大产业比例为0.4：51.4：48.2。全年来源于东莞的财政收入为785.10亿元，比上年增长25.1%。其中市财政一般预算收入27.84亿元，增长20.2%。

具体来说，东莞的产业发展有以下特点：

（1）产业结构逐步优化

2010年底，三大产业比例调整为0.4：51.4：48.2（表4-2）。工业效益稳步回升，2010年规模以上工业企业利润总额达到274.87亿元，比上年增长66.3%。大力发展高新技术产业，2010年，全市高新技术产业产值达2579亿元。同时，企业创新能力也不断增强。2010年，全市工业企业技术改造投资198亿元，增长28.3%，改造投资力度的增强，带动了企业创新能力的增强。

金融保险业、会展物流、科技服务等现代服务业也快速发展，展会总数位居广东省第三位，培育了名家具展、服交会、毛织展等知名本土展览品牌项目，引进多个国际大型物流企业和零售企业，商贸市场活跃。

表4-2　东莞历年生产总值及各产业生产值

年份	生产总值（万元）	人均生产总值（万元）	第一产业（万元）	第二产业（万元）	第三产业（万元）	三大产业比例
1991	959 073	5095	134 523	503 220	321 330	20.0：49.6：30.4
1992	1 108 922	5038	144 115	592 701	372 106	19.1：50.5：30.4
1993	1 570 491	5850	143 953	873 114	553 424	14.2：53.4：32.4
1994	2 170 341	6357	174 796	1 194 928	800 616	12.9：53.1：33.9
1995	2 962 892	7421	214 306	1 669 723	1 078 863	12.0：54.5：33.5
1996	3 617 502	8444	248 645	1 994 826	1 374 031	11.8：53.4：34.9
1997	4 485 981	9747	256 388	2 432 816	1 796 777	10.2：52.9：36.9
1998	5 579 964	11 265	259 437	3 056 779	2 263 749	8.6：53.8：37.6
1999	6 672 386	12 494	257 863	3 670 519	2 744 004	7.4：54.3：38.2
2000	8 202 530	13 679	259 087	4 507 072	3 436 372	6.3：54.6：39.1
2001	9 918 905	15 268	260 968	5 405 092	4 252 845	5.5：54.5：40.1
2002	11 869 374	18 131	248 791	6 488 109	5 132 474	3.8：53.6：42.6

年份	生产总值 （万元）	人均生产总值 （万元）	第一产业 （万元）	第二产业 （万元）	第三产业 （万元）	三大产业比例
2003	14 525 186	22 174	228 165	7 981 954	6 315 068	3.0：54.0：43.0
2004	18 060 258	27 554	227 087	10 160 382	7 672 789	2.4：55.4：42.2
2005	21 831 961	33 287	205 546	12 278 624	9 347 791	1.0：56.5：42.5
2006	26 279 791	39 173	120 089	15 065 985	11 093 717	0.7：58.0：41.3
2007	31 600 489	45 057	118 991	17 546 573	13 934 924	0.4：56.8：42.8
2008	37 036 004	50 471	148 251	19 016 068	17 871 685	0.4：51.3：48.3
2009	37 639 142	48 988	147 877	18 230 836	19 260 428	0.4：47.1：52.5
2010	42 464 527	52 798	165 719	21 608 153	20 690 656	0.4：51.4：48.2

注：本表绝对值按当年价计算，人均生产总值按常住人口计算。

资料来源：东莞市统计局网站。

（2）工业支柱产业凸现

电子信息、电气机械工业总产值占规模以上工业总产值比重超过40%。以信息产业为主体，配套的深度和广度有较大的提高，形成了电子信息、服装、家具、毛织、五金模具等产业集群，发展了一批特色产业和专业镇，集群效应增强。东莞市的工业产业发展至今，已经形成了以电子信息制造业、电气机械制造业、纺织服装制造业、家具制造业、玩具制造业、造纸及纸制品业、食品饮料制造业、化工制品制造业为主的八大支柱产业。此八大产业部类的生产、销售和配套服务体系已经形成产业链条，在东莞经济产业中占据着重要的地位。2007年，规模以上工业总产值3800多亿元，八大支柱产业占全市规模以上工业总产值的65%。

（3）外源型经济稳步提升

东莞模式吸引了大量外资，至今累计吸引外资270亿美元，将东莞从农业县拉上现代城市的快车道。东莞外贸出口额曾连续7年位居全国大中城市第三位，2007年进出口总额达1068亿元，位居全国第四。外向型经济持续发展，外贸进出口总值突破1000亿美元，实际利用外资持续稳定增长。增资扩产成为利用外资的重要形式，外商投资项目规模增大，服务业成为吸收外资的新亮点。民营经济规模不断扩大，全市个体工商户和私营企业超过40万家，民营经济实现增加值占全市生产总值的31%，缴税总额占全市总税收的40%。

（4）发展环境日趋完善

扎实推进城市建设，大力开展"四清理""五整治"和基础设施工程，实施"碧水、蓝天、绿地、宜居、绿色GDP"等五大工程。城市功能得到完善，城市面貌大大改善，成为国家卫生城市、国家园林城市、国际花园城市。

但是东莞市的产业发展同时也面临诸多不利因素的制约和挑战，主要表现在：一是发展方式粗放，三产发展相对缓慢，服务支撑能力不强；二是研发投入低，技术人才不足，自主创新能力不强；三是资源制约明显，土地资源匮乏，电力缺口较大，水资源紧缺；四是对外依存度高，民营经济发展滞后，竞争力不强；五是人口结构不合理，人口数量大，人均产出不强；六是镇街发展不平衡，模式同源，产业同构，资源利用效益较低。随着国内外环境的变化，区域竞争的加剧，各类资源日益紧缺，东莞原有的比较优势明显减弱，不主动调整产业结构，就会在激烈的区域竞争中丧失优势。无论是克服产业结构和产业发展模式缺陷的内在要求，还是应对国内外经济环境变化的压力，都决定了东莞调整发展模式、转型升级产业结构的必要性。

制造业是东莞的支撑产业，改变东莞模式发展困境，加快产业转型升级，必须要推进东莞制造产业的转型升级。在制造业升级的技术改造、技术创新中，在加大技术引进力度的同时，一定要注重消化、吸收和创新。在此基础上努力发展拥有自主知识产权的高新技术产业，创建自有品牌，推动企业走"品牌强企"之路。由于东莞模式中以制造企业为主，用地需求量大，对环境的污染也比较严重，经过30年的发展，当地土地使用已达极限，制造业带来的污染问题也日益严重，需转变发展理念，从过度开发逐步走向协调可持续发展的路线。

松山湖、生态园和虎门港应运而生，就像东莞创新发展模式的三驾马车，引领东莞成为中国转向科学发展的"开路工兵"。至此，东莞升级的方向已基本清晰：高科技研发、生产性服务业、物流及重化工业。其中，松山湖主打高新科技，生态园开始绿色发展，虎门港发展智慧物流。

二、经济社会发展演变历程

1. 1978—1993年：起步阶段

1981年，东莞提出"工作以经济建设为中心，把一切力量集中到搞好经济上来"，随后东莞各镇、村开始发展乡镇企业。同时，政府根据当时的形势，选择发展没有风险的来料加工，"三来一补"企业开始进入东莞。发展来料加工之初，利用会堂、食堂、祠堂"三堂"做厂房开展原始积累。1988年，国务院批准东莞升格为地级市，行政效率和改革效率有所提升。东莞形成市、镇、村三级联动，外资、国有、集体和个体私营经济四轮并发的发展模式。

1978—1993年之间，东莞的地区生产总值由6.11亿元增加到157.05亿元，增加了24.7倍，年均增长26.1%。在分产业方面，第一产业增加值由2.72亿元增加到14.40亿元，增加了4.3倍，年均增长11.8%；自1985年以来，东莞工业产值首次超过农业，工业化进程快速推进，1978—1993年，第二产业生产总值由2.68亿元增加到87.31亿元，增加了31.58倍，年均增长26.1%；第三产业经历了从无到有的飞跃性发展，增加值由0.71亿元增加到55.34亿元，增加了76.9倍，年均增长33.7%，到1993年已经占地区生产总值的35%。

经济发达地区土地利用与民众利益
土地利用与空间规划丛书

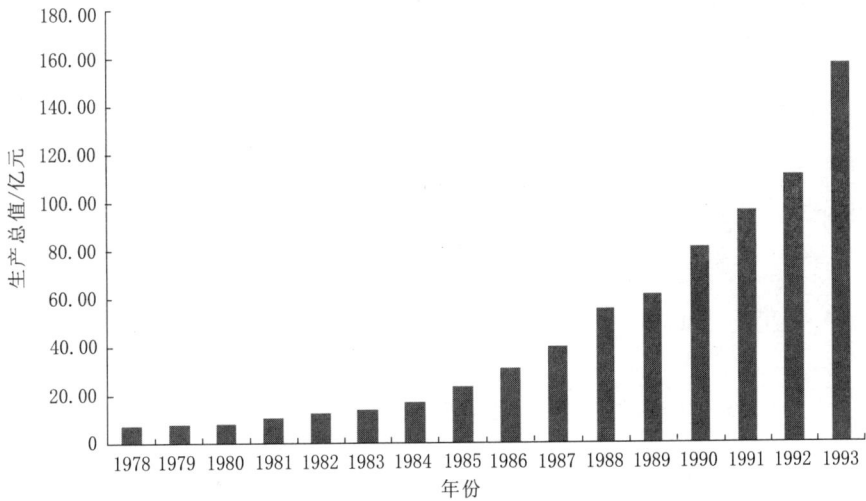

图4-2 1978—1993年东莞市地区生产总值

资料来源：历年东莞统计年鉴。

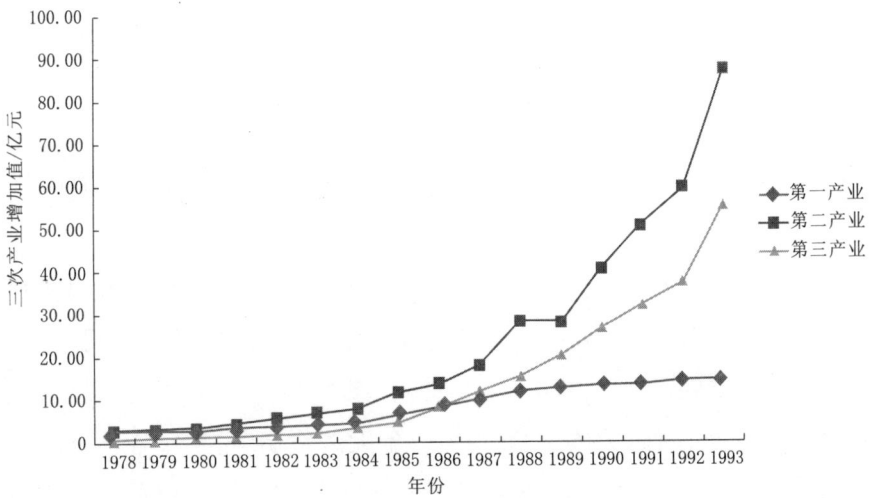

图4-3 1978—1993年东莞市三次产业增加值变化情况

资料来源：历年东莞统计年鉴。

在土地资源利用方面，如前所述，由于采取的是市、镇、村、组四级联动的发展模式，经济收入主要依靠厂房出租，呈现出土地投入

第四章
东莞经济社会发展与土地关系分析

高、集约利用度低的利用特征。工业用地主要呈散点状分布，工业空间布局的主要特征表现为企业数量少、规模小，空间布局极为分散，分布密度低，在公路沿线大量兴建以出租为主的标准工业厂房，各镇和各村开始大规模进行工业集中点建设转变。然而，该时期的经济发展水平还不高，产业不能充分发展，因此建设用地扩展速度较慢，且扩展只能聚集在区位条件好的城市主干道和镇中心地区，建设用地年均扩展速度为11.02平方公里/年。

2. 1994—2000年：快速发展阶段

1994年，东莞第九次党代表大会制定了东莞市经济升级转型的发展战略，提出推进"第二次工业革命"。但是由于以"三来一补"为代表的劳动密集型产业简易上手，故经济发展仍然依附于租赁经济。村集体和村民依靠厂房、民房出租即可持续实现可观的经济收入，村集体70%以上的收入依靠土地租赁，村民每月收租金高达数万元。经济转型的自发动力并不强，反而租赁经济得到快速发展，村组纷纷贷款进行厂房建设，招来外商出租转让。1998年，亚洲金融危机造成香港经济衰退，东莞又快速发现台湾IT业的转型需求，大力吸引台资，再次承接这部分转移资本。重点引进一批国际大企业，以IT产业为代表的现代制造业和高新技术产业迅猛发展，初步形成了一个国际加工制造业基地，形成电子信息、服装、毛织和家具制造等产业集群，出现了一批专业特色镇，电子及通信设备制造业成为东莞的支柱产业，东莞的经济发展实现了一次重要的升级转型。1994—2000年之间，东莞的地区生产总值由217.03亿元增加到820.25亿元，增加了2.78倍，三大产业结构不断调整优化，第一产业增加值基本保持不变，第二产业和第三产业的增加值稳步上升。

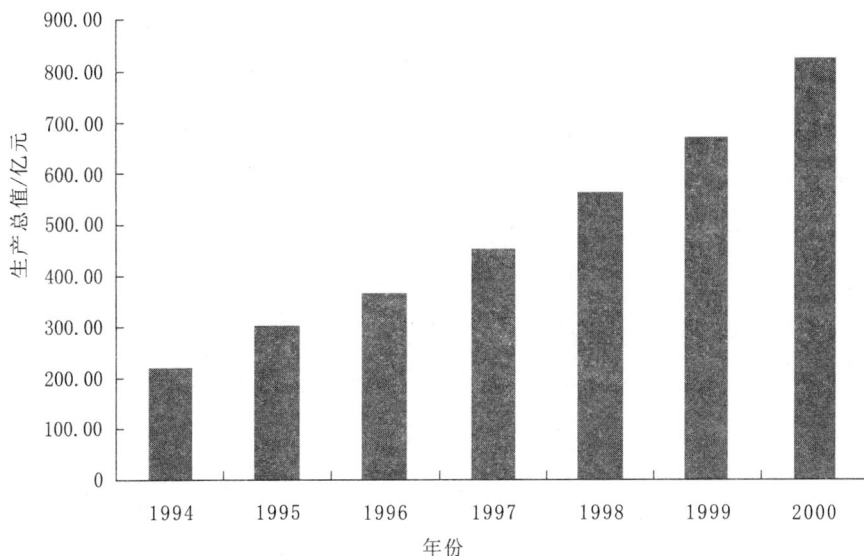

图4-4　1994—2000年东莞市地区生产总值

资料来源：历年东莞统计年鉴。

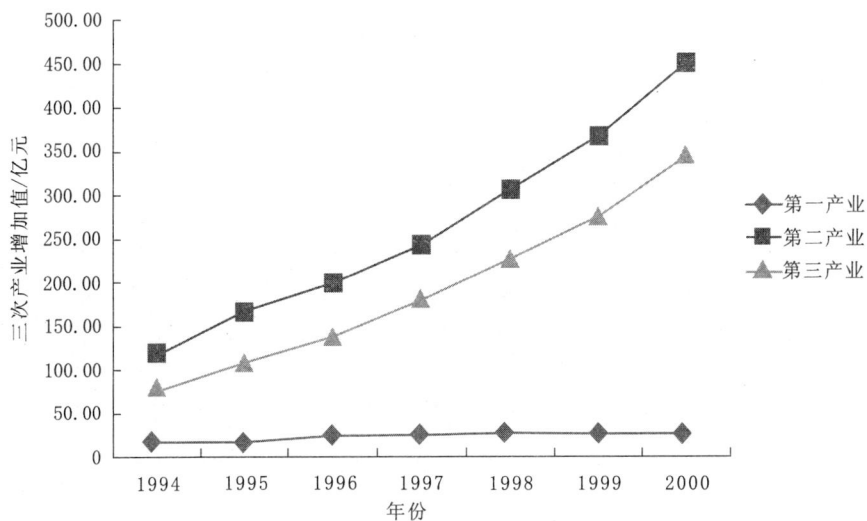

图4-5　1994—2000年东莞市三次产业增加值变化情况

资料来源：历年东莞统计年鉴。

第四章
东莞经济社会发展与土地关系分析

3. 2000年之后：蜕变转型阶段

在2000年后，东莞市以建设成为在国内外有影响的现代制造业名城为目标，不断创新发展模式、发展环境和发展能力，大力推进资源主导型经济向创新主导型经济转变，并逐步形成一中心多支点的网络化城市空间格局。2001年，东莞市针对工业项目"满山放羊"的现状，努力发展工业园区，重点开发建设松山湖、虎门港、东莞生态园和长安新区等四大园区。同时，对镇、村原有工业集聚区进行整合提升，为承接优质高端项目造好平台，并且规定在审批单独选址的工业项目用地时，工业建设原则上一律进园。2001—2010年之间，东莞的地区生产总值由991.89亿元增加到4246.45亿元，增加了3.28倍。三次产业结构不断调整优化，自2005年开始，东莞市的第一产业增加值持续下降，而第二产业和第三产业的增加值总体稳步上升。

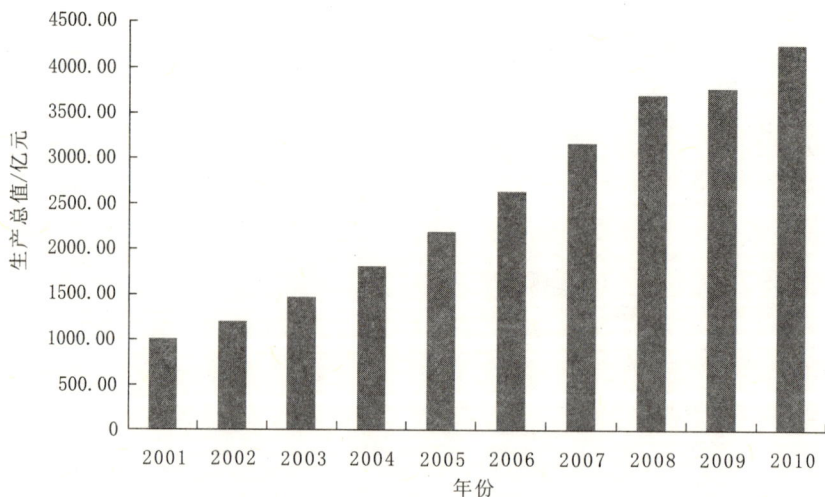

图4-6 2001—2010年东莞地区生产总值

资料来源：历年东莞统计年鉴。

经济发达地区土地利用与民众利益
土地利用与空间规划丛书

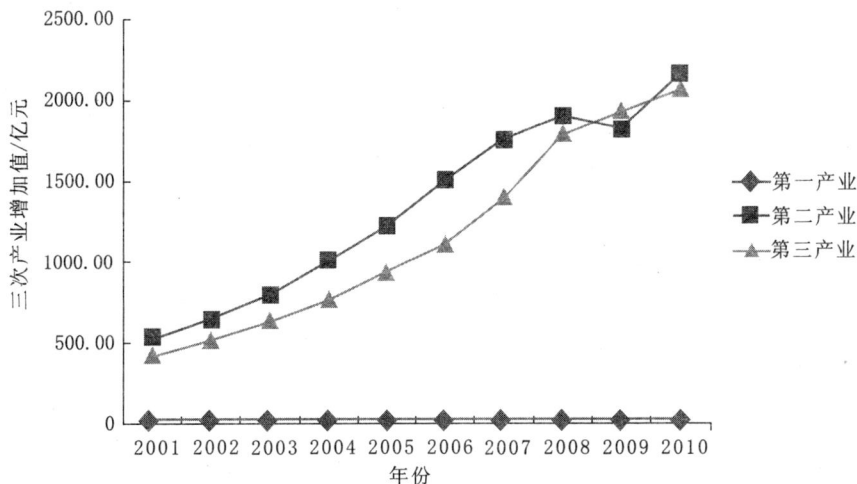

图4-7 2001—2010年东莞市三次产业增加值变化情况

资料来源：历年东莞统计年鉴。

三、经济社会发展动力

1. 资源主导——土地、劳动力、能源资源高投入

资源主导是东莞模式取得巨大成功的关键：

（1）人文地理资源

东莞毗邻港澳，是著名的侨乡，有80万港澳同胞，25万海外侨胞。同受岭南文化熏陶，人文相近，使东莞容易接受香港、澳门的辐射，使东莞人形成厚德、务实、包容、开放、重商、敢为人先的地方人文个性。这些人文地理优势与香港经济优势结合，为引进港资等外来资本发展加工贸易提供了得天独厚的条件。

（2）劳动力资源

我国改革开放政策的实施、人口管制的相对松动，使内地大量廉价劳动力流动到东部或沿海地区就业，为东莞的发展提供了充足的劳

第四章
东莞经济社会发展与土地关系分析

动力保障。东莞利用劳动力价格较低的比较优势，逐步占领了纺织服装、玩具、五金、电脑资讯等产品的国际市场。

（3）土地资源

东莞陆地面积 2465 平方公里，海域面积 150 平方公里。改革开放初期，实有耕地面积达 118.4 万亩。相对丰富的土地资源为东莞采取土地出租或厂房出租的形式引进外资企业提供了有利的条件，也为东莞引进外资创造了优势。

2. 外源驱动——"三来一补"加工贸易

东莞模式最突出的特点就是外向性：

（1）外资主导

资本是经济发展的第一推动力。改革开放初期，东莞无任何资金积累，唯一可行的办法是引进外资。邻近东莞的香港，是世界金融中心之一，具有投资大陆可能性的港资也就成为东莞引进外资的主要来源之一。到20世纪90年代，东莞又成功承接韩资和日资等国际资本的转移。1978—2007 年，东莞累计签订利用外资合同 37 376 宗，累计实际利用外资 341.5 亿美元，年均增长 43.1%。

（2）外来技术

东莞绝大多数加工制造业的技术研发依靠母公司完成或者直接进口，IT 领域的专利 85%来自国外，技术外向依存度在 90%以上。世界 100 强企业中有13 家在东莞投资办厂，都带来了技术合作。为规避加工贸易企业低技术含量的风险，东莞一方面引导企业把研发中心迁入东莞，另一方面用"加工贸易"的形式进行技术引进、消化吸收、再创新，出现一批类似"华强汽车"等自主创新的企业。

（3）出口导向

东莞经济的出口导向特点十分明显，出口规模由小到大，发展速度由低到高，贸易方式由单一走向多元。东莞每天有 8000 个货柜的产品，运往香港码头转口世界各地。2007 年，东莞出口 602.32 亿美元，比 1979 年增长 1118 倍，30 年间年均增长 28.8%。外贸依存度达 260%，是全国的 3.9 倍。通过发展出口导向型工业，迅速积累资金和技术，实现规模经济。

3. 均衡发展——城乡一体

在改革开放过程中，东莞充分调动各级、各方力量，市、镇、村、组多轮并驱发展外向型工业，迅速推动了农村工业化进程，各镇、村产业均取得了飞速的发展，构建了各自层次的服务体系，城乡融为一体。2007 年，东莞的城市化水平达 85.2%。

东莞的城乡一体化主要体现在三个方面：

① 公共服务一体。东莞在不同的发展阶段中注重健全公共服务体系，提高城乡居民生活发展水平，促进城乡融合，实现城乡一体。建立和完善城乡居民最低生活保障制度、城乡医疗保障体系、城乡就业体系，成为全国唯一实现农医保全覆盖的地级市。

② 基础设施一体。市、镇、村都建成了完善的交通、通信、供电、供水设施，路网呈现高速化、网络化、一体化发展。全市 32 个镇（街道）基本上达到了小城市的规模和水准。

③ 文明素质一体。东莞不遗余力加强文化建设、市民教育培训、市民意识培养等工作，努力推动农民由农业社会的传统人格向工业社会和知识经济社会必需的现代人格转变。

4. 富民强镇——集群化、专业化

在实施外向带动战略过程中，政府着力抓好外资企业的消化吸收和再创新工作，推动了外源型经济和内源型经济共同发展，把东莞建成国际性加工制造业基地和中国重要的外贸出口基地。东莞拥有近

3万家工业企业和数百万产业工人及专业技术人才，具备生产加工各种类型、各种层次产品的强大制造能力。蓬勃发展的现代工业体系中涉及制造业行业30多个，产品6万多种，行业覆盖率达78%。尤其是以中小企业、民营企业为主体的镇域经济迅速崛起，产业聚集产生的规模效应和经济效益日益凸显，涌现了一批以镇街为中心，规模较大、层次较高的具有产业集群特征的特色产业群，如虎门服装产业以及清溪镇的电子信息产业等。另外，东莞还逐渐形成以高埗、厚街、南城为主的制造业产业群带，其经济总量、产业规模以及企业数量等都不容忽视。

四、土地在经济社会发展中的作用

1. 土地与经济社会发展关系演进

土地与人类的关系密不可分，土地在经济和社会发展的历史中，一直与国家存亡兴衰息息相关，在经济建设和社会发展中具有重要的地位和作用。东莞依靠大量的土地、劳动力、能源资源的投入换来经济高速增长，其土地利用深深地打上了人类活动的烙印。建设用地的快速扩展和蔓延是经济较发达地区土地利用动态变化的重要特征和驱动力，建设用地是东莞市变化最为活跃的用地类型，1988—2006年间一直保持持续增长的势头，18年间共增加59 090公顷，增长幅度高达881.55%，远远超过其他任何一种土地利用类型相应指标，而与耕地的变化总和近似相等。这说明在城市土地利用动态变化中，建设用地的变化速度最快，在整个城市的扩张中起到了决定性的作用，这也与东莞市的社会、经济发展情况相吻合。这些都与土地制度、土地政策和土地运作有关。这充分说明了土地是城市和农村存在和发展的基础，是一切社会经济活动的载体，是经济社会发展的重要动力。为此，土地在东莞经济社会发展中的作用，可通过以下三个阶段进行阐述。

（1）起步阶段——土地高投入助推经济社会发展

① 土地资源利用。东莞采取市、镇、村、组四级联动的发展模式，经济收入主要依靠厂房出租，呈现出土地高投入、土地集约利用度低的利用特征。工业用地主要呈散点状分布，即从"村村点火，处处冒烟"到"漫天星斗独缺一轮明月"。工业空间布局的主要特征表现为企业数量少、规模小，空间布局极为分散，分布密度低，在公路沿线大量兴建以出租为主的标准工业厂房，各镇和各村开始大规模进行工业集中点建设转变。东莞市工业企业从1978 年的1290 家增加到1984 年的2329 家。随着东莞市经济的进一步发展，外资尤其是港资大规模进入，乡镇企业的大量增加带来建设用地需求的增加，建设用地主要由农用地转化而成。根据叶嘉安、黎夏利用1988 年、1990 年和1993 年的多时相卫星遥感图像监测的结果，东莞市94%的城市新开发用地来源于农用地。1988—1990 年，东莞市流失了1253公顷的农田，占总面积的8.4%。而新增的城市建设用地大部分用作工业用地和居住用地。此时东莞市大规模进行基础设施建设，在1992年一级公路就从原来的5.5公里增加151.0公里，出现了公路建到哪里，开发就到哪里的情形。然而，该时期的经济发展水平还不高，产业不能充分发展，因此建设用地的扩展速度较慢，且扩展只能聚集在区位条件好的城市主干道和镇中心地区，建设用地年均扩展速度为11.02平方公里/年。

② 土地的高投入与经济社会发展的关系。东莞市城市建设用地从1978年到1993年，以年均11.02平方公里/年的速度扩展。伴随着建设用地的扩张，东莞市的地区生产总值及三次产值有着飞跃性的提升，东莞经济的高度增长与土地利用有着十分密切的关系，即土地的高投入对经济社会的发展起到助推作用。

（2）快速发展阶段——转变土地利用方式提升经济社会发展

① 土地资源利用。在快速发展阶段，东莞市工业用地空间呈现出带状分布的空间形态，这是自然演进的结果，主要是原来的工业集中点（传统工业园区）进一步加强制造业企业集聚，加上公路逐步联成网，工业用地进一步沿公路、铁路和高速公路扩张，在空间上连绵形成带状。主要的产业带有：沿莞龙路和原107国道产业带（由桥头、石龙、石碣、东城、莞城、南城、厚街、虎门和长安等镇街组成）；沿莞樟路和莞惠路产业带（由寮步、大朗、东坑、黄江、樟木头和谢岗等镇组成）；沿东深公路产业带（由常平、横沥、塘厦、清溪和凤岗等镇组成）；沿江产业带（由麻涌、洪梅、中堂、道滘和沙田等镇组成）。东莞村镇土地出让主要有两种方式：一种是自己建厂房，收取长期租金；另一种是一次性转让土地50年的使用权给投资者。1995—2000年，台湾的电子信息产业转移进入东莞，但是由于上阶段（1990—1995年）耕地流失严重，引起政府的关注，相应的政策调控使得东莞城镇在此阶段控制耕地流失的工作卓有成效，在一定程度上限制了城镇建设用地的扩张。这个时期用地扩张减缓，年均变化率降到15.61平方公里/年，扩展速度明显减缓。这一阶段，东莞城镇扩展的方式较平衡，填充式扩展所占比例增加到48.58%，外延式扩展比例降为57.24%，而跳跃式扩展增加到43.05%。城市建设用地扩展速度减缓，填充式扩展明显，沿交通线路发展形态强化，用地向区域各级中心聚集发展，此阶段城镇空间集聚性增强，各城镇的辐射功能逐渐增强，以虎门、厚街的城镇空间增长最为迅速。

② 转变土地方式与经济社会发展的关系。由于工业用地的快速增长和蔓延，城镇沿主要交通轴线连绵成带，在空间上形成了明显的"A"字形格局。此阶段东莞市城市建设用地从1994年到2000年，以平均15.61平方公里/年的速度扩展，东莞的地区生产总值增加了2.78倍。这说明在经济社会快速发展阶段，土地利用从散点状-带状模式发展，经

济发展快速，可见转变土地方式提升了东莞市经济社会的发展。

（3）蜕变转型阶段——土地高效、集约利用强化经济社会发展

① 土地资源利用。在蜕变转型阶段，东莞市建设用地的空间形态在带状基础上进一步加强，并开始在空间上出现斑块状分布态势。2000—2005 年，控制耕地流失的政策未能完全限制住城镇的扩张，城镇用地急剧扩张，建设用地面积增加77.01%，占1979—2005年扩展总面积的45.03%，平均扩展速度达88.93平方公里/年。这一阶段，东莞小城镇的用地扩展以外延式扩展为主，占64.4%，以填充式扩展为辅，降至 43%，跳跃式扩展急剧下降到 4.6%。这一阶段，东莞境内的广深高速、莞深高速、国道、省道以及一些城市支线共同构成了城市的扩展轴，城镇建设用地迅速膨胀，城镇空间扩展呈以镇为中心的散漫扩散，空间拓展的快速性、竞争性和高强度形成"落地之水，发而不收"的增长态势，西北、西南、东南成为城镇空间发展的重心，各城镇之间呈无间隙的发展态势。工业用地从原来的以协议出让为主转变到以"招、拍、挂"出让为主，特别是2006年中央31号文件的颁布，完全确立了"招、拍、挂"在工业用地出让方式的主体地位。

2008年受到金融危机的冲击，部分外资撤离东莞，使得外向型的东莞经济面临企业流失、厂房等物业空置率上升、村组收益下降等问题。同时，受到土地、能源、劳动力市场和环境保护的严重制约，曾经吸引外商的资源和成本优势逐渐消失。加之土地资源开始紧缺，政府大力推行"工业进园"政策。东莞市设立了松山湖科技工业园、东部工业园和虎门港三个以高新技术和临港产业为主的园区，而同时由于第三产业的发展，工业用地开始批量转为居住用地和商住、商业用地，原来连成带的工业集中点之间开始疏解，并由居住、商住、商业用地及绿地代替。随着"工业进园"政策的加强，建设用地呈斑块状分布态势将更加明显。在蜕变转型阶段，东莞市工业用地量不断上升，占城市建设用地面积的比例也攀升到36%，并趋于平稳。东莞市建设用地将进一步集中发

展，有意识重点引入资本密集型和科技密集型的企业，建设用地开始向高效、集约利用发展。在城市空间上开始形成一中心多支点的网络化城镇空间格局，即以城区（莞城、南城、东城、万江）为中心，以虎门、常平、塘厦和松山湖为支点，以清溪、凤岗、大朗、石龙、石碣和麻涌等中心镇为依托，形成一中心多支点的多层次的城镇空间布局结构，开始从分散向紧凑、集中的空间结构转变。

② 土地高效集约利用与经济社会发展。东莞市工业用地量不断上升，占城市建设用地面积的比例也攀升到43.35%，并趋于平稳。建设用地开始向高效、集约利用发展。如政府大力推行"工业进园"政策，其中松山湖科技工业园是东莞"四位一体"主城区的重要组成部分，是"融山、水、园于一体"的生态型、高科技、国际化创新型城市，是广东科学发展的示范区和产业升级的引领区，核准规划面积10平方公里。2009年，松山湖高新区的工业（物流）企业总收入达780.12亿元，高新技术产业总收入为699.49亿元，占工业（物流）企业总收入的89.66%，基本形成了以通信设备、计算机及其他电子设备制造业（C40）、电器机械及器材制造业（C39）为主的产业集群。在已建成城镇建设用地中，高新技术产业用地318.7公顷，达到已建成城镇建设用地的53.67%，其中一类高新技术产业占地314.30公顷，二类高新技术产业占地4.41公顷。从用地上体现了松山湖高新区大力推动高新产业的发展理念。

综上，东莞建设用地量不断上升的同时，其经济总量逐年增长，虽然在2008年遭遇了经济危机。这说明土地高效集约利用对东莞经济社会的发展起到强化的作用。

2. 建设用地与经济发展关系分析

（1）建设用地总量与经济总量关系

东莞市城市建设用地从1996年的581.07平方公里增加到2010年的

1066.38平方公里，增加总量累计485.31平方公里，平均每年增加34.67平方公里，年均增长率达4.43%。这种用地扩张速度在国内外的其他城市难以见到。伴随建设用地的扩张，东莞市的GDP也从1996年的361.75亿元增长到2010年的4246.45亿元，东莞建设用地每增加10平方公里就拉动了82.45亿元的GDP增长，东莞经济的高度增长与土地利用有着十分密切的关系。

利用SPSS对东莞市国内生产总值与建设用地总量进行相关分析发现，东莞市的国内生产总值与建设用地总量之间呈现出明显的相关关系，Pearson相关系数达到0.934，并且积差检验结果达到0.01的显著水平，建设用地总量与GDP总量呈现高度正相关。以建设用地累计总量为自变量，以GDP总量为因变量，进行二次曲线回归模拟。也可以看出，建设用地增长与GDP增长相关关系明显，其相关系数为0.985。东莞市经济增长受建设用地驱动的特征明显。

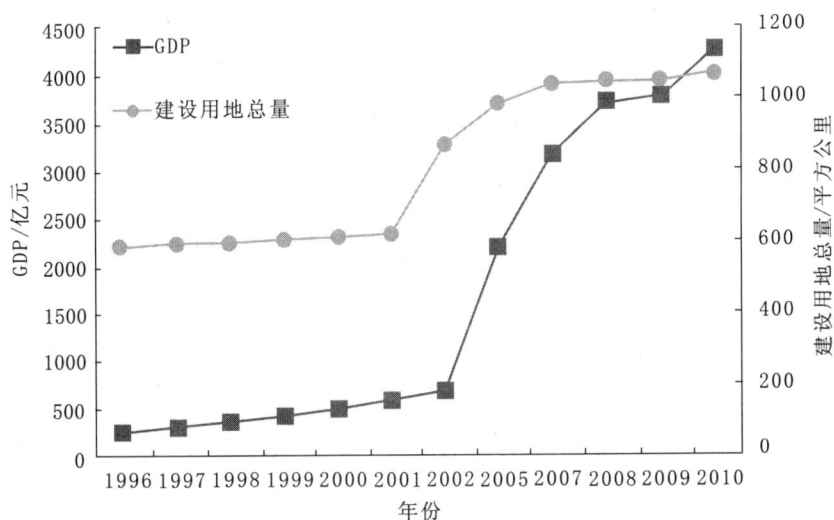

图4-8　东莞市建设用地总量及GDP变化

第四章
东莞经济社会发展与土地关系分析

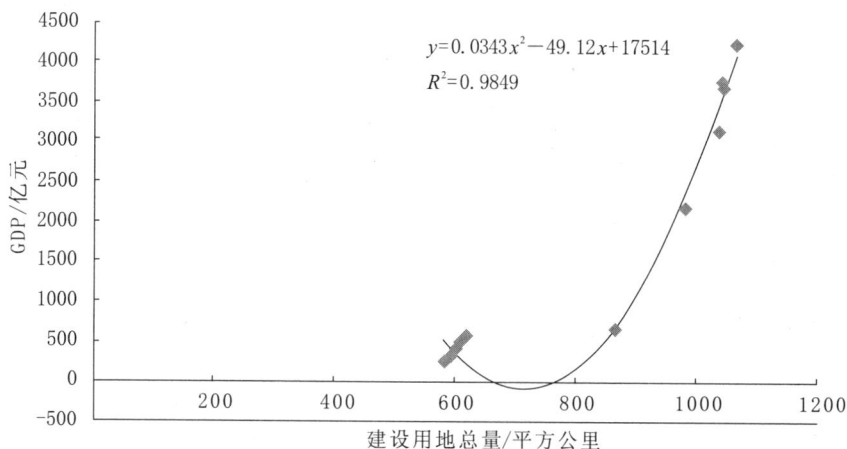

$$y = 0.0343x^2 - 49.12x + 17514$$
$$R^2 = 0.9849$$

图4-9 东莞市建设用地总量与GDP总量相关关系

（2）建设用地增量与GDP增量相关关系

利用SPSS软件对建设用地增量与GDP增量的相关关系进行分析，发现东莞市的建设用地增量与GDP增量之间并没有显著的相关关系，Pearson相关系数仅为0.251，检验结果只达到0.457的显著水平，呈现出弱相关性。受宏观经济背景以及政策因素的影响，东莞市建设用地的增加呈现出强波动性特点，2009年其建设用地还表现出负增长的特点。同时，由于伴随新项目上马拉动的建设用地增长，其经济效应需要一定时间建成运营后才能体现，由此导致建设用地增量与GDP增量之间的相关性并不明显。

进一步分析可以发现，建设用地增量的波峰与波谷变化与GDP增量的波动变化在时间上存在超前对应关系，平均超前时段为1～3年。这一方面说明了GDP增长曲线相对土地供给增长曲线在时间上具有滞后性，同时也表明土地供给增加对经济增长的促进作用。

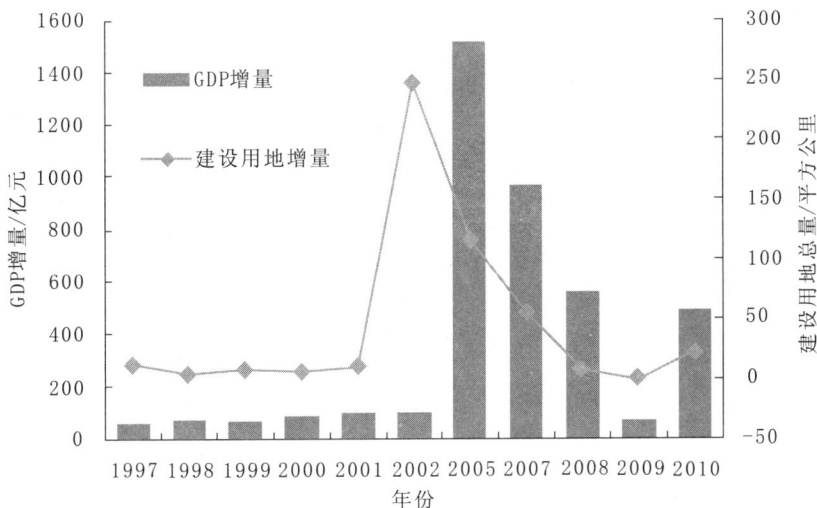

图4-10　东莞市建设用地增量与GDP增量相关关系

（3）土地利用弹性系数分析

　　土地利用弹性系数反映的是建设用地增量与GDP增量比例，在数值上等于土地利用面积年增长率与经济总量年增长率之比。该系数在一定程度上揭示了土地利用的集约性和可持续性变化。从历年的情况来看，东莞市的土地利用弹性系数表现出明显的波动性，除了2002年以外，东莞市的建设用地增长速度均明显低于经济增长速度，大多数年份东莞市的土地利用弹性系数均小于0.1，除2002年以外，东莞市的建设用地基本上处于集约利用的状况中。东莞市经济增长与用地之间的关系表现出一定的滞后性。2001年，东莞市为了改变工业用地过于分散的问题，努力发展工业园区，重点开发建设松山湖、虎门港、东莞生态园和长安新区等四大园区，故2002年东莞市放松了对建设用地的管制，在短时间内建设用地快速增长，集约用地水平有所降低。2008年，受到金融危机的影响，东莞市经济增长速度放缓，建设用地面积缩小，导致2009年其土地利用弹性系数为负。

表4-3　东莞市土地利用弹性系数历年变化

年份	1997	1998	1999	2000	2001	2002	2008	2009	2010
土地利用弹性系数	0.09	0.03	0.07	0.05	0.09	2.17	0.06	−0.01	0.20

（4）各类用地潜力分析

① 最大供给限度。由上文土地人口承载力的分析可以知道，在东莞市范围内，从城市发展建设角度来看，所有的土地面积除了难利用和禁止利用部分外，理论上其他土地都可供建设所用，也即是东莞土地供给的最大限度为17.25万公顷，占总面积的69.78%，其中9.67万公顷（约占39.11%）已经被利用，仅剩下7.58万公顷土地供东莞未来发展所用，约占总土地面积的31.6%。如果以每年增加建设用地0.2万公顷的速度计算的话，则用地只能保障东莞未来不足40年的发展。

② 生态制约。从理论上来讲，森林生态用地必须达到总土地面积的30%以上才能对一个地区起到较好的调节气候环境的作用；而从提供舒适优美的环境作为休憩疗养的要求出发，森林、绿地、水面的面积应达到总土地面积的50%以上。按照这个要求的话，东莞市最多应有50%的土地可作为开发建设用地，即12.36万公顷。结合上面分析所得，则东莞市剩余可供开发建设用地为2.92万公顷，占总面积的11.81%。如果以每年增加建设用地0.2万公顷的速度计算的话，则只能满足东莞未来约11年的发展用地需求。

综上所述，目前东莞市区域内，建设用地占45%，生态用地占36%，预留用地占19%，虽然还在4：4：2的规划用地指标内，但新增建设用地的空间已经相当有限。东莞正处于经济发展的快车道，虽然目前正加大力度进行闲置土地的整理，对建设用地审批有严格的限制，但在一定时间内建设用地扩张和占用其他用地仍是不可避免的，即建设用地扩大，生态用地和预留土地将持续减少。综上所述，东莞市2020年建设用地、生态用地和预留土地比例确定为5.0：3.2：1.8较为适宜（表4-4）。

表4-4　2010年和2020年各类用地比例

年份	建设用地		生态用地		预留土地	
	面积（公顷）	比例（%）	面积（公顷）	比例（%）	面积（公顷）	比例（%）
2010	111 227.27	45	88 981.81	36	46 962.62	19
2020	123 585.85	50	79 094.94	32	44 490.91	18

资料来源：东莞市土地利用总体规划专题研究（2005—2020年）。

五、经济社会可持续发展面临的障碍

发展到现阶段，东莞市经济社会发展中还存在着产业结构尚未完全蜕变、可持续发展能力仍显不足、收入差距仍未缩小和社会发展比较滞后、矛盾突出等问题，亟须改进。主要表现在：

1. 低端化产业结构影响经济竞争力

虽然东莞号称"代制造业名城"，但它毕竟是靠"三来一补"起家的，目前多数制造业仍处于产业链底端，相当一部分企业主要是接单生产，没有研发，技术上主要依靠境外母公司，优质企业、品牌企业不多，自主创新能力有待提升。同时，企业产品多数是外销甚至完全外销，产品出厂后交由托单企业销售，没有自己的营销渠道，这也导致东莞产品品牌缺乏。东莞的品牌经济实力即便同周边的珠海、中山、惠州和顺德相比都有明显差距。而从产业构成上看，东莞以传统制造业为主，如五金、家具、服装、鞋类，即便是电脑资讯产业的制造，也主要是技术含量较低的部分，附加值都比较低。相对而言，现代服务业发展滞后，产业体系落后。

2. 集体经济发展模式举步维艰

改革开放以来，东莞镇、村通过集体土地建物业租赁给外资企业的简单快捷方式，吸引了大量外资企业前来投资，约70%的外资企业以这种方式落户在东莞村组，以租赁经济模式为基础的镇、村集体经济，曾以每年超过20%的速度迅速发展，推动东莞产业的发展。

然而近年来，随着国内外经济社会发展的新变化，东莞市单一的集体经济经营模式越来越不适应新形势、新变化的要求。受国际金融危机的影响，不少企业倒闭和外迁，部分村集体厂房出现较为严重的空置，村级租赁经济将可能进一步萎缩，村级经营风险将不断扩大。集体经济面临着发展后劲乏力、增收途径狭窄、监督管理薄弱、经济效益下滑、负债风险加重等困境，成为制约东莞产业结构调整升级和城市转型发展的瓶颈。

同时，集体经济组织既承担股东股份分红，又承担村（社区）一级各类公共开支，近年来东莞市集体经济已出现下滑势头，但刚性支出却不断增加，集体经济组织发展前景日渐堪忧。

据调查数据显示，2011年，东莞全市有61.9%的村收不抵支，有42.7%的村、14.6%的组负债率超过60%的警戒线。

3. 镇区间产业发展不协调

东莞1985年撤县建市，1988年升格为地级市，现辖30多个镇和城区，这些镇区的经济总量动辄上百亿，富裕程度惊人，其经济实力相当于中国很多经济发展属于中等程度的地级市，可谓"富可敌市"。但是，这些镇区在经济发展的过程中，存在各自的地方利益。为了追求本地经济发展，某些镇区政府采取一些政治、经济、法律等手段来发展本地经济，从而形成了诸侯经济的现象。

为了发展本镇区的经济，镇区往往实行地区分割与地区封锁。一方面，由于优胜劣汰的市场经济规律，为了在市场经济的竞争中取得优势地位，个别镇区政府力图在经济发展中避免不利于本地的情况，采取自我保护的措施，以减轻自己在经济基础、技术条件、资源条件、环境状况等方面弱于其他镇区的劣势；另一方面，个别镇区政府官员受政绩考核的上级压力以及官位晋升的自利动机的驱使，也会各自采取地区分割与地区封锁的措施。"小而全、大而全"的粗放型经济发展模式而非节约型的经济发展模式导致当前个别镇区片面追求经济的高速度、高产值，各部门的领导热衷于多上项目和多上大项目而不计效益，形成大铺摊子、重复建设、重复引进、重复投资的不良局面，造成某些镇区"自成体系、门类齐全、产业结构趋同"的封闭式经济模式。各自为政和自我保护带来了地区分割与地区封锁，产生了重复建设，造成某些镇区经济受到不良影响，企业的效率低下，制约了全市宏观经济的正常发展和经济持续发展的潜力。

在产业结构上，各镇区的非专业化倾向严重，大量的人力、物力、财力资源被低效率使用，产业结构严重趋同化。有些镇区之间的横向经济沟通由于各自为政和恶性竞争，使得某些镇区之间的专业化分工与协作和产业的规模经济效益最终没有取得实质成效。一些镇区的产业技术改进、技术创新以及技术结构调整的步伐缓慢，不能有效推动产业结构调整和完善。

4. 特殊人口构成制约经济社会转型

2010年，东莞市户籍人口总数为181.77万人，流动人口总数高达640.71万人，是户籍人口数的3.5倍之多，户籍人口与流动人口比例严重倒挂。东莞的产业大军主要由这些非户籍的外来人口构成，他们对东莞经济发展起到重要的支撑作用。然而这个庞大的群体由于没有东莞户籍，具有很大的游移性、不确定性，对东莞的归属感和文化认同感十分有限。而低工资造成的"民工荒"使相当一部分人选择离开东莞，这势必造成东莞企业的低根植性，影响东莞经济的稳定和可持续发展。

东莞人口构成的另一个问题是人口受教育程度偏低。东莞过去的人口主体是农民，东莞低端产业所吸引的人口也主要是文化程度较低的务工者。统计显示，在东莞全市就业人口当中，初中及以下文化程度人口占69.4%；而根据《东莞市1%人口抽样调查资料》分析，在东莞15～34岁年龄段人口中，初中及初中以下文化人数占81.25%。高素质人才特别是研发型高技术人才短缺，难以满足经济迅速发展对高素质人力资源的需求。总体文化程度偏低的人口构成，已成为制约东莞经济社会转型和城市升级的"短板"。

5. 社会管理体制亟待创新

金融危机的倒逼机制使东莞市真正迈入了经济社会双转型的阶段。随着经济的快速发展，东莞市的就业结构、社会结构、发展动力以至发展环境等都发生了根本性的变化，利益结构和分配结构发生了根本性变革，但由于社会建设和管理创新相对滞后，现代社会建设过程中面临公共产品和公共服务严重短缺的矛盾，经济发展和社会建设一条腿长一条腿短，社会建设和社会管理创新显得日益重要。

一方面，东莞的实际管理人口在千万左右，按人口构成和经济规模，东莞可以算得上是特大型城市，与之相适应的应该是一个特大型城市管理系统。而东莞的现行行政架构与管理体系是在原有县级行政架构上建立起来的，主体仍然是县级架构，县升格为市后，只是市一级机关行政级别升了一级，镇（街道）一级大体相当于"升了半格"，行政人员编制并没有相应扩增。随着东莞实际人口不断增长和经济总量的提升，管理就难免出现"小马拉大车"问题，显得力不从心。

而另一方面，东莞又处在经济社会转型的过渡时期，社会状态尚未定型，管理规模难以确定。就人口规模而言，随着产业结构调整升级，东莞人口规模会有所下降。随着社会管理体制的理顺，一些临时性的管理机构也将走进历史。如果按现行实际需要，就要大幅度扩充管理规模和编制，而从未来社会发展需要看，过度扩张又必然拉高行政和管理成本，给未来经济社会发展留下后遗症。不得已，目前东莞一些单位存在大量编外人员，而两种身份的体制缺陷，挑战东莞制度公平也挑战社会和谐。如何选择，是东莞面临的现实课题。

6. 中心城区核心引力地位不足

东莞是明显的"自下而上"的发展模式，城市化远远落后于工业化的发展，城市化发展质量不高，尚未形成一个强有力的城市中心以及与其定位相适应的市域城镇体系，长期以来形成的摊大饼式的城市形态不利于城市更有效地经营。从城市化的概念来看，东莞市过去几十年的城市化发展更多是走"小城镇的城市化"的道路，而相对忽略了"大城市的城市化"的发展，这就导致了东莞的中心城区的核心引力地位不足，对外辐射能力不强，城市的空间城镇体系的层次结构和功能模糊，不利于东莞经济的持续、稳定、高效发展。

不少镇的经济发达程度都超过中心城区，并且都已形成相对独立完善的商业环境，这就使得东莞的城市集聚效益和功能相对弱化，城市呈现"空心化"的态势。东莞要成为现代化的中心城市，首先就需要一个真正意义上的市中心，包括政治上的，经济上的，文化上的，逐步形成东莞市域有核心、有层次的城镇规模体系格局。

7. 生态环境问题日益突出

与粗放式发展方式相伴随的必然是高排放、高污染。东莞的经济发展属于严重的环境污染型、能源消耗型发展，在经济快速发展的同时，也付出了极高的环境代价。日益严重的环境污染等问题已成为影响环境保护、城市建设、工厂建设、人民生活和可持续发展的重要因素。目前，东莞的耕地、湿地受到严重侵蚀；水滨湿地破碎化严重，东莞市大气环境逐年恶化，水环境问题突出，表现为水质性缺水。研究显示，东莞市67%的河段和60%的水库水质常年处于劣五类，大部分的地表水体已经丧失了全部功能；噪声污染日益严重；固体废弃物的处理能力急需加强。各种资料表明，东莞的环境承受力已接近极限。这些环境问题成为东莞市经济社会可持续性发展的巨大障碍。

8. 粗放式增长方式遭遇要素供给制约

作为我国加工贸易的发源地，东莞的崛起始自加工贸易生产模式，外向型的加工贸易经济是东莞市经济的主要组成部分。改革开放初期，一无技术、二无资金的东莞，凭借临近港澳的地缘优势和有丰富劳动力资源的人缘优势，率先引进港资，办起了第一家来料加工企业。此后，凭借国家的优惠政策，东莞从境外引进资金，先进的技术、设备和管理，办起了许许多多小作坊，使东莞成为吸引外商投资和外企落户的风水宝地，除了吸收本地30万富余劳动力外，还完成了资金的积累。

然而，主要是靠资本、土地、劳动力等传统要素投入来实现经济增长的发展模式正遭遇着巨大挑战。在资本、土地、劳动力三大要素中，除了资本外，土地、劳动力供给条件都发生了重大变化。

东莞的劳动力供给过去是买方市场，供给相当充裕，劳动力价格也比较低。现在劳动力市场出现分化，低端劳动力市场正在向卖方市场转变。受国家惠农政策、劳动力构成变化和《劳动合同法》实施等因素的影响，东莞劳动力成本快速地、大幅度地上升，这对过去主要以低劳动成本竞争的企业构成巨大的压力。

经济发达地区土地利用与民众利益
土地利用与空间规划丛书

目前，东莞的建设用地已经突破了土地总面积的42%，超过了香港，接近城市建筑覆盖面的临界点。按照4∶2的比例，东莞已无太大的开发空间。而东莞还要保留40万亩的基本预留地，若再依靠新增建设用地来发展，存量非常有限。按以往20多年平均用地的速度，十几年内就会用完。与此同时，东莞厂房建设成本大幅度上升，已由当初的每平方米几十元上涨到今天的超过千元。

第五章　东莞市土地利用状况分析

　　本章首先概述了东莞市的土地利用状况，包括从土地总量、地形地貌、地类、土地利用强度等方面阐述了东莞市的土地资源利用情况，各类建设用地规模在增加的同时耕地、林地和湿地资源日益减少和生态用地的存量和分布特点；然后从省域和市域层面分析了东莞土地节约集约用地的状况；之后分析归纳了东莞市域的土地利用问题。

一、土地可持续利用状况分析

1. 土地资源利用特征

　　从总量来看，人地矛盾突出。2011年，全市土地总面积2465平方公里（不含海域面积），对应的常住人口822万人，平均人口密度是3343人/平方公里。其中，中心四区的人口密度为5370人/平方公里。莞城街道、石龙镇的人口密度每平方公里均超过了万人，莞城街道最高，达14 474.64人/平方公里。在全国城市中，与无锡、苏州、中山等同类城市相比，东莞单位土地的人口密度均高于这些城市。

从地形地貌看，东莞土地资源可用空间有限。东莞地貌以丘陵台地、冲积平原为主。山地丘陵面积约1250平方公里，占土地总面积的53%，水面面积约32平方公里，占土地总面积的1%，平地面积约1067平方公里，占土地总面积的46%（图5-1）。平地区域既是耕地和基本农田保护的主要区域，也是适宜开发建设的主要区域，全市约90%的耕地和基本农田，以及约80%的建设用地位于平地资源区域。如果扣除平地上的基本农田和已经使用的建设用地，全市未来可新增用于城市建设的平地资源总量约758平方公里，约占土地总面积的30.7%。京、沪、津、深4个城市的平地资源结构比重分别为68%、70%、83%和61%，东莞相比最低。

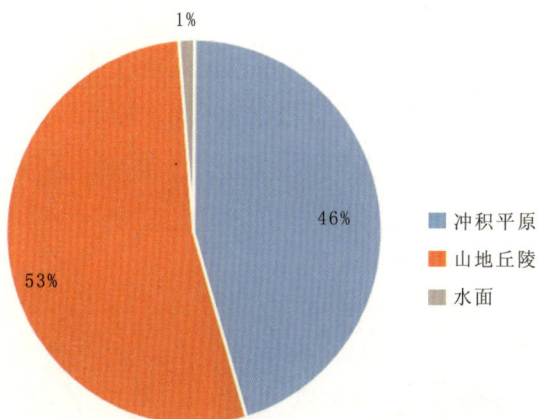

图5-1　东莞市地形地貌分类示意图

资料来源：东莞市土地利用总体规划专题研究（2005—2020年）。

从地类情况来看，全市土地利用强度趋饱和。农用地1086平方公里，占44.2%；建设用地1066平方公里，占43.4%；未利用地305平方公里，占12.4%（图5-2）。

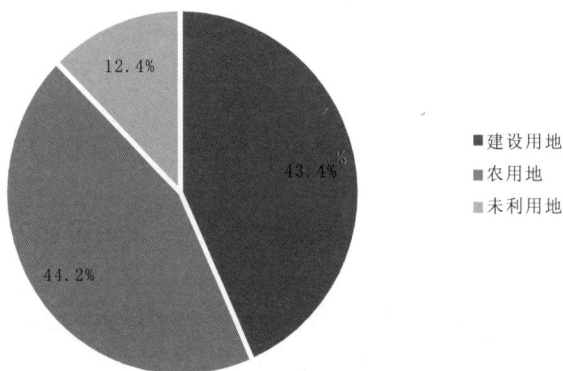

图5-2　东莞市土地利用现状分类示意图

资料来源：东莞市土地利用总体规划专题研究（2005—2020年）。

　　全市土地利用强度（即建设用地占土地总面积的比重）达43.35%，已处于国内城市较高水平（图5-3）。国际通行的城市生态宜居警戒线为30%，也就是说，东莞市已远远超过城市生态宜居警戒线。土地利用率高达96.41%，高于全省94.59%的平均水平；未利用地中绝大部分为河流水面及难以利用开发的土地，土地开发后备资源短缺。

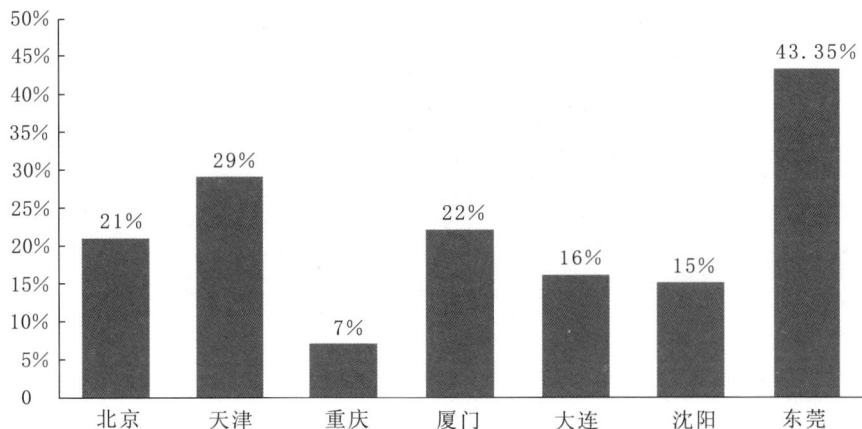

图5-3　各大城市土地利用强度对比示意图

经济发达地区土地利用与民众利益

土地利用与空间规划丛书

从区域来看，除黄江、麻涌、沙田、洪梅、谢岗、樟木头外，其余26个镇（街道）土地利用强度均超过30%；石龙镇、莞城区、石碣镇、长安镇、东城区、南城区、万江区和东坑镇8个镇（街道）的土地利用强度超过了50%（图5-4）。

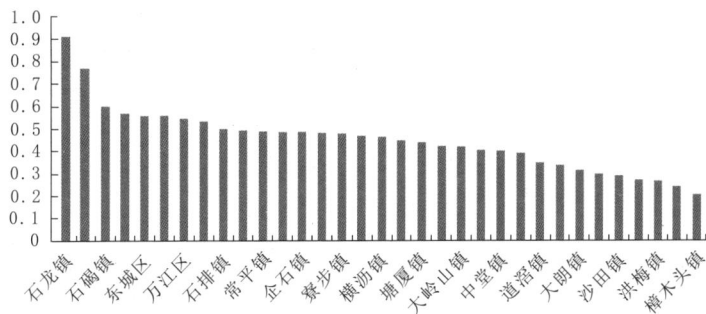

图5-4　各镇（街道）土地利用强度对比示意图

资料来源：东莞市土地利用总体规划专题研究（2005—2020年）。

综上所述，从东莞土地资源的现状来看，表现出四多四少的特点：人口多、可用土地少；已使用土地多、可新增空间少；丘陵山地多、平地资源少；农村土地多，城市土地少。

2. 主要土地利用类型动态变化

（1）耕地和林地面积锐减

随着经济建设的迅速发展，大量的耕地被快速蚕食。1996年东莞耕地面积38 180公顷，到2010年耕地面积16 661公顷，整整减少了21 519公顷，年均减少约1537公顷。林地情况也是如此，1996年林地面积有48 887公顷，到2010年林地面积只有34 406公顷，年均减少约1034公顷。近十多年来，东莞市虽然发挥了其发展经济的区位优势，片面追求经济增长，但却忽视了农业生产尤其是稻谷生产的有利条件，其中一个根本原因即是从事稻谷生产的微薄利润。

（2）各类建设用地规模显著增加

1996年东莞市建设用地总规模为62 053公顷，到2010年，其建设用地面积已经达到了106 638公顷，占东莞市土地总面积的43.35%。建设用地面积净增44 585公顷。1996年居民点与工矿用地面积为51 967公顷，到2010年，其面积已增加到96 092公顷，净增44 125公顷，其中又以城镇用地面积变化最大。和上述耕地数据问题相比较，很明显，经济总量、人口与建设用地总量有极高的相关性，经济发展所需的大量建设用地大部分都由农用地转化而来。

（3）湿地资源日益减少

东莞市历史上湿地资源十分丰富，类型多样，有桑基鱼塘、红树林湿地、稻田湿地和河口海岸荒滩湿地，其中又以海岸湿地最多。由于改革开放以来的围海造地，滩涂湿地一直在不断减少，1996年滩涂总面积2360公顷，到2010年，只有246公顷。围垦滩涂的土地主要用于水产养殖和建设用地。

无论是纵向比较还是全球范围的横向比较，在一个2000多平方公里的区域内这种快速变化都是极为罕见的，可以说到目前为止只有相邻的深圳有类似的变化。和发达国家相比，或者和未来发展所要求的环境要求相比，这种趋势对生态环境是十分危险的。参照同样人口密集区域的土地利用情况，日本全国的森林面积和耕地面积约为全部陆地面积的80%，东京面积和东莞在一个数量级，比东莞小300平方公里，人口早已过千万，但是还有36%的森林面积和4%的耕地面积；台湾陆地总面积35 989.76平方公里，森林面积约186万公顷，占全岛土地总面积的52%，台湾全岛的耕地面积为88万公顷，占土地总面积的25%；香港的建设用地也只占土地总面积的16.7%。东莞位于珠三角中心地带，制造业特别发达，但扣除绿地、水库等用地之外真正用于建设的用地总量已经超过了40%，如果不采取措施，转变目前发展模式，其生态环境问题将会进一步恶化。

经济发达地区土地利用与民众利益
土地利用与空间规划丛书

3. 生态用地分析

（1）东莞市生态用地现状分析

按照生态用地的定义，2004年东莞市生态用地总面积是145 596.9公顷，占全市总面积的58.91%，其中耕地占6.52%，园地20.2%，林地14.01%，牧草地0.07%，水域面积18.11%，显示出东莞市生态用地面积所占比例是比较大的。但是，从生态用地的分布来看（附表1、图5-5），东莞市局部生态用地的比例极不协调，特别是在市区周围，公园绿地不足，生态湿地少，生态效益差，东莞生态用地分布具有以下特点：

① 各镇分布不均匀，受经济利益的驱使，各镇大力发展工业，忽视对生态功能的维护，除受天然条件限制的山地丘陵、水域面积无法开发之外，各镇都较为粗犷地利用土地。

② 生态湿地面积较大，占全市面积的18.11%，主要分布在东江各大干支流以及各个大型水库。应充分利用其生态功能支持，注意保护各流域的面积平衡，严禁乱占用，划定生态湿地警戒线，避免其遭受污染；要做好污染河流的治理工作，进一步发挥其生态支持作用。

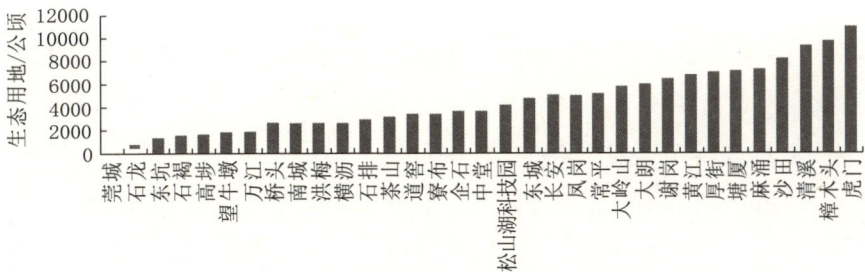

图5-5　东莞市2004年各镇生态用地分布图

数据来源：东莞市土地利用总体规划（2006—2020年）。

③ 从总体上看，东莞市森林覆盖率较高，但森林质量较低，全

市林分平均蓄积量仅为48.46立方米/公顷，林种比例不合理，以针叶林为主，尤其马尾松占了总蓄积量的68.14%，生态公益林偏少，占39.84%。从布局来看，森林主要分布在东北部，绿地分布不均，多以相互隔离的点、线为主，许多地方存在着绿地断层，未形成大型森林组团和绿色廊道相连接的城市森林体系。

④ 耕地和园地面积较大，两者占生态用地总量的26.72%，且主要分布在中西部，由于耕地和园地主要是生产功能，相对生态功能较弱。耕地分布在地域上是不均衡的，这不但与土地类型在地域分布上的差异有关，而且与建设发展和人口增长有关。在耕地面积大量缩减的同时，耕地利用方式、方向和结构也发生了根本性的变化——耕地种植不是以粮食为主，而是以蔬菜为主，并且是以对外承包经营为主，更多地关注经济价值，造成耕地生态价值的大量下降。

⑤ 环保局提供的林地面积数据较大，土地变更数据较少，主要原因是林地面积分布较小的斑块较多，建成区的林地面积较大，而作为纯生态的生态公益林分布较少，导致东莞市生态功能减弱。

⑥ 由于工业用地等大量侵占各种生态用地，使得各种数量的生态用地减少，分布上使得生态用地之间被工业用地隔离，造成生态效益下降，分布上以斑块为主，生态廊道被阻隔，无法发挥生态用地的综合功能。尤其对耕地集中区，更多地关注其生态价值，为东莞的可持续发展留有空间。

（2）东莞市生态用地总量分析

依据东莞市城市发展战略规划，东莞将发展为适宜居住、创业的生态绿城，东莞市目前的市区园林绿地、建成区绿化覆盖率、建成区人均绿地面积等城市生态用地指标比中国城市最佳人居环境标准要高（表5-1）。但是，相对于其他珠江三角洲城市（表5-2），东莞市生态用地的数量偏低，尚有一定的差距。

表5-1　东莞市2003年部分城市生态环境指标与中国城市最佳人居环境标准比较

指标	东莞市2004年城市生态环境指标	中国城市最佳人居环境标准	相差
城市绿化覆盖率（%）	40.91	≥35	+5.91
城市绿地率（%）	33.38	≥30	+3.38
城市人均公共绿地面积（m²）	16.25	≥8.0	+8.25

资料来源：东莞市土地利用总体规划专题研究（2005—2020年）。

表5-2　东莞市与其他珠三角城市生态用地对照表

城市	年份	生态用地面积（公顷）	占全市面积的比例（%）	GDP总量（亿元）	单位生态用地承担的GDP（万/公顷）
广州	2004	570 376	76.72	4115.81	72
深圳	2003	110 000	60.00	2895.41	263
东莞	2004	145 597	58.91	1155.30	79

资料来源：东莞市土地利用总体规划专题研究（2005—2020年）。

通过对东莞生态用地现状的评价，目前东莞市生态用地压力大，生态环境矛盾突出，受经济利益驱使，导致生态用地单位面积负担加重，这与东莞市的经济发展模式有关。首先，虽然生态用地的比例东莞与其他珠三角城市差别不是很大，但是受东莞市发展模式的影响，低端层次的工业较多，对能源的消耗较大，导致生态用地有一定的缺口；其次，生态用地内部结构不合理，园地和坑塘水面较多，导致生态功能低下，在未来规划中应合理布局，调整生态用地结构，使生态用地发挥更好的生态功能。随着东莞市社会、经济快速发展，城市建设用地持续扩张，城市自然生态空间总量逐年减少，东莞市的城市生态资源面临着巨大的压力，有必要划定基本生态控制线，保证东莞的生态安全。

通过对东莞市生态环境质量的综合评价、生态足迹分析、生态系统承载力模型模拟、生态系统健康评价、水资源水环境容量计算，科学确定本轮土地利用总体规划的生态环境建设目标，估算东莞市的生态承载力，最终确定东莞市的生态用地总量（表5-3）。

表5-3　各规划年东莞市生态用地占全市土地面积的比例（%）

年份	耕地	园地	草地	森林用地	生态湿地	总比例
2010	6.52	18.20	0.07	15.01	18.11	57.91
2020	6.42	17.00	0.05	16.50	17.11	57.08

资料来源：东莞市土地利用总体规划专题研究（2005—2020年）。

二、土地节约集约利用状况分析

东莞市近年来紧扣规划修编、统筹指标、盘活闲置、"三旧"改造、严格考评等"五个抓手"，力促节约集约用地，在促进节约集约用地方面取得了显著进步：单位土地产出率逐年提高，土地消耗率逐年下降；通过严查严控违法用地，加强土地用途管制等措施，土地管理的规范化水平不断提高；土地批后实施和供后开发利用的总体情况良好，较好地保障和服务了经济社会的科学发展。

下面将主要从省域层面和市域层面两个方面来说明东莞土地集约利用程度状况。

1. 省域层面比较

在宏观尺度的基础上，采用影响城市土地集约利用程度的经济效益目标、社会效益目标、生态效益目标为要素层，并依据指标选取的系统性、相关性、前瞻性、可比性、动态性以及可获取性等原则，构建广东城市土地集约利用程度评价指标体系（表5-4）。根据数据情况和评价的需要，三个要素层及指标层下属各指标权重的确定，采用专家打分法（Delphi）和层次分析法（AHP）相结合的方法确定各评价因

经济发达地区土地利用与民众利益

土地利用与空间规划丛书

子的权重值。

表5-4　集约用地评价指标体系

评价目标层	评价因素层中各评价 因素的权重（w_i）	评价指标层（w_{ij}）	权重
城市土地集约利用程度	经济效益（0.526 7）	单位建设用地固定资产总投资	0.185 5
		单位用地面积二、三产业产值	0.114 8
		地均社会消费品零售总额	0.080 1
		城市人均居住面积	0.083 3
		人均拥有道路铺装面积	0.063 0
	社会效益（0.236 7）	城市居民可支配收入	0.099 4
		城镇登记失业率	0.024 5
		每万人拥有公交车数	0.031 2
		每万人拥有医院床位数	0.031 2
		地均污染治理投资额	0.050 4
	生态效益（0.236 6）	工业废水排放达标率	0.050 1
		建成区绿地覆盖率	0.067 7
		人均绿地面积	0.071 1
		固体废物综合利用率	0.047 7

① 城市土地集约利用综合指数计算。根据评价指标标准化后的数值及各指标权重，计算广东21个地级市城市土地集约利用综合指数，计算公式如下：

$$f_i = \sum_{j=1}^{n} w_{ij} \times X'_{iij}$$

$$P = \sum_{i=1}^{3} w_i \times f_i$$

式中，f_i为评价要素得分；w_{ij}为评价指标层各指标的权重；X'_{ij}下标为标准化后某指标的值；P为城市土地集约利用综合指数；w_i为评价因素层中各评价因素的权重。

② 城市土地集约利用各种效益协调度的计算。协调度用来衡量城市土地集约利用三个要素层（经济效益、社会效益、生态效益）之间的协调状态，其计算公式如下：

$$HC_i = 1 - \frac{S_i}{\overline{f_i}}$$

式中，HC_i 为第 i 个地级市城市土地利用各种效益的协调度；S_i 为第 i 个地级市三大评价要素层得分的标准差；$\overline{f_i}$ 为第 i 个地级市三大评价要素层得分的平均值。协调度介于 0～1 之间，值越大，表明城市土地集约利用各因素层之间越协调。当 $HC_i \geqslant 0.7$ 时，城市土地集约利用各因素层之间协调；当 $0.4 \leqslant HC_i < 0.7$ 时，各因素层之间基本协调；当 $HC_i < 0.4$ 时，各因素层之间不协调。

（1）城市土地集约利用综合指数

1999—2008年，东莞市的城市土地集约利用综合指数总体上呈现出上升的态势，土地节约集约利用不断提高。从广东省层面来看，取1999—2008年各地级市城市土地集约利用综合指数的平均值，利用SPSS软件聚类，将21个城市分为3个等级，其中深圳为高度集约型城市；东莞、广州、中山、佛山、珠海为中度集约型城市；其他为低度集约型城市。东莞的城市土地集约利用综合指数在广东省21个地级市中的排名不断往前靠，从低度集约型的城市逐步提高土地集约利用程度成为中度集约型城市。1999—2008年，东莞城市土地集约利用综合指数的平均值在广东省内排第二名，仅次于深圳，1999年和2000年，东莞的排名分别为第六名和第十名，到2007年、2008年时，东莞的排名已经上升到广东省的首位，超过了深圳的土地集约利用综合指数。

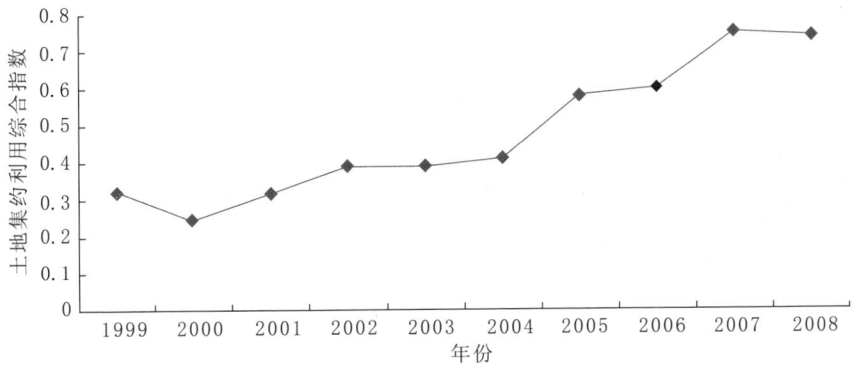

图5-6　1999—2008年东莞市城市土地集约利用综合指数变化情况

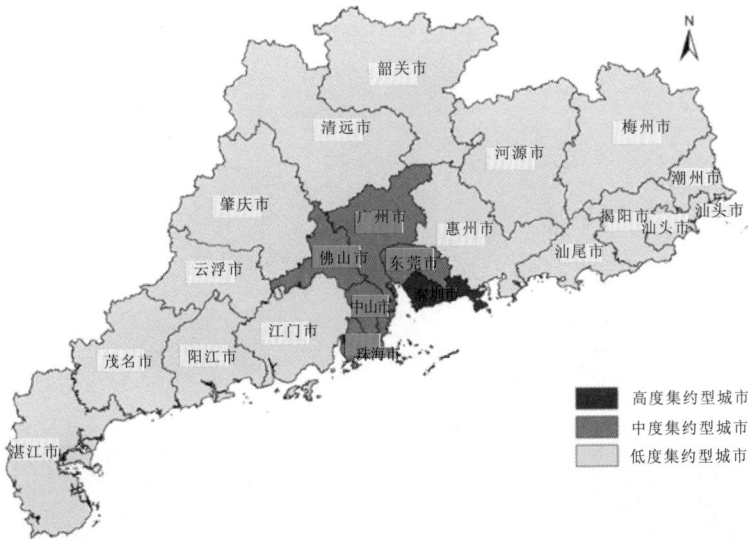

图5-7　广东省土地集约利用综合指数空间分布图

（2）城市土地集约利用各种效益协调度

1999—2008年，东莞市的城市土地集约利用各种效益协调度处于不断波动的状态，从总体上来看呈现出下降的趋势，土地节约集约利用的经济效益、社会效益和生态效益之间的协调不断恶化。从广东省层面来看，并将上述各地级市的城市土地综合集约度与城市土地集

第五章
东莞市土地利用状况分析

约利用各种效益协调度结合起来考虑，可将广东21个地级市分为高度集约基本协调、中度集约协调、中度集约基本协调、低度集约基本协调、低度集约不协调五大类。东莞市属于中度集约基本协调，其城市土地集约利用各种效益协调度在广东省21个地级市中的排名也呈现出下降的态势，从高度协调逐步退化为中度协调城市。1999—2008年，东莞城市土地集约利用各种效益协调度的平均值在广东省内排第八名，处于中上等水平，1999年和2000年，东莞的排名分别为第二和第一名，到2007年、2008年时，东莞的排名已经下降到广东省的第十八名和第十二名，城市土地集约利用各种效益协调度下降到广东省的中下等水平。

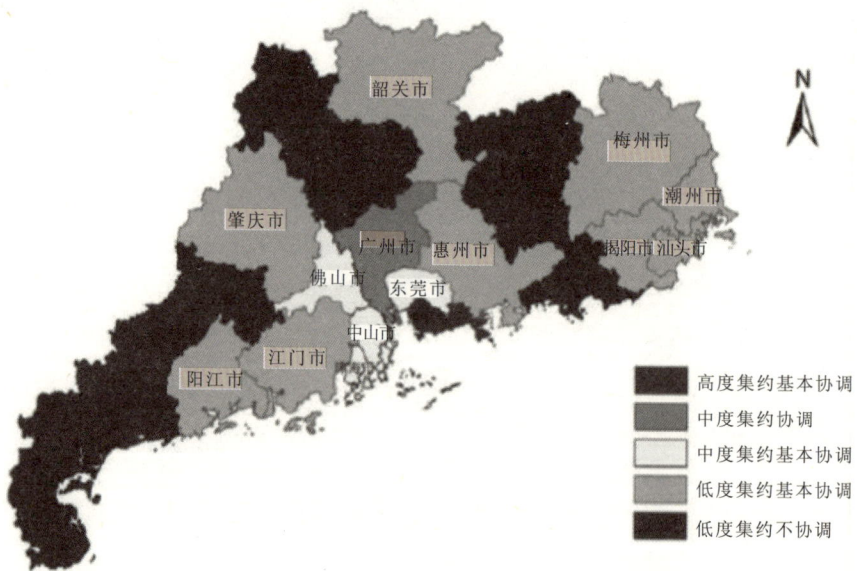

图5-8 广东省城市土地集约利用评价结果空间分布情况

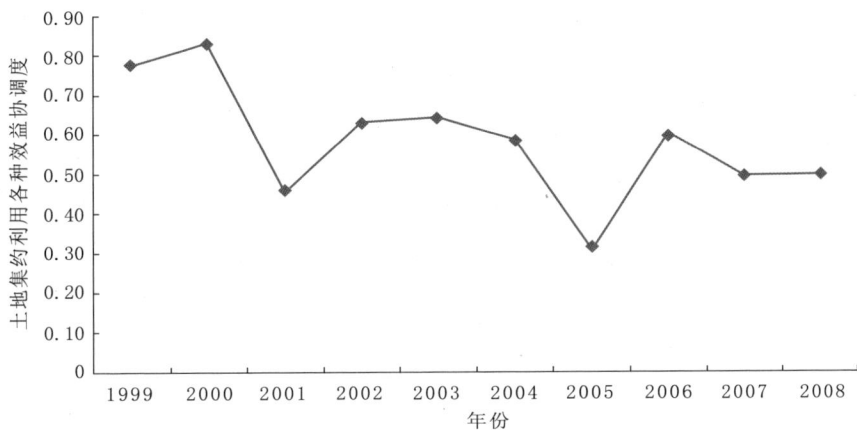

图5-9　1999—2008年东莞市城市土地集约利用各种效益协调度变化情况

表5-5　1999—2008 年广东省城市土地集约利用协调度

城市	1999年		2000年		2001年		2002年		2003年	
	得分	排名	得分	排名	得分	排名	得分	排名	得分	排名
广州	0.47	11	0.63	6	0.78	4	0.67	4	0.62	6
深圳	0.68	5	0.80	2	0.73	6	0.60	9	0.70	4
珠海	0.61	6	0.74	3	0.70	7	0.68	3	0.77	1
汕头	0.78	1	0.74	4	0.87	1	0.61	7	0.22	17
佛山	0.42	14	0.39	10	0.33	17	0.69	2	0.77	2
韶关	0.60	7	0.40	9	0.85	2	0.63	5	0.49	8
河源	0.18	20	0.30	15	0.43	13	0.23	16	0.26	16
梅州	0.43	13	0.22	18	0.59	8	0.56	11	0.45	9
惠州	0.50	9	0.59	7	0.56	10	0.56	10	0.51	7
汕尾	0.36	16	0.07	21	0.04	21	0.02	21	0.18	20
东莞	0.78	2	0.83	1	0.46	12	0.63	6	0.64	5
中山	0.37	15	0.32	14	0.34	16	0.46	13	0.41	10
江门	0.45	12	0.35	12	0.42	14	0.25	14	0.27	15
阳江	0.28	18	0.19	19	0.32	18	0.16	18	0.29	13

第五章
东莞市土地利用状况分析

城市	1999年		2000年		2001年		2002年		2003年	
	得分	排名	得分	排名	得分	排名	得分	排名	得分	排名
湛江	0.49	10	0.37	11	0.56	9	0.25	15	0.22	18
茂名	0.35	17	0.24	16	0.28	19	0.09	19	0.20	19
肇庆	0.69	4	0.69	5	0.81	3	0.61	8	0.38	11
清远	0.22	19	0.08	20	0.39	15	0.21	17	0.29	14
潮州	0.72	3	0.34	13	0.75	5	0.69	1	0.32	12
揭阳	0.58	8	0.49	8	0.51	11	0.52	12	0.71	3
云浮	0.02	21	0.24	17	0.13	20	0.02	20	0.11	21

城市	2004年		2005年		2006年		2007年		2008年		平均值	
	得分	排名	得分	排名	得分	排名	得分	排名	得分	排名	得分	排名
广州	0.59	6	0.80	4	0.85	2	0.90	2	0.88	1	0.72	2
深圳	0.68	3	0.66	7	0.69	5	0.65	10	0.66	6	0.68	3
珠海	0.69	1	0.92	1	0.72	3	0.76	5	0.64	7	0.72	1
汕头	0.20	19	0.52	14	0.29	19	0.50	16	0.32	16	0.51	11
佛山	0.57	8	0.77	5	0.69	4	0.66	9	0.73	2	0.60	7
韶关	0.24	18	0.48	16	0.39	18	0.56	15	0.26	18	0.49	12
河源	0.36	14	0.27	20	0.19	21	0.63	12	0.40	15	0.32	18
梅州	0.46	10	0.49	15	0.65	6	0.67	8	0.70	3	0.52	10
惠州	0.58	7	0.66	6	0.61	8	0.91	1	0.58	10	0.61	6
汕尾	0.26	16	0.91	3	0.49	14	0.46	19	0.67	5	0.35	17
东莞	0.59	5	0.31	19	0.60	9	0.49	18	0.50	12	0.58	8
中山	0.40	13	0.61	9	0.49	13	0.73	7	0.43	14	0.45	13
江门	0.32	15	0.56	11	0.43	16	0.73	6	0.56	11	0.43	15
阳江	0.44	12	0.92	2	0.64	7	0.50	17	0.63	8	0.44	14
湛江	0.26	17	0.24	21	0.41	17	0.62	14	0.17	20	0.36	16
茂名	0.07	20	0.61	10	0.22	20	0.37	21	0.09	21	0.25	21

经济发达地区土地利用与民众利益

土地利用与空间规划丛书

城市	2004年		2005年		2006年		2007年		2008年		平均值	
	得分	排名	得分	排名	得分	排名	得分	排名	得分	排名	得分	排名
肇庆	0.60	4	0.63	8	0.55	12	0.64	11	0.60	9	0.62	4
清远	0.44	11	0.46	17	0.49	15	0.40	20	0.24	19	0.32	19
潮州	0.50	9	0.46	18	0.86	1	0.83	4	0.69	4	0.62	5
揭阳	0.68	2	0.52	13	0.56	11	0.84	3	0.30	17	0.57	9
云浮	0.07	21	0.54	12	0.58	10	0.62	13	0.47	13	0.28	20

2.市域层面比较

（1）土地利用结构与布局情况

东莞市的土地利用结构表现出建设用地比重大，土地开发程度高，后备资源匮乏的特点。2010年东莞市的建设用地面积达1066.38平方公里，占土地总面积的比例为43.35%，未利用地的面积仅为307.68平方公里，占土地总面积的12.51%。未利用地中绝大部分为河流水面及难以利用开发土地，土地开发后备资源短缺，其中河流水面的面积占未利用地的比例为44.78%。另外，由于在土地利用过程中只考虑了经济效益，导致工业用地比例偏大。长期以来，东莞的单位和个人在利用土地资源时都倾向于占好地、多占地，从而形成了"优地劣用"的不合理城市空间结构。工业园区是东莞工业产地的主要模式，但土地属30多个镇集体管理，快速招商引资建成了更多的分散的工业园区，难以形成规模经济。目前，东莞市仍处于工业化发展阶段，工业用地需求仍较大，工业用地的土地租金收益大大高于农地租金收益，因此工业建设占用耕地驱动力较大。即便相对于其他农用地，如园地等，耕地的比较效益也较低，因此大量耕地被转为其他农用地或建设用地，这将进一步加剧东莞土地利用结构不合理的状况。

从土地利用布局上来看，东莞的土地开发总体上呈现"星星点点，四处开花"的局面。东莞土地利用总体上呈现出布局分散、有序与无序并存、缺乏整体规划的特点，具体表现为：一是耕地被工厂、居民点包围分割，很难集中开垦；或受环境污染，耕作条件差。二是建筑楼层矮，占地多，分散零乱，不节约集约用地。三是工厂分散不集聚，布局分散零乱，缺乏合理的功能分区，工业园区规划建设不足。东莞的工业园区建设普遍属于粗放式发展，大多缺乏统一规划，布局混乱，园区内的企业之间缺乏技术关联度，产业集聚效应不强，土地利用率低。

（2）土地开发使用强度

① 人均耕地少，土地开发强度大，供求矛盾日趋严峻。2010年，东莞市的城乡建设用地人口密度为8468.99人/平方公里，2009年末，东莞市建成区土地面积780.15平方公里，人均122.86平方米；城市居民人均住房建筑面积53.75平方米；人均公共设施用地面积9.38平方米。其中，2009年末，城市居民人均住房建筑面积占到了全市人均建成区面积的43.75%，而人均建成区面积和人均住房面积均高于国内发达城市同期水平，说明土地利用比较粗放。

② 人均道路面积较大，路网密度较高，公路客货运输使用强度分化显著。统计表明，2007年，东莞市路网总密度高于"双三角洲"其他13个城市，仅低于上海；一、二级公路密度东莞居15个城市之首位；高速公路密度位于深圳、上海和广州之后，居第四位。从公路使用强度来看，2007年，东莞平均客运强度达到9.496万人/公里，远超过其他城市，但平均货运强度仅排在第九位；平均每公里货物周转量也排在第九位，平均每公里客运周转量排在第五位。2008年末，东莞人均道路面积达12.60平方米，在"双三角洲"部分中仅次于珠海。到2009年末，东莞全市境内公路（含乡村道路）密度已达1.91公里/平方公里，其中等级公路密度1.87公里/平方公

里，高速公路密度0.08 公里/平方公里。2009 年全年公路运输完成旅客客运量7.33 亿人，旅客周转量105.13 亿人/公里，货物周转量45.29 亿吨/公里。

表5-6 2007年、2008年东莞与国内其他城市道路运输规模对比

城市	2007年							2008年
	路网总密度（公里/平方公里）	一、二级公路密度（公里/平方公里）	高速公路密度（公里/平方公里）	平均货运强度（万吨/公里）	平均每公里货物周转量（万吨）	平均客运强度（万人/公里）	平均每公里客运周转量（万人）	人均道路面积（平方米/人）
上海	1.76	0.47	0.100	3.192	76.14	0.257	84.22	4.63
南京	1.51	0.25	0.061	1.547	75.60	2.233	200.18	11.60
苏州	1.29	0.49	0.051	0.907	59.76	3.657	227.50	6.13
无锡	1.51	0.45	0.050	1.268	90.22	3.073	220.50	8.55
常州	1.54	0.38	0.051	0.997	48.81	2.723	131.95	5.91
扬州	1.46	0.20	0.036	0.577	34.73	0.978	63.02	2.95
杭州	0.87	0.12	0.029	1.140	49.47	1.717	85.87	5.34
宁波	0.95	0.15	0.033	1.383	87.13	3.170	129.95	2.84
广州	1.17	0.24	0.075	3.346	321.64	4.464	361.40	9.14
深圳	0.99	0.62	0.138	4.785	362.64	5.988	425.18	9.84
珠海	0.81	0.26	0.041	1.353	95.84	4.111	440.01	18.53
佛山	1.29	0.44	0.026	3.496	151.63	3.526	115.15	3.67
东莞	1.59	1.03	0.064	1.304	75.74	9.496	321.55	12.60
中山	0.92	0.43	0.049	2.755	192.80	6.452	409.37	4.97
惠州	0.94	0.11	0.025	0.326	24.58	0.493	51.29	3.65

资料来源：东莞市土地利用总体规划专题研究（2005—2020年）。

（3）土地利用经济效益

① 地均产出效率比较高，经济增长耗地大。从地均产出效率看，

2008 年广州地均GDP为11 051.68 万元/平方公里，深圳为39 972.04 万元/平方公里，东莞为15 020.20 万元/平方公里，佛山为11 258.24 万元/平方公里，东莞在珠三角排名仅次于深圳，排第二位。与长三角地区城市相比，东莞地均产出仅低于上海的21 602.51 万元/平方公里。在2008年度的中国城市竞争力排名中，东莞在城市经济效率竞争力一项中排名第八位；2007 年中国共有12 个城市地均GDP 超过2 亿元/平方公里，33 个城市地均GDP 超过1 亿元/平方公里，东莞地均GDP 为1.275 2 亿元/平方公里，位列相对靠后。显然，东莞较高的地均产出效益得益于发达的村镇经济。但这种"遍地开花"式的经济发展模式：一方面，加速了城镇化、工业化进程，增强了东莞的经济实力；另一方面，却降低了土地节约集约利用率，导致建设用地所占土地比例过大，单位建设用地产值过低。从东莞市的发展过程来看，尽管近年来东莞市经济高速增长，但东莞市建成区地均GDP并没有随着东莞市经济的增长而增长。2000—2009年，东莞市GDP以年均18%的速度高速增长。然而，从2000年以来，东莞市地均GDP的变化情况，东莞市建成区地均GDP不但没有增加，反而还略有下降。这说明东莞土地资源并没有得到充分的利用，经济增长耗用了相当的土地资源。

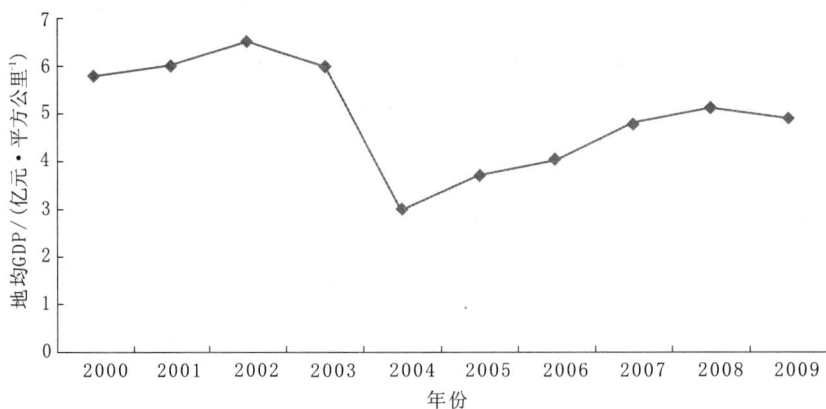

图5-10 东莞市建成区地均GDP变化

经济发达地区土地利用与民众利益
土地利用与空间规划丛书

② 地均社会固定投入逐年递增，土地集约利用水平逐年上升。据统计，2009 年东莞市全社会固定资产投资1094.08亿元，地均年固定资产投资额为44.264 3 万元/公顷。从产业投向看，投资集中在二、三产业，其中第二产业投资395.43 亿元，第三产业投资698.04 亿元。从土地投资强度分析，东莞市地均固定投资总额上升较快，建设用地地均固定投资总额由1996 年的9 亿元/万公顷增至2004 年的45 亿元/万公顷，年均增长22%，比2001—2005 年五年GDP 年均增长率20.2%高出1.8%，与改革开放30多年来GDP 年均增长22%持平，并处于每年递增趋势。由此可见，东莞市固定投资总额增长速度明显高于建设用地增长速度，建设用地固定投入水平逐年提高。

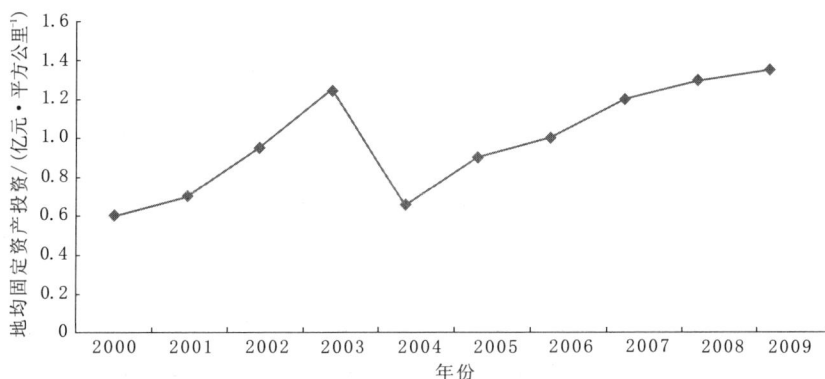

图5-11 东莞市建成区地均固定资产投资变化

③ 经济增长、产业升级与建设用地呈现很强的正相关关系。1996—2004年，东莞建设用地共增长3.03万公顷，由此带来的GDP增长910.19亿元。建设用地平均每年增加0.41万公顷，带来年均GDP增长113.77亿元。东莞市每增加1万公顷的建设用地，将带动276.65 亿元的GDP增长，显示出建设用地总量与GDP呈现强正相关关系。从产业结构与土地结构对比看，2000—2010年，东莞市第一产业所占比重显著下降，第二产业有所下降，第三产业增长明显。与此同时，农用地占土地总面积比重显著减少，建设用地所占比重显著提高。数据表

明：产业结构与土地利用结构呈现高度相关关系，其中产业结构变化与建设用地结构变化呈正方向变动，与农用地结构变化呈反方向变动关系；二、三产业增加值的增长速度明显高于建设用地增长速度，建设用地集约化利用水平逐年提升且显著。

表5-7　农用地、建设用地与三大产业结构的关系

年份	1996	2005	2006	2007	2008	2009	2010
农用地占总面积（%）	59.37	49.14	47.98	47.23	46.93	43.94	44.14
建设用地占总面积（%）	26.87	39.76	41.12	41.97	42.30	42.47	43.35
第一产业占GDP（%）	6.9	0.9	0.5	0.4	0.3	0.4	0.4
第二产业占GDP（%）	55.1	56.7	58.1	56.8	52.8	47.1	51.4
第三产业占GDP（%）	38.0	42.4	41.4	42.8	46.9	52.5	48.2

（4）土地利用生态效益

① 生态用地所占比重较大，但分布不均衡。按照生态用地的定义，2008 年东莞市生态用地总面积是120 492公顷，占全市总面积的48.75%，其中耕地占5.67%，园地17.31%，林地14.83%，牧草地0.07%，水域面积10.87%。而通过典型抽样调查得到的平均每个生产队（小组）生态用地面积占平均土地总面积为37.53%，较东莞市2008年生态用地比重偏低11.22%，其中水田和林地所占比例最大，分别为13.08%和13.18%，旱地为8.20%，牧草地和水域所占比例较少。尽管两类数据由于统计口径不同不能直接比较，但均显示出东莞市生态用地面积所占比例比较大。进一步研究发现，东莞市生态用地各镇分布不平衡，局部生态用地比例不协调，特别是在市区周围，公园绿地不足，生态湿地少，耕地和园地面积较大，2008 年两者共占生态用地

的47.14%，但主要分布在东莞西部和中部。目前，在耕地面积大量减少的同时，耕地利用方式、方向和结构已发生变化——耕地种植不再以粮食为主，而是以蔬菜为主，并且以对外承包经营为主，更多关注经济价值，造成耕地生态功能大幅减弱。

② 生态绿地指标逐年上升，高于国内相应标准。近年来东莞市绿地面积稳步上升，森林绿化率不断提高，自然保护区数量和面积都有增加。据了解，2008 年末东莞全市自然保护区数量达到5个，面积8075公顷。据《2009年东莞市国民经济和社会发展统计公报》，2009 年末，东莞全市已建成公园广场777个，面积5919公顷；全市林业用地面积92.1万亩，生态公益林37.45万亩。2009年末全市森林公园从2006年的16个增加到17个，森林覆盖率也从33.4%逐步提高到36.5%，林地绿化率从98.5%上升到99.01%。2009 年末，城市建成区绿地率为40.98%，绿化覆盖率为44.27%，人均公共绿地面积15.21平方米，三者分别高出中国城市最佳人居环境标准相应指标10.98%、9.27%和7.21平方米。

（5）土地利用社会效益

① 城市化水平不断提高，人们生活质量逐步改善。改革开放以来，东莞市耕地面积大幅削减，农业产值比重大幅下降，经济结构已实现由第一产业为主向第二、三产业为主的转变，村民早已在城市基础设施、户籍人口的生产、生活方式等方面具备了城市化的经济基础。据统计，2005年底，东莞的城市化水平为73.02%，比全国同期城市化水平高出30.03个百分点。2006年末，本市户籍农村居民95.9%的住户使用管道水，90.9%的住户炊事能源以煤气或天然气为主，91.6%的户籍居民经济收入主要来源于非农产业。此外，村民基本处于无田可耕、无农可务的"非农化"状态；村镇也基本处于工业为主、农业萎缩的"非农化"状态。土地使用权的转让使农民过上了城市人口的生活。

② 城镇密度不断提升，城市化进程向纵深发展。近年来，东莞市村委会数量不断下降，居委会数量大幅增加，城镇密度不断提升。

第五章
东莞市土地利用状况分析

1978年东莞拥有33个镇（街道），496个村委会，仅有30个居委会。到了2000年，东莞共32个镇（街道），546个村委会，129个居委会。2005年东莞下辖32个镇（街道），村委会减少到404个，居委会增加到192个。而到了2008年，东莞市32个镇区不变，但村委会进一步减少到383个，居委会增加到208个。2009年东莞市平均每88平方公里就有一座城镇，城镇密度较高，人口城镇化率也达到了86.39%。随着村委到居委，村民到市民的转变，城中村改造逐步推进，城镇人口不断增多，农村人口逐渐减少，城市化进程向纵深发展。

三、土地开发机制

土地资源在东莞市的经济社会发展中发挥了关键性的作用，改革开放以来，东莞正是凭借着其廉价的土地资源，成功地引进众多企业进驻。众所周知，村组经济是东莞市经济结构中一个非常重要的部分，所谓的村组经济，实际上就是以出租厂房和出租物业为主要业务的经济。市、镇、村、组争相利用各自的土地发展社会经济。与东莞市改革开放以来所形成的市、镇、村、组四级带动社会经济发展"自下而上"模式相适应，东莞的土地开发模式实际上是由政府主导的"自上而下"和集体组织自发形成的"自下而上"的两种土地开发模式组成的，具有明显的双轨化特点。

1. "自上而下"的土地开发模式

政府主导的"自上而下"土地开发模式实际上是与我国实行的三级土地市场的制度相适应的。对于经营性用地而言，城市政府从农村集体征用土地，将"生地"变为"熟地"之后，进入一级市场，通过市场招标、拍卖等方式出让给开发商，开发商按照相关要求开发建设后则进入二级市场，进行各类物业的经营活动。在这三级市场中，一级市场是由政府高度垄断的，其经营方式也是有严格规定的。与这种三级土地市场相适应，东莞市政府主导的"自上而下"土地开发模式主要表现为政府（市政府或镇政府）通过征地这一过程，把集体土地国有化，经过一定的空间整合和规划之后把土地使用权出让给开发商。这种开发模式以主城区为中心向外拓展，实现郊区城市化。这种土地开发行为是在较为严格的土地管制下，办理了各种规划国土部门的相关手续，符合城市的控制性详细规划的。它往往引进的是大项目，以此驱动城市的建设发展。

2."自下而上"的土地开发模式

改革开放以来，随着经济社会的迅速发展，农地农用时处于睡眠状态的集体所有权便立即苏醒过来，各村组集体组织利用法律所赋予的所有权，将土地重新集中到自己手中，控制土地非农化的级差收益。在国家垄断土地一级市场造成农民土地权益被剥夺的政策和法律背景下，面对城市化和工业化带来的土地级差收益大幅升值而无法分享的现实，各个村组的集体组织为了投身参与工业化，实现自身土地的非农化，逐步探索出了一条集体建设用地流转的方式。与政府主导的"自上而下"的土地开发模式相反，他们把土地收益留在本组织内，把集体土地先进行统一规划，然后跳过政府一级直接出租给开发商。这种开发模式有明显的自发行为和短期行为，所引进的企业都是中小企业。它需要办理的手续相对简单，主要是和集体组织签订合同协议。

这两种土地开发模式往往交织在一起，在空间上重叠，产生剧烈的土地利益碰撞和摩擦。对于政府，他们希望征收更多集体土地，通过土地财政以支撑城市的基础设施建设，通过引进大项目以实现税收。对于集体组织，其则希望尽可能保留自身的土地，把城市化带来的土地收益更多地保留在其组织内。

第五章
东莞市土地利用状况分析

四、土地利用问题分析

1. 快速城市化和工业化下土地供需矛盾突出

东莞市自改革开放以来的城乡快速发展主要依赖的是拼土地、拼资源的传统发展模式，这种发展思路和做法至今还没有从根本上转变过来。2000—2010年，建设用地累计增加809平方公里，年均新增建设用地80.9平方公里，相当于新中国成立初东莞建成区面积的6倍，也就是说，每年要新增6座建国初期的东莞建成区。2010年，东莞市建设用地总规模1066.38平方公里，所占比重为43.35%，按照东莞市委市政府确定的建设用地规模50%的极限，未来全市新增建设用地只有167平方公里，按照过去东莞市建设用地增长的速度计算，这么多土地只能满足东莞5年的发展需求。

从土地需求方面来讲，土地资源为城镇化提供了物质基础和承载空间，发挥着基础性保障作用。东莞目前正处在工业化和城市化高速发展阶段，快速推进的工业化和城市化，必然导致城市住房、交通以及其他各种基础设施建设的大量增加，新增大量的城市建设用地，大量土地包括耕地被占用，土地需求量大。

目前，东莞市提出了"四四二"的用地思路，即40%的土地9.89万公顷可供建设利用，40%土地9.89万公顷作为生态保留，20%的土地4.94万公顷为发展备用保留用地。按照这个原则并综合上文，则东莞市剩余可供开发建设的土地为0.45万公顷，仅占总面积的1.81%。若继续保持每年增加建设用地0.2万公顷的速度，则2~3年后东莞就会出现无地可用的局面。如果加上备用保留的那部分，则未来可用土地面积为5.39万公顷。仍然以年消耗0.2万公顷的速度计算，满足今后27年的用地需求。

2. 城乡土地二元结构严重制约土地统筹规划

东莞城乡土地采取"二元"管理制度，导致农村土地粗放无序利用问题突出，尤其在城镇化、工业化程度较高的区域，统筹城乡土地管理非常必要和紧迫。近年来，随着东莞城镇化进程快速发展，在城镇建设用地面积大幅度增加的同时，农村居民点用地并没有像预期那样减少。这就说明，城乡土地在管理和利用上呈分割状态。城镇建设用地属国有土地，可以进入市场流转；农村建设用地为集体所有，依法不能流转。由于城乡在土地利用与管理上的二元结构，农村空心村、闲置的宅基地大量存在，却无法进入市场，使得农村建设用地整理和集中改造难度较大，农村建设用地低效、粗放利用状况不易改变。这种二元结构也是城乡土地利用在收益上存在巨大差异的主要原因，农业土地利用效益明显低于城市，造成城镇用地扩张迅速，耕地保护困难重重。这种二元结构严重影响城乡土地利用的统筹，制约着城乡的协调发展。

由于这种土地利用和管理的二元结构和缺乏土地统一规划，东莞早期的建设开发是各镇、各村各自为政，使建设用地布局形态失控。城镇沿主要交通干线迅速发展，城镇空间高度连绵，用地布局混乱，空间扩展呈现以镇为中心的散漫扩展，形成各镇"星星点点，四处开花"的局面。这种扩展基本是在空间平衡进行的，缺乏中心地带，现在要对其进行有效的资源整合难度较大。

土地统筹涉及多重利益和资金问题，是平衡村组利益的要点和难点。目前，东莞市大部分可利用发展用地为集体土地，其所有权和使用权掌握在村集体。在现行严之又严的土地政策和村民对土地价值的期望攀升背景下，如何实现对土地的统筹，探索集体土地统筹使用的新途径，包括市、镇出资统筹，市、镇、村联合开发，镇、村联合开发等土地开发制度，是当前建立东莞村组利益平衡机制需要迫切解决的问题。

此外，现行体制下，市、镇、村为脱离土地的村民提供了较高生活保障，要统筹使用集体土地，必须在强化这种保障的前提下才可以进行。

未开发利用的土地由镇、村统筹，涉及镇、村、组以及村民多重利益，实行市场化运作，进行土地收储，又存在利益均衡问题，没有利益的驱动较难开展工作。再者，收储土地需要雄厚的资金实力，在目前征收费用日渐见涨的情况下，资金短缺是进行土地统筹所面临的较大问题。

3. 违法用地现象极大地影响了正常用地秩序

近年来，东莞市已通过应用卫星影像、动态巡查、实时监管，严密监控违法用地，但基层违法冲动仍难以遏制，新增违法用地现象仍时有发生，且这些违法用地效益较低，既挤占了合法高效用地的空间，又影响了全市用地秩序。

低效用地主要集中在农村建设用地上，相对于国有土地而言，农村土地管理长期处于偏松、偏弱的状态。农村集体建设用地的产出率只有国有建设用地产出率的1/10，农村人均占有建设用地面积是城市的3倍，农村人均住房面积是城市人口的3.3倍。在农村建设用地和宅基地存量偏大的同时，还不断有新增宅基地和经济发展用地的需求，形成了"双向扩张"的态势。农村违法用地、违法建设问题突出，已成为对耕地保护和城市管理最大、最突出的威胁。最近3年的新增违法用地中，除国家、省重点工程用地外，有69%的违法用地属于村集体和农民的违法用地。农村土地管理缺乏依据和手段，形成了政府无法管的被动局面，特别在已被城市化覆盖的区域，城中村已对城市环境、社会治安构成了较大压力。

因此，东莞亟须提高土地管理的规范化、精细化、信息化水平，实现土地利用全过程监管，建立完善节约集约用地的政策体系。

4.“三旧”改造面临确权和补偿等多重困境

在土地资源趋紧的形势下，只有加快旧村、旧厂、旧城连片改造，才能适应产业就地转型升级的需要，为高端产业的发展提供支撑。一方面，旧村改造往往涉及拆迁，所需改造成本较高，东莞市大部分村（社区）无力承担，如果政府不提供部分优惠的扶持政策，市场力量不会主动介入改造；另一方面，受城市整体规划、经营性用地指标、土地“招、拍、挂”等政策的制约，村（社区）要依法合规改造旧厂房，从而推动“退二进三”提高土地收益，面临着重重困难。具体来说，涉及的利益问题主要表现在以下几方面。

（1）土地确权的困境

在“三旧”改造过程中，集体土地权利变动混乱，农村集体土地所有权受限，集体土地所有权和国有土地所有权在“三旧”改造实践中的地位不平等，代表村集体土地行使所有权的村委会及村干部容易独断专权，侵蚀和出卖农村土地使用者的合法权益。同时，由于确权和等级制度存在缺陷，农村土地所有权主体的缺位间接导致了土地权属不清晰，给补偿安置工作带来困难。

（2）利益协调的困境

“三旧”改造涉及政府、业主与改造单位三方的利益，其中政府代表的是公共利益，其他两方代表各自的利益，“三旧”改造的实质是调节三者之间的相互关系以达到利益均衡。具体到改造项目来说，政府不再是笼统、抽象的，而是具体为市政府、镇政府、街道办（当然也包括相应的各级业务主管部门），相互之间有各自的利益；具体到城中村来说，业主包括城中村集体经济组织和村民个体，而且集体经济组织还是个体村民的群体利益代表，这一点与普通居住区分散的小业主大不相同；改造单位是指取得改造权的权利主体，一般情况下应为房地产开发商，在特殊情况下政府和业主也可以充当改造单位。

① 政府与改造单位的关系困境。政府与改造单位的关系主要涉及规划与地价两方面问题。规划方面主要考虑的是政府在确保达到城市发展要求的前提下，兼顾改造单位利益，确定适当的开发强度，分担合理的市政配套设施。地价方面主要考虑政府如何采取地价优惠或补贴方式，给开发建设单位让利，确保改造项目得以进行。因此，确定合适的开发强度与地价是平衡二者关系的焦点。

② 政府与业主的关系困境。政府与业主的关系主要涉及产权确认及保护小业主利益问题。与一般国有土地不同，城中村因土地产权不清晰而产生了大量违法建筑，给"三旧"改造带来很大障碍。因此，解决改造前后产权问题是处理政府和业主之间关系的主要内容。当然，通过完善改造政策、采取措施以防止出现楼房烂尾、业主无法回迁等问题，也是政府的职责所在。

③ 改造单位与业主的关系困境。改造单位与业主的关系涉及拆迁安置补偿，主要考虑改造单位以何种方式、标准对业主进行安置补偿的问题。该关系很大程度上是市场问题，政府不宜直接介入。

（3）拆迁补偿的困境

由于相关立法的不健全，尤其是关于集体土地上房屋拆迁与相应的补偿仍无独立完整的法律可作依据，导致"三旧"改造中的拆迁补偿机制仍不平衡。首先是补偿标准不合理。以城中村为代表的集体土地上房屋虽然与城市房屋相邻，但集体土地的拆迁补偿标准明显低于同一拆迁地段的城市房屋，显失公平，而对于城中村村民而言，集体土地上房屋被拆迁，不仅意味着失去居住的房屋，更意味着失去赖以生存的土地。其次，争议解决救济机制不完善。与城市房屋拆迁相比，城中村集体土地上房屋拆迁的争议解决机制仍很不完善，主要表现在因无法达成拆迁补偿安置而产生的争议的司法救济渠道尚不畅通。

5.尚未建立起农保区、生态区的利益补偿机制

在新型的土地管理体制下，村（社区）开发利用土地越多，集体经济组织往往收入就越多，在利益的驱动下，各种违法建筑侵占农保用地和生态用地的事件屡屡发生。承担农保任务和生态保护任务的地区，其实质是这部分土地的发展权已被统筹，但没有得到相应的补偿。这些地区由于承担保护责任，往往是全市较为落后的地区，其公共管理和服务水平也处于较低水平，为保证这些地区能与先发展地区享受同等的公共服务，就有必要进一步加大财政转移支付力度，支持这些地区的公共事业发展，推动基本公共服务均等化，作为对农保区、生态区的补偿。

第六章 试点镇、村、组土地利用现状与问题分析

　　在所选的3个镇中，虎门镇是东莞市经济实力最强的镇区，是东莞32个镇（街道）中最早以集体土地带动工业化发展的镇区之一，发展到现在，土地资源制约性越来越突出。同时，虎门镇也较早启动了土地统筹工作，因此，探讨这类经济发达镇区土地利益问题对于其他镇区具有直接参考意义。南栅社区从经济、社会等方面来讲都处于虎门镇的前列，并且已经开始了撤并村组工作，在土地统筹方面，社区已经统筹了居民小组的土地。

　　厚街镇是东莞市村组改革的试点镇，伴随着其村级管理体制改革，厚街镇系统地进行了镇级土地统筹尝试，探索出了很多宝贵的经验。在厚街镇选择了赤岭村和陈屋村，赤岭村的经济较为落后，各小组之间发展不平衡，生态用地限制了其发展，陈屋村经济较为发达，且村小组之间发展较为平衡。

　　在所选的3个镇中，石排镇在经济社会发展方面是较为落后的，

但其拥有的储备空间较大，可供开发的用地较多，在未来的发展具有一定的优势，只是还没有在全镇推行镇级土地统筹。这也为探索经济落后镇区土地开发模式提供了良好的借鉴。下沙村是石排镇率先进行村组联合统筹发展的村子，采取村组按照一定比例入股投资与分红的方式，实现共同发展，是东莞村组利益平衡探索的一个较为成功的、操作性较强的例子。

表6-1 试点镇基本情况表

		虎门镇（南栅）	厚街镇（陈屋、赤岭）	石排镇（下沙）
概况	土地面积（平方公里）	178.8	125.7	55.47
土地利用状况	常住人口（人）	638 657	438 283	160 202
	GDP（亿元）	284.03	217.05	50.77
	土地利用强度（%）	40.53	43.09	44.94
	人口密度（人/平方公里）	3571	3487	2888
	地均GDP（亿元/平方公里）	3.38	4.01	2.04
村组改革程度		初步尝试	试点镇	起步阶段
村组土地统筹情况		镇、村统筹土地（中）	镇、村统筹土地（高）	镇、村土地统筹（低）
采取的措施		《虎门镇土地统筹开发实施办法》：对土地统筹开发原则、利益分配以及鼓励措施	《厚街镇土地统筹开发改革方案》：对土地统筹开发原则、利益分配以及鼓励措施，深入细致	没有制定自身的土地统筹实施办法，参照市里的办法

一、虎门镇

虎门镇位于东莞市西南部、珠江口东岸，距市政府所在地莞城26公里，镇中心区俗称太平，地理坐标是东经113°49'33"，北纬22°49'38"。虎门东邻长安镇，西与广州南沙新城隔江相望，南靠大海，北与厚街镇接壤，东北毗连大岭山镇，西北隔东江支流连沙田镇，东南跨海与深圳市宝安区相望，周边100公里以内水陆相间的重要城市有广州、深圳、珠海、顺德、中山、惠州等。

虎门为象形地名，因珠江口突起对列的大虎、小虎二山而得名。大虎山、小虎山，宋朝时称秀山，又名虎头山。二山对列之水域，民间俗称虎头门，至清初简称虎门，是"珠江八门"（磨刀门、虎跳门、鸡啼门、崖门、虎门、蕉门、横门、洪奇门等珠江的8个出海口合称"珠江八门"）之一。

全镇辖区总面积178.8平方公里，根据第六次全国人口普查数据，虎门镇常住人口为638 657人，其中户籍人口129 805人，外来常住人口517 334人，外来人口占总人口比例为81.00%。经过30多年的发展，虎门从一个国内生产总值仅7000多万元的海边小镇，迅速发展成为生产总值超300亿元、富有现代气息的时尚之都。虎门镇下辖3个居民社区，26个行政村，共130个自然村；行政管理上实行村（居）民自治。

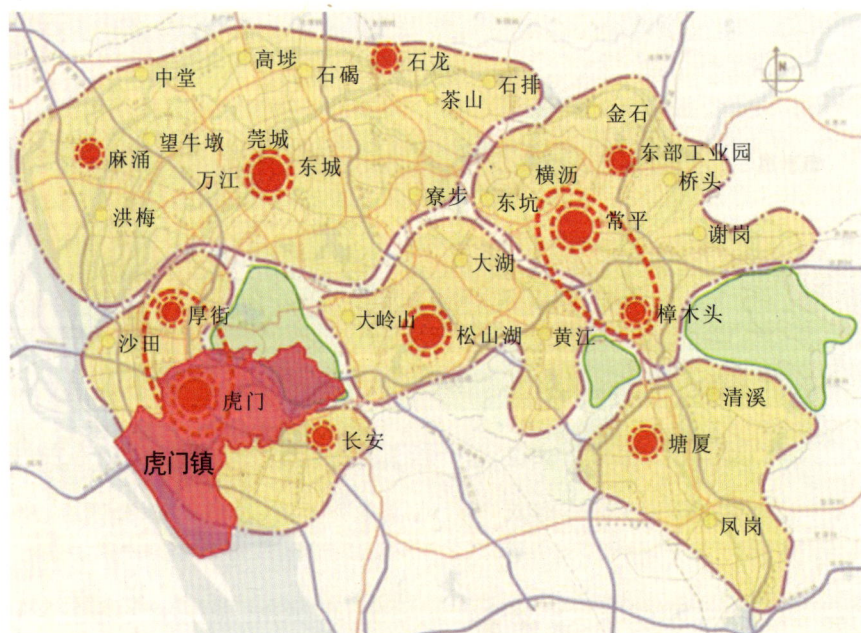

图6-1　虎门镇区位分析图

经济发达地区土地利用与民众利益
土地利用与空间规划丛书

1. 镇域土地利用状况分析

（1）土地资源特征：人多地少，人地矛盾突出

2011年，全镇土地总面积178.8平方公里（含海域面积25.27平方公里），陆地面积153.53平方公里，常住人口63.87万人，平均人口密度是3571人/平方公里。无论是户籍人口还是外来人口，在各社区之间的分布都极不均匀。人口密度小的南面社区仅为938人/平方公里，人口密度最大的东方社区高达19 484人/平方公里。这一方面是与户籍登记制度有关，部分登记户籍的人口不一定在户籍地；另一方面是各村（社区）之间工业发达程度不一样造成了暂住人口的分布不均匀。

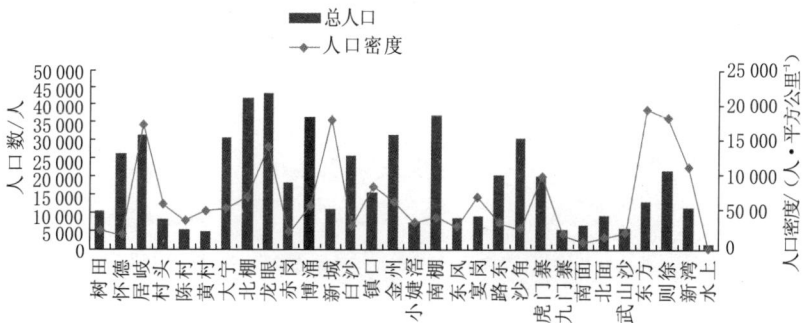

图6-2　虎门镇2008年人口分布图

从存量土地来看，虎门镇未来土地资源可用空间有限。《东莞市虎门镇土地利用总体规划（2010—2020年）》所确定的建设用地中未开发利用的土地共约725.7公顷。根据《虎门镇总体规划现状基础报告》，虎门镇的现状存量用地较集中分布为：沙角/新湾地区462公顷，威远岛447公顷，东部地区377公顷，镇中心地区345公顷，白沙地区104公顷。

表6-2　虎门镇土地存量影响因子汇总表

序号	土地存量规模确定依据	土地存量规模
1	《东莞市域生态绿线控制规划》	划定虎门镇的可建设用地规模：9227公顷
2	《东莞市虎门镇土地利用总体规划（2010—2020年）》	控制全镇建设用地规模：7901.5公顷 基本农田保护区规模：1847.2公顷 一般农地区面积：2670.5公顷
3	现状土地利用	已建设用地面积：6750.8公顷
4	其他土地	水域和自然保留地面积：725.7公顷

从地类情况来看，全镇土地利用强度趋饱和。农用地7612.4公顷，占土地总面积的45.71%；建设用地6750.8公顷，占土地总面积的40.53%；其他土地2291.2公顷，占土地总面积的13.76%（图6-3）。

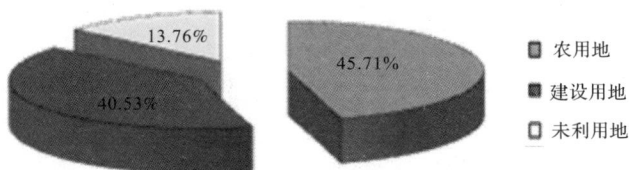

图6-3　虎门镇土地利用现状分类示意图

全镇土地利用强度（即建设用地占土地总面积的比重）达40.53%，与国内其他城市相比，已处于较高水平（图6-4）。土地利用率高达91.10%，未利用地中绝大部分为河流水面及难以利用开发土地，土地开发后备资源短缺。

经济发达地区土地利用与民众利益
土地利用与空间规划丛书

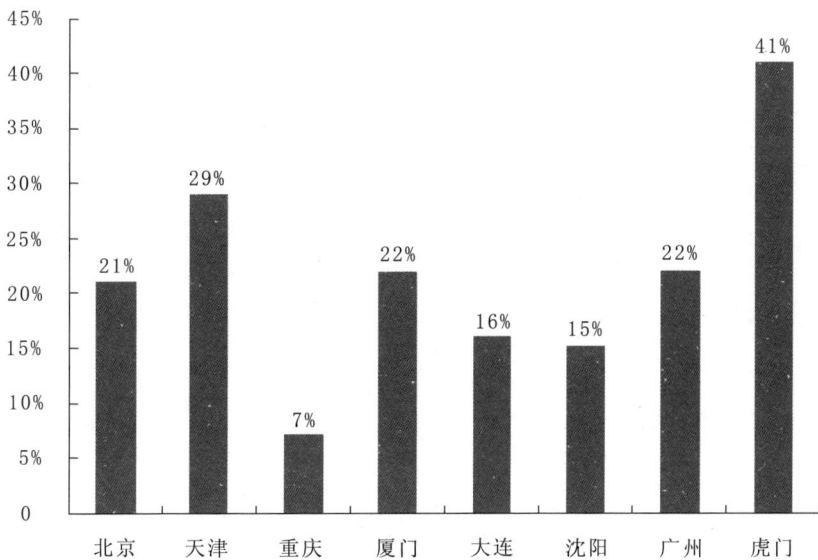

图6-4　虎门镇与各大城市土地利用强度对比示意图

从区域来看，除龙眼、树田、南面、路东、虎门镇林场、大岭山林场外，其余27个村（社区）土地利用强度均超过30%；东方、三东、金洲、虎门等8个社区的土地利用强度超过了60%（图6-5）。

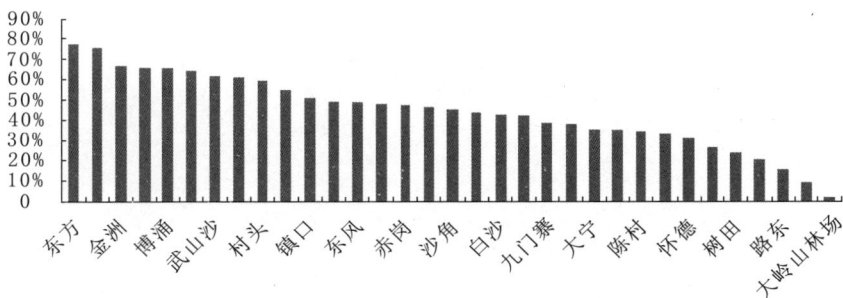

图6-5　虎门镇各村（社区）土地利用强度对比示意图

综上所述，从虎门土地资源的现状来看，表现出以下特点：人口多、可用土地少；已使用土地多、可新增空间少；土地利用强度大等特征。

（2）土地利用现状及特点

① 土地利用现状。根据2009年虎门镇第二次土地调查数据，虎门镇土地总面积16 654.4公顷。其中，农用地7612.4公顷，占土地总面积的45.71%（其中耕地736.6公顷，占土地总面积的4.42%；园地1358.9公顷，占土地总面积的8.16%；林地3349.1公顷，占土地总面积的20.11%；其他农用地2167.8公顷，占土地总面积的13.02%）。建设用地6750.8公顷，占土地总面积的40.53%（城乡建设用地6114.0公顷，占土地总面积的36.70%；交通水利用地509.6公顷，占土地总面积的3.06%；其他建设用地127.2公顷，占土地总面积的0.76%）。其他土地2291.2公顷，占土地总面积的13.76%（表6-3）。

表6-3 2009年虎门镇土地利用现状面积及其所占比重表

地类		2009年	
		面积（公顷）	比重（%）
	土地总面积	16 654.4	100.00
农用地	耕地	736.6	4.42
	园地	1358.9	8.16
	林地	3349.1	20.11
	其他农用地	2167.8	13.02
	小计	7612.4	45.71
建设用地	城镇建设用地	363.6	2.18
	农村居民点用地	5733.2	34.42
	采矿及其他独立建设用地	17.2	0.10
	交通水利用地	509.6	3.06
	其他建设用地	127.2	0.76
	建设用地合计	6750.8	40.53
其他土地	水域	1307.0	7.85
	自然保留地	984.2	5.91
	其他土地合计	2291.2	13.76

经济发达地区土地利用与民众利益
土地利用与空间规划丛书

② 土地利用特点。耕地面积减少，林地比重低。2009年虎门镇的耕地面积只有736.6公顷，比1996年的1948.4公顷减少了1211.8公顷，年均减少93.2公顷。按2009年全镇户籍人口约15万人计算，全镇的人均耕地只有0.0049公顷（0.07亩），是全省同期人均耕地水平的1/6左右。若考虑约60万的外来人口（新莞人），又与全国人均耕地水平相比较，差距就更大了。

2009年虎门镇的林地总面积为3349.1公顷，占土地总面积的20.11%，远低于广东省同期平均水平的56%；当年全镇的森林覆盖率也仅有30%左右，仍低于广东省同期的57%左右。显然，虎门镇的生态用地比例较低，水土流失面积较大，物种多样性下降，生态系统维持平衡能力相对脆弱。

③ 土地利用的区域差异大。受地貌地形及交通条件的影响，工业及商贸用地较多的社区，集中分布于省道S256、太沙路及港口区；耕地较集中分布于沿海沿河平原区及丘陵垌田区；园地集中于丘陵台地；水产养殖在滨海连片分布等。由于土地利用存在较大差异，形成村级经济的差别也较为突出。虎门寨、龙眼和南栅等社区交通比较便捷，土地利用效率较高，地均产值较大；交通联系较弱的山区土地利用强度较低，土地利用效益较小。离公路干线较远的黄村社区、陈村社区、怀德社区及威远岛的南面社区、北面社区、九门寨社区、武山沙社区，其经济现状相对落后，其余交通方便的社区经济和人民收入相对较高。

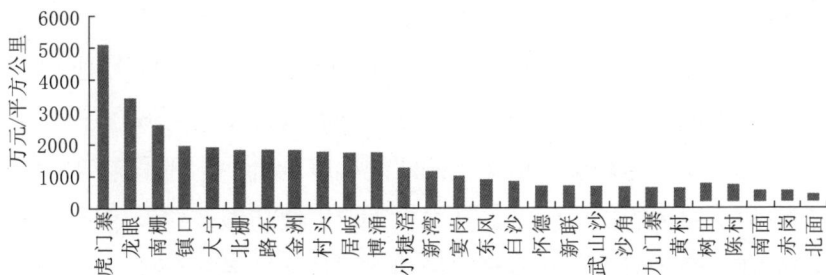

图6-6 虎门镇各村（社区）地均产值对比示意图

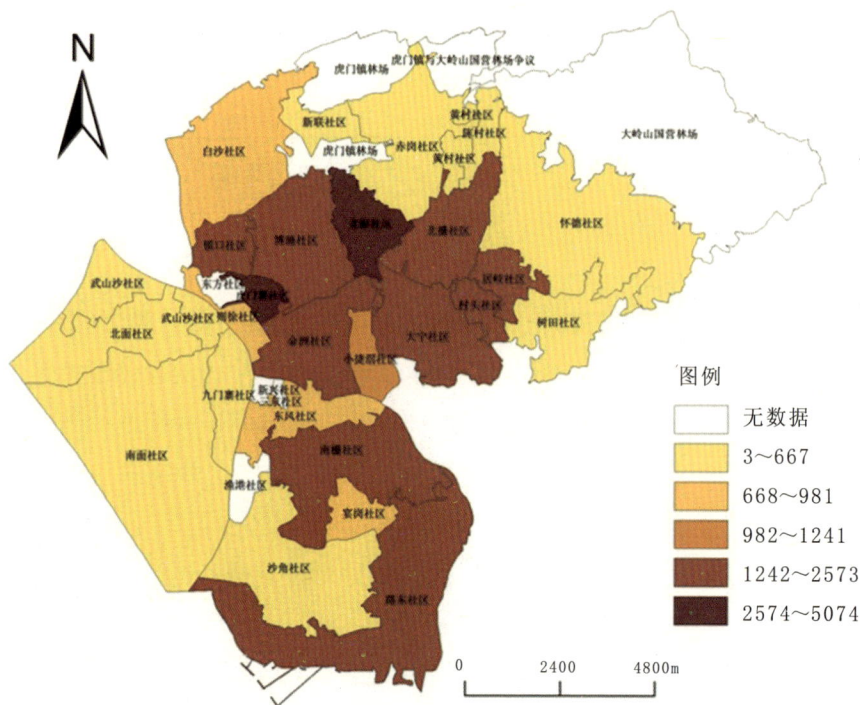

图6-7 虎门镇各村（社区）地均产值空间分布图

图例

□	无数据
□	3~667
□	668~981
□	982~1241
■	1242~2573
■	2574~5074

0　　2400　　4800m

（3）土地集约利用分析

通过对人口发展与城乡建设用地变化、经济发展与城乡建设用地变化的匹配程度，从而判断出虎门镇的土地利用趋势类型，剖析区域建设用地利用及管理中存在的问题，以从总体上把握未来城市土地拓展前景。

① 指标体系构建及计算。区域用地状况定性分析从用地弹性指数、贡献比较指数两个方面开展，分别开展人口发展与城乡建设用地变化、经济发展与建设用地变化的匹配程度分析，构建了包括指数和分指数两个层次的指标体系。其中，人口发展与城乡建设用地变化的匹配程度分析选取人口与城乡建设用地增长弹性系数、人口与城乡建设用地增长贡献度指标；经济发展与建设用地变化的匹配程度分析选

取地区生产总值与建设用地增长弹性系数、地区生产总值与建设用地增长贡献度指标进行。具体指标见表6-4。

表6-4　区域用地状况定性评价指标体系

指数（代码）	分指数（代码）	分指数指标（代码）
用地弹性指数（EI）	人口用地弹性指数（PEI）	人口与城乡建设用地增长弹性（PEI1）
	经济用地弹性指数（EEI）	地区生产总值与建设用地增长弹性（EEI1）
贡献比较指数（CI）	人口贡献度指数（PCI）	人口与城乡建设用地增长贡献度（PCI1）
	经济贡献度指数（ECI）	地区生产总值与建设用地增长贡献度（ECI1）

在确定定性评价指标基础上，收集相关数据按照指标含义进行计算，得到各指标的具体分值。根据城乡建设用地与人口、经济发展匹配程度来判定土地利用趋势类型（表6-5）。

表6-5　人口、经济发展与城乡建设用地匹配程度类型判定标准表

类别	原始数据情况	指标值分布	趋势判断	集约程度
挖潜发展型	人口、经济增长，用地减少	<0或无结果	指标值越大，集约程度越高	最集约
低效扩张型	人口、经济增长，用地增长	弹性系数：[0，1]或[0，均值）；贡献度：[0，1]	用地粗放，但指标值越大集约程度越高	较粗放
集约扩张型	人口、经济增长，用地增长	弹性系数：>1或>均值；贡献度：>1	用地集约，且指标值越大集约程度越高	较集约
发展迟滞型	人口、经济减少，用地减少	≥0或无结果	>1时粗放，<1时集约，且结果越小越集约	特殊型
粗放扩张型	人口、经济减少，用地增加	<0	用地粗放，且结果越大集约程度越高	最粗放

② 评价结果分析。从人口发展与城乡建设用地变化的匹配程度分析来看，虎门镇的土地利用趋势类型为挖潜发展型，其中人口与城乡建设用地弹性系数为−12.39，人口与城乡建设用地增长贡献度

为−7.30，主要是由于2008—2010年，虎门镇的常住人口从54.82万人增长到63.87万人，而城乡建设用地面积从63.65平方公里下降到62.80平方公里（表6-6）。

表6-6　虎门镇土地利用趋势挖潜发展型分析表

	原始数据情况	指标值分布	判定的土地利用趋势类型
虎门镇	人口增长、用地减少	PEI1<0、PCI1<0	挖潜发展型

从经济发展与建设用地变化的匹配程度分析来看，虎门镇的土地利用趋势类型仍为挖潜发展型，地区生产总值与建设用地弹性系数为−23.94，地区生产总值与建设用地增长贡献度为−9.00，主要是由于2008—2010年，虎门镇的地区生产总值从215.35亿元增长到284.03亿元，而建设用地面积从73.28平方公里下降到72.98平方公里（表6-7）。

表6-7　虎门镇土地利用趋势挖潜发展型分析表

	原始数据情况	指标值分布	判定的土地利用趋势类型
虎门镇	经济增长、用地减少	EEI1<0、ECI1<0	挖潜发展型

综上所述，近年来虎门镇在建设用地节约集约利用方面取得了显著的成效。虎门镇的建设用地节约集约利用程度在整个东莞市处于较高水平，一方面，建设用地开发利用强度较高，城乡建设用地人口密度为10 170.46人/平方公里，高于整个东莞市的平均水平（8468.99人/平方公里）；另一方面，建设用地的增长耗地指数较低，总体而言人口和经济增长耗地指数均低于全市平均水平，其中单位人口增长消耗新增城乡建设用地量为3.8平方米/人，单位地区生产总值增长消耗新增建设用地量为5.1平方米/万元，单位固定资产投资增长消耗新增建设用地量为20.3平方米/万元。

（4）土地利用问题与原因

① 以集体土地启动工业化，大大降低了工业化的门槛。对于一个初始创办的企业来讲，如果通过征地方式取得土地，企业不仅会因手续繁杂而影响开工进度，而且还要支付高昂的土地交易金和出让金。在虎门镇，1亩农地要转为非农建设用地，如果只办理农地转用手续，牵涉的费用有：耕地占用税4000元，征地管理费1500～1800元，垦覆基金1万元；农业保险基金6000元，农田水利建设费1333元。如办理出让手续，除了上述费用外，还要加上土地出让金，工业用地为1万元～2.5万元，商业用地12.5万元，住宅用地以前为8万元～10万元，现改为招标投标。由于土地级差地租上升，目前在虎门镇按照国家征地办法来测算企业用地价格，工业用地每亩15万元，高的达40万元；商业用地每亩40万元，高的达到150万元。通过租地的方式，使企业创办的费用大大降低。正是这种灵活的土地使用方式，促使大量企业在虎门落户、生根。这是造成虎门镇建设用地不断增加的一个主要原因。

② 土地利用模式粗放，利用结构不清晰。虎门镇总用地面积178.8平方公里，规划可建设用地面积82平方公里，但现状建成区已达72平方公里。由于缺乏科学规划，土地存量有限且相对分散，边角地、零星地没有得到有效利用，从而导致虎门镇土地利用粗放，土地资源浪费严重。镇、村两级开发建设影响了镇区的集聚发展，造成"摊大饼"式低水平开发建设局面。

③ 人均建设用地偏高，集约利用水平低。现状镇域人均建设用地为118.6平方米/人。

④ 优势空间资源没有得到充分利用。威远岛、大岭山林场、河道、滩涂等自然资源，以及历史、人文旅游资源没有得到充分利用，滩涂、水体破坏，污染严重，影响了城镇的环境质量。

图6-8 虎门镇用地布局图

表6-8 虎门镇现状用地汇总表和现状建设用地平衡表

现状用地汇总表（单位：公顷）			现状建设用地平衡表（单位：公顷）				
用地代码及分类	面积	比例	序号	用地代码及分类		比例	标准
建设用地	6532.14	36.54%	1	R	居住用地	26.55%	30%～40%
非建设用地	11 345.59	63.46%	2	C	公共设施用地	6.21%	15%～20%
E1　水域	4061.29	22.72%	3	M	工业用地	41.55%	0%～4%

经济发达地区土地利用与民众利益
土地利用与空间规划丛书

现状用地汇总表（单位：公顷）			序号	现状建设用地平衡表（单位：公顷）			
用地代码及分类		面积	比例		用地代码及分类		比例	标准

用地代码及分类		面积	比例	序号	用地代码及分类		比例	标准
E2	耕地	1776.41	9.94%	4	S	道路广场用地	14.27%	15%～22%
E3	园地	6.14	0.03%	5	G	绿地	2.57%	10%～15%
E4	林地	4455.56	24.92%					
E7	弃置地	120.37	0.67%					
E10	闲置地	925.83	5.18%					
合计		17 877.73	100.00%	合计	建设总用地		100.00%	

　　造成上述问题的原因，首先是由于其特有发展模式、城乡"二元"土地制度以及规划管理落后等因素造成的。在发展模式方面，如前所述，改革开放以来东莞市实行了市、镇、村、组四轮驱动的发展模式，最大限度调动了基层能动性的同时，也缺乏相关各方的统筹、协调。在巨大的经济利益的驱动下，镇、村、组三级组织都争先恐后利用属地内的土地资源建厂房、铺面、住宅等用于出租，使得短时间内，虎门镇的各类建设用地规模迅速增长。2010年，虎门镇建设用地面积为7298.3公顷，比1996年的4663.6公顷建设用地增加了2634.7公顷，年均增加188.2公顷。由于政府在建设用地配置中扮演了主角，地方政府为了招商引资，将大量土地以相当于甚至低于土地开发成本的协议价向企业供地，导致工业用地比重过高，二、三产业用地结构不合理和城市功能滞后。

　　其次，具体到土地利用方面，更直接的还是城乡"二元"土地开发制度所造成的。按照国家规定，农村集体所有的土地使用权不得出让、转让或者出租于非农业建设，在集体土地上建设的居住、商业和工业等物业都不能在市场上自由交易，只能通过出租来获得回报，这实际上成为虎门镇物业出租经济大规模发展的一个根本原因。再加上城乡产权分离，农村土地的所有权属于集体，而使用、经营权又分散到了每家每户，这就必然会出现村民眼前利益与集体长远利益的冲突，在这种利益博弈的关系下，村组以及村民都"各自为战"，争相利用资源发展。在规划管理方面，长期以来，基于集体土地产权的村庄规划管理就非常滞后，由于村庄规划实施资金缺乏保障、规划实施法律支持不足以及规划管理体系等方面的问题，农村建设项目无法通过市场化的运作方式来筹集建设资金，进行统一规划建设。农村的基础设施建设也只能通过"让政府给一点、向村民收一点、华侨捐一点"等方式来获得建设资金，但这种融资模式显然难以给规划实施提供有力的支持，使得在规划管理方面长期落后于经济社会发展要求，再加上村民的落后意识，出现上述现象就成为一种必然。

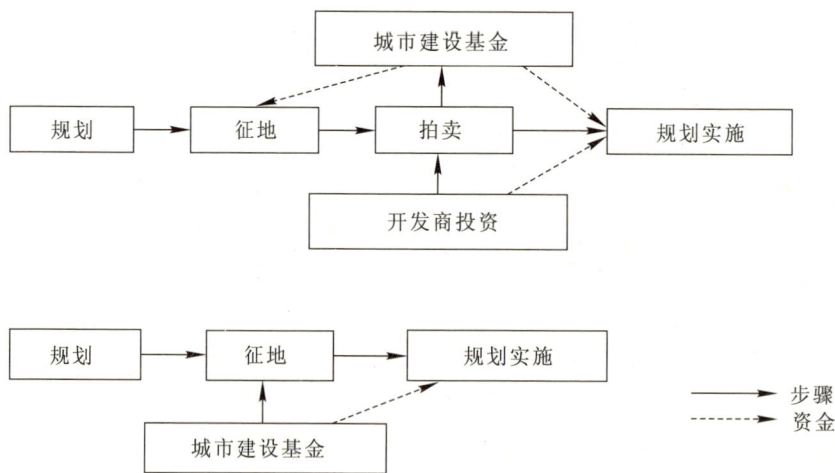

图6-9 城市规划实施流程

（5）相关政策评价

① 土地统筹政策。2010年3月10日，虎门镇为做好村镇规划试点工作，推进城乡一体化建设，通过加大土地统筹开发力度，有效盘活

经济发达地区土地利用与民众利益
土地利用与空间规划丛书

土地资源，虎门镇政府颁布了《虎门镇土地统筹开发实施办法》。

该办法对虎门镇土地统筹方式、利益分配方法以及土地统筹开发中的违法和违规行为等都进行了较为详细的规定。

第一，统筹对象、途径——连片统筹或项目统筹。

以建设公共基础设施项目占用土地。涉及公共基础设施项目（包括交通、能源、管线工程、环保、水利、军事、医疗、教育设施等）征地的，补偿标准按照《虎门镇公共基础设施征地拆迁标准规定》执行。

以集体土地为统筹对象。依照《虎门镇土地利用总体规划（2006—2020年）》，扣除公共基础设施项目用地后，在建设用地区未开发利用的集体土地总量的20%留给社区开发，其余80%由镇政府统筹开发。其中，为了确保城市升级，市政主干道路两侧300米范围内的土地，由镇统筹规划建设，新建项目不符合规划的一律不得上马。

需要注意的是，为了进一步增强实施办法的可操作性，明晰相关事宜，又制定了《〈虎门镇土地统筹开发实施办法〉实施细则》，于2012年6月1日颁布。规定中特别提出土地统筹以土地收益共享的方式来实现社区留用地的开发收益，不再安排留用地，以此来保障规划的顺利实施和土地的节约集约、高效利用。镇原在征地或土地统筹中预留给社区的留用地，其土地收益镇不参与分成，归社区所有。因规划或项目需要将留用地连片开发的，社区在享有该部分土地收益的前提下应服从整体安排。

在具体实施方面，对于需要入市交易的土地，用地手续完善的，按照土地评估价格予以补偿；权属为集体经济组织的，由属地社区协助镇政府完善征地报批手续；未完善用地手续的，按协商价格予以补偿；社区与用地单位原已签订用地意向书的，补偿标准由镇政府、社区以及用地单位三方协商确定；地上有建筑物的，按评估价格协商确定；权属为集体性质且有用地意向的，由意向用地单位或个人协助镇政府及社区完成征地报批手续。

统筹地块由属地社区负责提交给镇进行统筹开发。

第二，利益分配——统筹开发，利益共享。

涉及公共基础设施项目征地的，社区不享受土地开发利益分配。在后来出台的《〈虎门镇土地统筹开发实施办法〉实施细则》对此也进行了相应的修改。收益性的公共设施或公益设施用地，镇与社区的收益分成另行商定。

国有土地。原土地权属为国有土地，收回后入市交易，土地收益扣除相应成本后10%返还给社区。

集体土地。原土地权属为集体土地，采用"统筹开发，利益共享"的模式。镇财政投资的市政主干道两侧300米范围内的集体土地，报省完善征收手续入市公开出让时，所得土地收益扣除相应成本（包括征地成本以及相关税费等）后，由镇财政将其中的30%返还给农村集体经济组织，专项用于支持农村集体经济组织发展等。其他范围的按照50%返还。在返还给社区的金额中，涉及社区和小组收益分成的，按5：5分成。工业用地的土地收益镇不参与分成，归社区所有。

根据具体要求，若社区要求将统筹土地收益分成置换成物业，在政策和条件允许的情况下，以该地段相应物业的市场价格计算置换的物业面积，具体另行商定。

对于《虎门镇土地统筹开发实施办法》出台之前镇原已征用或已统筹的土地，由镇开发使用，社区不享有土地开发收益分成。

第三，其他规定。

禁止任何单位或个人在镇土地统筹红线范围内进行抢建、抢种、抢挖、强推填土等行为。弄虚作假、采取隐瞒手段，骗取职能部门审核同意的，一律严肃处理；构成犯罪的，移送司法机关依法追究刑事责任。

② "三旧"改造补偿安置政策。2010年12月，虎门镇政府出台了《虎门镇"三旧"改造拆迁补偿安置办法》，该办法对"三旧"改造实施、补偿安置方式、补偿安置标准等方面都做了较为详细的规定。该办法的核心原则是住宅用房"拆一补一"，安置房选址"就近就地"，并且明确了具体的补偿办法，改造地块内被拆迁建筑物根据用途分为住宅用房，商业用房和工业、仓储、公益事业用房三类。其中，住宅用房被拆迁人可选择货币补偿、房屋产权置换、货币补偿和产权置换相结合之一种，鼓励和支持"拆一补一"；商业用房和工业、仓储、公益事业等用房，只对被拆迁人实行货币补偿，还对安置房的选址和建设做了规定，安置住房选址遵循"就近就地"的原则，根据其具体位置及容积率、户型、朝向等，按有关规定并征询项目所属社区居委会意见后，在相关控制性详细规划和改造地块的单元规划、改造方案中做出安排，并按程序和规定报批建设；以商品住宅、房改房、集资房、单位宿舍、直管住宅等作置换的安置房，其楼层位置应与被拆迁房屋近似。

第一，拆迁安置实施方面。

明确了拆迁人。根据"三旧"改造项目的实施主体，确定拆迁人：政府主导或由政府负责拆迁的项目，拆迁人为镇人民政府"三旧"办和房屋拆迁工作机构；社会资金参与改造并通过招标、竞投等方式由企业取得拆迁资格的项目，拆迁人为中标企业；集体经济组织自行改造的项目，拆迁人为集体经济组织；集体经济组织与他人合作开发建设的项目，拆迁人依双方约定可确定为其中一方或双方；原土地使用权人自行改造的项目，拆迁人为原土地使用权人。

明确了拆迁补偿安置方案的编制主体。拆迁补偿安置方案应广泛听取和尊重拆迁当事人的意见。政府主导或由政府负责拆迁的项目，拆迁补偿安置方案由镇人民政府"三旧"办和房屋拆迁工作机构编制；社会资金参与改造并通过招标、竞投等方式由企业取得拆迁资格的项目，拆迁补偿安置方案在招标、竞投前由社区居委会编制；集体经济组织自行改造或与他人合作开发的项目，拆迁补偿安置方案由社区居委会编制；原土地使用权人自行改造的项目，拆迁补偿安置方案由原土地使用权人自行编制。

第二，补偿安置标准的确定。该办法在补偿安置标准方面，针对住宅、商业、工业、公益等建筑类型分别设定了详细的标准，分别按照用地补偿和构筑物补偿进行。如在用地补偿方面，已批建设用地的补偿标准为：未建的商业用地每平方米3600元，私人宅基地每平方米2400元，工业（含仓储）每平方米540元；未批已建且符合"三旧"改造政策规定的确权条件的私人宅基地和工业用地，按上述标准的90%补偿。在构筑物补偿方面，商业用房的建筑主体补偿标准为：首层商业铺面每平方米4500元（商业用房的用地不另作补偿），其他附属框架结构的每平方米1500元、砖混结构的每平方米750元、砖瓦结构的每平方米600元、高级钢架结构的每平方米500元，配套及简易建筑每平方米300元。住宅及其综合性房屋的建筑主体补偿标准为：框架结构每平方米1500元，砖混结构每平方米750元，砖瓦结构每平方米600元，配套及简易建筑每平方米300元。工业（含仓储）用房建筑主体补偿标准为：框架结构每平方米1000元，砖混结构每平方米720元，高级钢架结构每平方米480元，附属及简易建筑每平方米250元。

小结：虎门镇在土地统筹以及"三旧"改造补偿安置政策等方面都进行了卓有成效的工作。在土地统筹方面，实现了镇和社区按比例分别开发、利益分配惠及社区和小组，同时对土地统筹违规行为予以严惩的关键点。应该看到的是，虎门镇的这种"统筹开发，利益共享"的土地统筹模式，在开发过程中仅有部分土地转为国有，而相当一部分仍保持为集体所有，再加上部分返还留用地，这样一来容易造成这部分土地缺乏规划管理，仍然沿用低水平粗放经营等老问题。此外，对于《虎门镇土地统筹开发实施办法》出台之前镇原已征用或已统筹的土地，由镇开发使用，社区不享有土地开发收益分成，在实际操作过程中因为当初征地补偿标准问题会遇到比较大的困难。

2. 试点村土地利用状况分析

虎门镇南栅社区位于虎门镇南端，属于虎门镇中心片区的一部分，距离虎门镇中心仅5公里，辖区面积8.18平方公里，下辖元头、八行坊、三蒋、南冲口、西头、冲元、新村、平岗8个居民小组，有户籍人口5300人，外来人口约5万人。暂住人口占常住人口比例约为90.4%，远高于虎门镇的比例81.00%。

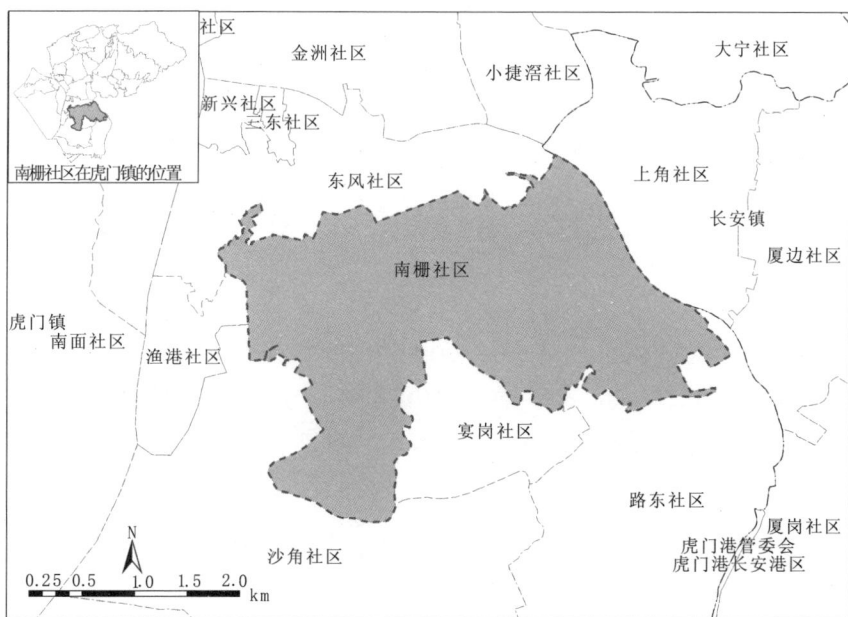

图6-10　虎门镇南栅社区区位分析图

南栅社区是虎门镇利用改革开放政策，发展外向型工业经济的先

第六章
试点镇、村、组土地利用现状与问题分析

行社区之一，从20世纪80年代开始，历经30年的发展，至今已开发形成了6个工厂区，现有外资企业75家，个体民营企业361家。2011年，南栅社区的总资产有136 370万元，比上一年增长1.28%，净资产83 807万元，比上一年增长3.86%，在虎门29个社区当中总资产排第一，净资产排第二。资产负债率38.5%，比上一年减少1.52%。物业出租闲置率2.47%，比上一年减少了0.94%。此外，南栅股份经济联合社是南栅社区集体经济的主体，由理事会承担行使经营管理的权责，并建立了较为完善的集体资产管理监督体系。

从类型角度来看，南栅社区属于城中村类型，具备了城中村的一般特征，即位于城市建成区内，村民主要从事非农业生产，大部分村民以房屋租金和股份分红为主要收入，人均收入高。村内土地价值高，建筑开发密度高、强度大，村集体普遍成立了集体股份公司，经济实力普遍强大。

（1）土地资源特征

① 从总量来看，人多地少，人地矛盾突出。2011年，南栅社区土地总面积8.18平方公里，将外来人口算在内，总人口约55 300多人，平均人口密度是6760人/平方公里。无论是户籍人口还是外来人口，在各社区之间的分布都极不均匀。人口密度小的南面社区仅为938人/平方公里，人口密度最大的东方社区高达19 484人/平方公里。这一方面是与户籍登记制度有关，部分登记户籍的人口不一定在户籍地；另一方面是各村（社区）之间工业发达程度不一样造成了暂住人口的分布不均匀。

② 从地类来看，土地利用强度大，利用率高，全社区土地利用强度趋饱和。农用地 261公顷，占33.33%；建设用地503公顷，占64.24%；未利用地19公顷，占2.43%（图6-11）。土地利用率高达97.57%，未利用地中绝大部分为河流水面及难以利用开发土地，总面积为15公顷，土地开发后备资源短缺。

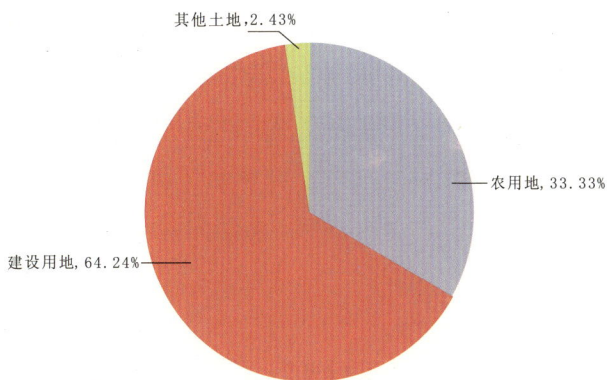

图6-11　南栅社区土地利用现状分类示意图

从空间布局来看，耕地、林地等农用地主要集中在社区西南和东南部地区，集中分布在南冲口、三蒋等小组。城镇用地主要集中分布在社区中心西头小组。其余建设用地则散布在剩余的几个小组内。

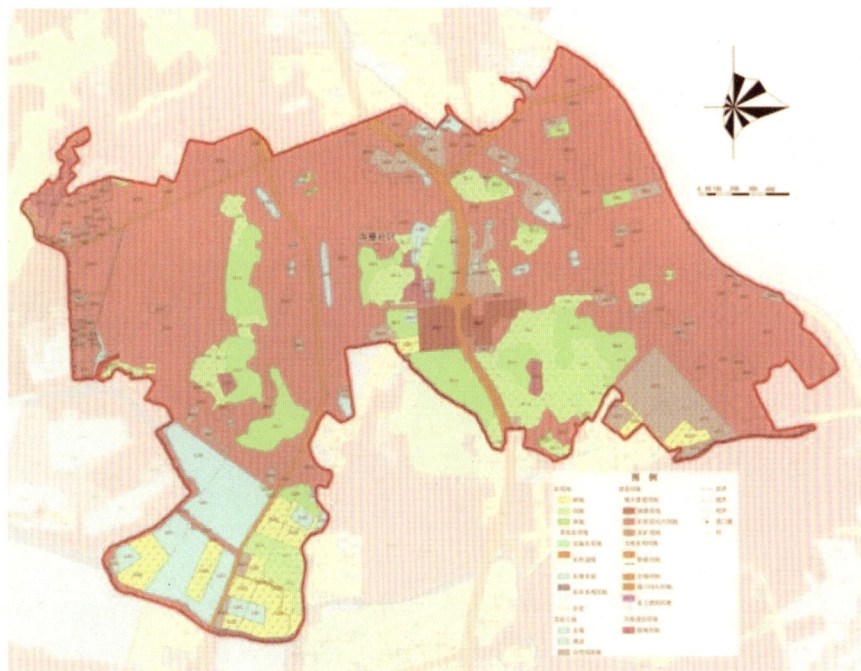

图6-12　南栅社区土地利用现状图

第六章
试点镇、村、组土地利用现状与问题分析

③ 从权属性质来看，城乡土地的结构比例为1:15。集体土地729公顷，占总量的93.58%，其中集体农用地261公顷，占集体土地总量的36%；集体建设用地453平方公里，占集体土地总量的62%，占建设用地总量的90%（图6-13）。

国有土地50公顷，占总量的6.39%。全部为建设用地。

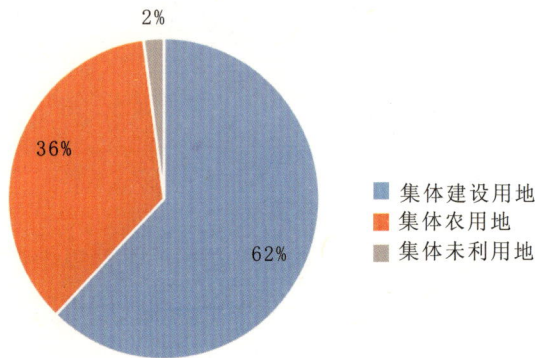

图6-13　南栅社区集体土地利用结构示意图

（2）土地利用现状

根据2010年虎门镇土地变更调查数据，南栅社区土地总面积783公顷。其中，农用地261公顷，占土地总面积的33.33%（其中耕地48公顷，占土地总面积的6.13%；园地47公顷，占土地总面积的6.00%；林地64公顷，占土地总面积的8.17%；其他农用地74公顷，占土地总面积的9.45%）；建设用地503公顷，占土地总面积的64.24%（城乡建设用地464公顷，占土地总面积的59.25%；交通水利用地31公顷，占土地总面积的3.96%；其他建设用地8公顷，占土地总面积的1.02%）；其他土地19公顷，占土地总面积的2.43%（见表6-9）。

表6-9　南栅社区土地利用现状表（2010年）

地类		面积（公顷）	比重（%）
	土地总面积	783	100.00
	耕地	48	6.13
	园地	47	6.00
农用地	草地	28	3.58
	林地	64	8.17
	其他农用地	74	9.45
	小计	261	33.33
	城镇建设用地	11	1.40
	农村居民点用地	453	57.85
建设用地	交通水利用地	31	3.96
	其他建设用地	8	1.02
	建设用地合计	503	64.24
	水域	4	0.51
其他土地	自然保留地	15	1.92
	其他土地合计	19	2.43

南栅社区土地利用的特点及问题：

第一，建设用地所占比重大，土地开发强度极大。2010年，南栅社区建设用地面积为503公顷，所占比重达到了64.24%，这也就是说，在南栅社区辖区范围内，有接近7成的土地都已经转变为建设用地，土地开发极高，具备了城中村的一般特征。改革开放以来，南栅社区凭借其有利的区位条件，引进了第一个来料加工企业。30多年来，经济建设走在市、镇前列，已经形成了以厂房出租为特征的租赁经济，建设用地的大规模成为保证租赁经济延续发展的一个基础要素，这直接形成了南栅社区现有建设用地比重大，土地开发强度极大的土地利用特征。

第二，农村居民点所占比重大，城乡用地结构不合理。南栅社区农村居民点用地453公顷，占现状建设用地的90.05%，而城镇用地11公顷，仅占现状建设用地的2.18%。农村居民点用地与城镇用地比例倒置，这又与南栅社区作为虎门镇中心片区的地位是不相符的，城乡用地结构的不合理，无法充分发挥南栅中心片区的带动作用，不利于南栅未来的进一步发展。

第三，土地集约利用水平低。目前南栅工业化、城市化处于快速发展阶段，经济社会发展和生态环境保护对土地的需求都较大，耕地保护压力大。而现状用地的集约程度较低，2010年南栅社区人均城乡用地185.1平方米/人，工业企业遍地开花，用地无序扩张，土地的使用效率不高，土地资源粗放式经营状况较为普遍，大量的已征用地没有得到高效的开发建设，土地资源浪费严重。而后备土地资源有限，随着南栅社区城市化的加速，土地供需矛盾日显加剧。

第四，违法用地现象突出。原居民与土地依存关系较强，违建、抢建现象严重。长期以来，虽然虎门镇政府以及南栅社区从各个方面对社区内的私房问题做出了限制和规定，但市场利益的驱动和管理的不力，再加上规划管理体制上的城乡二元结构，违法建设的现象更为普遍和严重。

形成上述状态的原因：

第一，以出租土地和厂房为主导的土地开发模式。众所周知，长期以来，东莞市村组主要是以出租土地和厂房的租赁经济为主，南栅社区也不例外。这种发展模式在一定程度上催生南栅社区形成了以出租土地和厂房为主导的土地开发模式（图6-14）。在改革开放初期，土地开发模式的主体村委会和村民小组都各自为政，在巨大经济利益的驱动下，大规模兴建厂房，开发土地资源，争相利用自己土地建厂房发展物业经济。在发展到后期，随着土地资源的日益紧张，为了集中土地，引进大型企业落户，村委会将小组土地统筹起来，形成了现在我们所看到的土地开发模式，该模式的开发主体主要涉及南栅社区和居民小组或居民等。由社区集体自发提出开发意向、整合与开发要求和操作方法，分别成立经济联合社和经济合作社，作为开发土地的实施组织，将零散的地块集中起来，进行统一开发建设，并出租土地或物业。在这种开发模式下，再加上巨大经济利益的驱动，导致上述的开发强度大也就不足为奇。

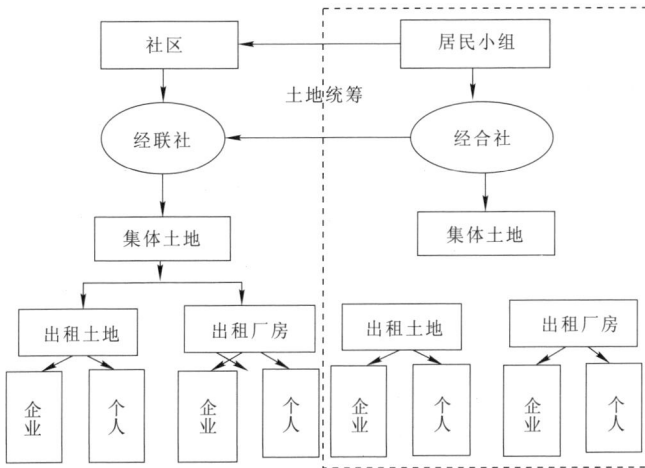

图6-14　南栅社区土地开发模式

第二，土地依赖和利益驱使。在快速城市化的城乡结合地区，由于特殊的地理区位和工业化发展模式，村镇土地的农用收益与非农收益相差悬殊。在比较利益的驱使下，大量农用地自发进入市场。随着当地经济的迅猛发展，农民往往依靠收取房租、地租而成为食利阶层。再加上改革开放以来，大量的"三来一补""三资"企业的进驻和私营企业的发展，对于简单的工业厂房、沿街店铺需求激增。同时，经济的发展促进了城乡人口和物资的快速流动，快速城市化地区聚集了大量的外来务工者和经商人员。这些外来务工者的经济承受能力一般较低，而且他们的生活居住具有暂时性的特点，因此，经济的发展在客观上需要大量简单而廉价的生产经营和生活居住场所。这样一来，从供需两方面都促进了建筑密度以及违法用地现象的增加。

在村集体（社区）方面，经联社或管理区再将集体土地划分成三个区：农业保护区、工业开发区以及行政住宅区，作统一规划使用，然后以土地或在土地上建好的厂房、商铺对外出租。就这样，集体经

第六章
试点镇、村、组土地利用现状与问题分析

济组织便将包产到户时分配给农户在土地上的经营权集中到了自己手中，从事起土地的非农经营。招商引资和经营土地成为股份公司的主要工作和收入来源。在股份公司还没有经济实力之前，他们一般是先出租土地，待通过这种方式积累了一定的经济能力之后，他们便开始通过盖厂房来出租，以使土地的附加值提高。

第三，规划管理体制落后。长期以来，我国所实行的是一种"条块分割"的行政管理体制，规划国土部门的管理在多数城市中采取基层政府水平管理和行政主管部门垂直管理相结合的模式。一般在乡镇政府设立管理所作为市局（或区局）的派出结构，受到基层政府和上级行政主管部门的双重领导。这样一来，为了发展地方经济，非常强调土地的开发建设，部分地方官员和规划国土行政主管部门在某种程度上不得不受制于地方的经济发展。

此外，缺乏规划的指引和控制是违法建设产生的又一个重要原因。由于城乡二元结构的管理体制，许多农村地区不属于城市的规划控制区范围，本身又没有编制相关的规划予以指导，即使有了规划，由于地方经济的迅速发展，规划往往赶不上发展，这也会导致规划实施的效果不理想。

（3）土地利益问题

① 村组土地统筹利益。南栅社区辖区8.18平方公里，下辖8个小组。从土地权属来看土地都是村民小组的，社区并没有土地的所有权。为了促进土地资源高效利用，招商引资由社区统筹规划，社区征收小组土地，进行"三通一平"之后，按照出资比例分回一部分给小组建厂房。在征地过程中，有经济补偿，有土地返还。但是在8个小组中有的组经济规模较大，有的较小，从土地资源来看，后来发展的小组相对来说土地较多，这样一来在土地统筹的过程中就会出现利益问题。

② "三旧"改造的利益冲突。在"三旧"改造方面，社区设计"三旧"改造的地块范围中，有2个地块已经批准，其中涉及工业一

区、二区的旧厂房改造方面，私人、小组、社区各占1/3，大约是私人大于小组，小组大于社区，旧厂房涉及私人利益及补偿问题，在具体推进过程中也存在比较大的困难。

在出租物业管理方面，由外经办签合约，小组没有行政权限。在20世纪80年代时，物业必须来社区签合约，涉及私人、小组利益，但没有制定出文件。目前，小组公章都已经收回社区，私人、小组大部分物业都交给社区签合约，招商引资收取租金，社区收两成，承受工厂老板逃逸、工人工资发放的风险。也就是说，出租签合约必须由社区管理，社区代收租金和扣除一部分管理费，其余返还小组。目前尚未正式实行新的办法，所以存在不完善的地方。

综上，南栅社区村组之间利益平衡问题体现在：经济发展不平衡问题、"三旧"改造中涉及私人利益及补偿问题、社区与组在出租物业管理方面存在的管理主权问题等。

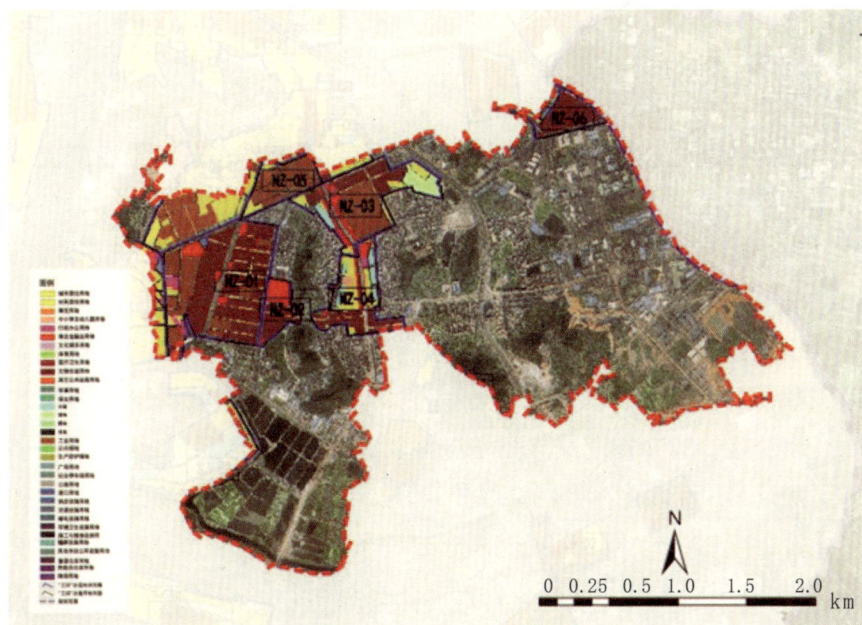

图6-15　南栅社区改造地块用地现状图

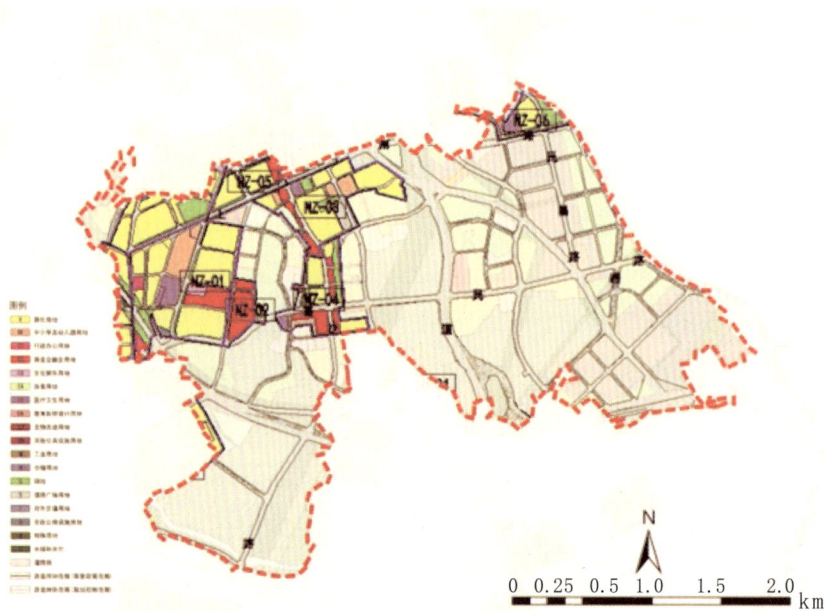

图6-16　南栅社区改造地块用地规划图

二、厚街镇

厚街镇地处珠江三角洲内圈层，东莞市西南部，东江下游南支流东岸，穗港经济走廊中段，位于北纬22°51′29″至22°58′48″、东经113°36′58″至113°46′52″之间，北连东莞市南城和道滘镇，南邻虎门镇，东接大岭山镇，西靠沙田镇，全镇总面积125.7平方公里。

厚街镇是东莞市经济比较发达的城镇之一，从卫星图上看，莞城、厚街、虎门、长安已经连成一片，形成了一个城镇密集区。广深高速公路、S256省道及珠三角城际轨道交通、东莞城市轨道交通和环莞快速等6大交通骨干网络纵贯全境，至深圳宝安机场仅需30分钟车程，距广州白云国际机场仅需50分钟车程，水、陆、空交通十分便利，1小时车程可抵达珠江三角洲各主要城市，随着轻轨R2线、穗莞深城际轨道、番莞快速、环莞快速、东莞大道延长线等重大交通设施的建设，厚街的区域地位更加突出。

经济发达地区土地利用与民众利益
土地利用与空间规划丛书

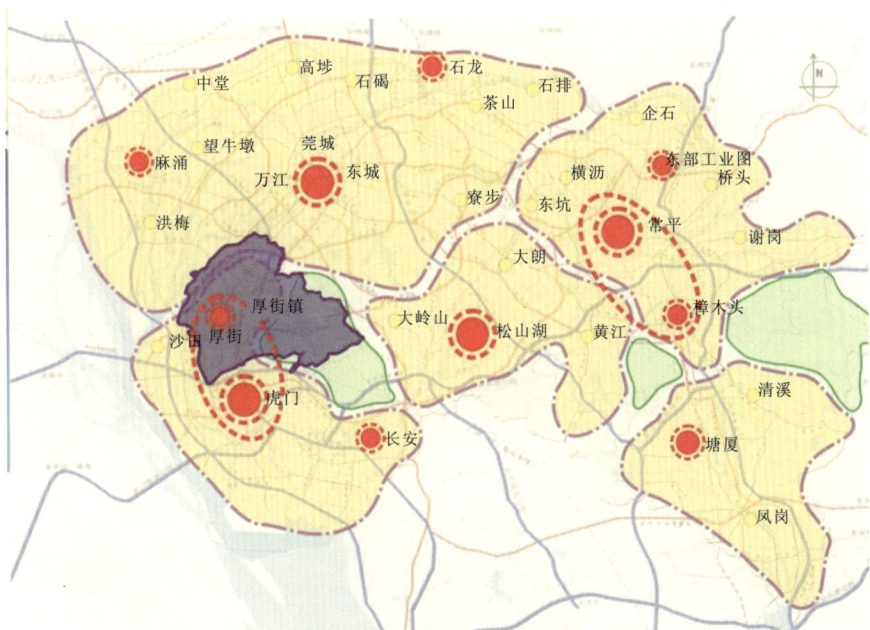

图6-17 厚街镇区位分析图

　　2011年，厚街镇总户数达29 505户，户籍人口为98 121人，外来常住人口近40万，外来人口比例占全镇总人口的80%左右，高于东莞市的平均水平（76.51%，2007年数据）。全镇人口密度为3487人/平方公里，高于东莞市平均水平。经过改革开放30多年的发展，尤其是经过20世纪80年代以来大力发展外来轻加工业，厚街镇打下了坚实的工业基础，成为东莞市重要的工业大镇，旅游业、会展业等现代服务业也随之迅猛发展，经济总量名列东莞市前茅。2011年，全镇生产总值突破200亿元，增长13.6%，其中第一产业增加总值为0.97亿元，第二产业增加值达114.95亿元，第三产业增加值达101.12亿元，三次产业比例为0.45∶52.96∶46.59；工业总产值达531亿元，增长29.8%；财政收入11.2亿元，增长19.3%；全社会固定资产投资39.1亿元，增长7.39%；进出口总额达109.17亿美元，各项税收总额29.87亿元，镇级可支配财政收入为11.16亿元。至2011年底，全镇社区集体总资产84.8

第六章
试点镇、村、组土地利用现状与问题分析

亿元，经营总收入11.48亿元，16个社区两级可支配常规性收入总额超过3000万元，15个社区两级净资产超过2亿元。

近年来，厚街取得了长足的发展，道路骨架基本构建、基础设施逐渐完善、产业功能日趋集聚、城市品牌不断提升，全镇逐步形成了以会展、家具、酒店、机电、鞋业制造为主导的产业体系，并先后荣获了"中国会展名镇""中国钻石餐饮名镇""东方家具之都"等荣誉称号，并于2009年被批准为广东省中心镇。

1. 镇域土地利用状况分析

（1）土地利用资源分析

厚街镇具有得天独厚的环境资源优势，山体、林地、田园、丘岗、水库、鱼塘、河岸等自然资源十分丰富。

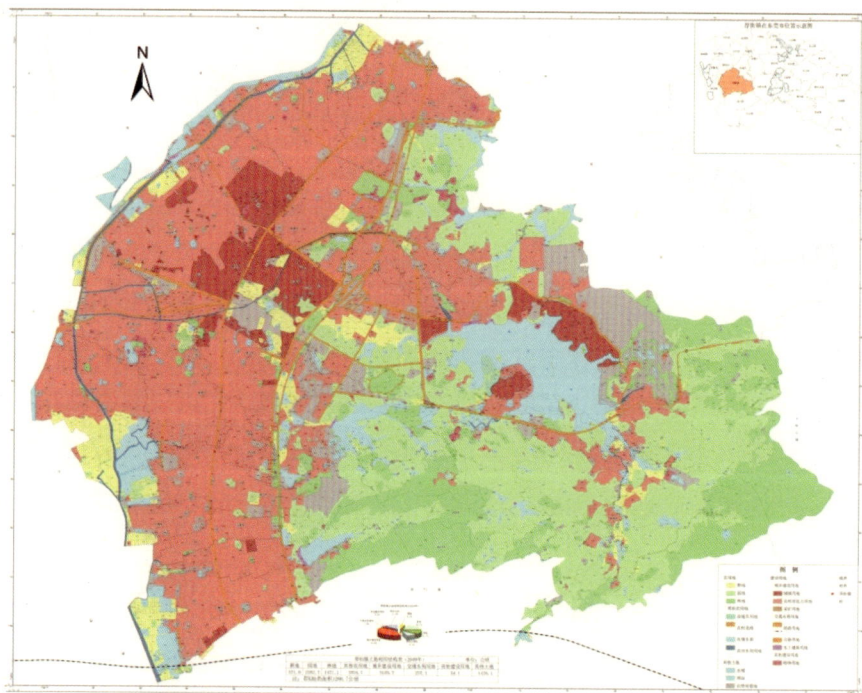

图6-18 厚街镇土地利用情况分析图

经济发达地区土地利用与民众利益
土地利用与空间规划丛书

根据2009年厚街镇第二次土地调查数据，全镇土地总面积为12 572.1公顷（表6-10），其中农用地5679.1公顷，建设用地5416.9公顷，其他土地1476.1公顷，农用地、建设用地、其他土地的比例为45.17∶43.09∶11.74。在农用地中，耕地、园地、林地以及其他农用地占土地总面积的比例为4.54∶20.54∶11.70∶8.39；在建设用地中，城乡建设用地、交通水利用地、其他建设用地占土地总面积的比例为40.61∶2.05∶0.43，其中，城乡建设用地中的城镇用地、农村居民点用地、采矿及其他独立建设用地三者的比例为5.30∶35.31∶0.01，交通水利用地中的铁路用地、公路用地、港口码头用地、水工建筑用地的比例为0.01∶1.95∶0.00∶0.08；在其他土地中，水域、自然保留地的比例为3.75∶7.99。

表6-10　2009年厚街镇土地利用现状面积及其所占比重表

	土地用途分类	面积（公顷）	占土地总面积的比重（%）
	土地总面积	12 572.1	100.00
农用地	耕地	571.0	4.54
	园地	2 582.3	20.54
	林地	1 471.1	11.70
	其他农用地	1 054.7	8.39
	农用地合计	5 679.1	45.17
建设用地	城镇用地	666.1	5.30
	农村居民点用地	4 438.8	35.31
	采矿及其他独立建设用地	0.8	0.01
	城乡建设用地小计	5 105.7	40.61
	铁路用地	1.7	0.01
	公路用地	244.9	1.95
	港口码头用地	0.0	0.00
	水工建筑用地	10.5	0.08
	交通水利用地小计	257.1	2.05
	其他建设用地	54.1	0.43
	建设用地合计	5 416.9	43.09
其他土地	水域	471.7	3.75
	自然保留地	1 004.4	7.99
	其他土地合计	1 476.1	11.74

　　注：1. 可调整地类面积为1 266.7公顷；
　　　　2. 表中部分数据不闭合，是四舍五入保留小数位不同所致，非计算错误。

（2）土地利用现状及特点

① 土地利用现状。土地利用结构是指一个国家、地区经济生产各部门占地的比重及其相互关系的综合，是各种用地按照一定的构成方式的集合，也称土地利用构成。如直接生产用地（耕地、牧地、林地等），间接生产用地（道路、桥梁等）和非生产用地（沙漠、冰川、沼泽地等）的面积各占土地总面积的比重；农业内部的农林牧渔各业分别占总面积的比重等。根据上表，绘制厚街镇土地利用数量结构图及土地利用现状结构图（如图6-19、图6-20）。

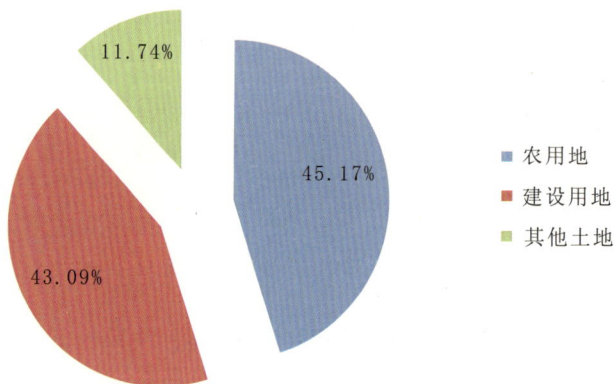

图6-19　厚街镇土地利用现状结构图

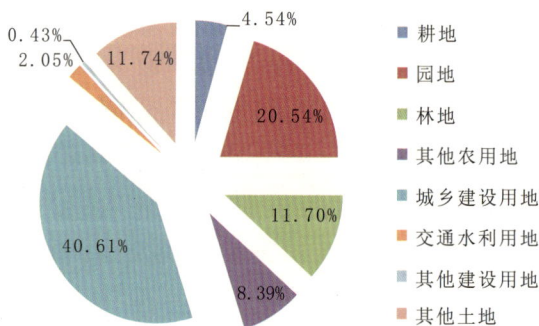

图6-20　厚街镇土地利用数量结构图

全镇的耕地主要分布在高速公路以东的坑垌田区及东江南支流沿岸；林牧地主要分布在高速公路以东山体和南部低丘山地，其中牧草

经济发达地区土地利用与民众利益
土地利用与空间规划丛书

地主要是沙溪水库周边的奶牛牧草基地；水源保护地主要是镇内主要饮用水源水库，包括横岗水库、沙溪水库、白庙水库、三丫陂水库，这些水域均属于饮用水源保护区；组团隔离用地及市镇走廊用地包括组团隔离带、市政走廊，镇内110千伏、220千伏、500千伏高压走廊防护用地，广深高速公路、沙桥快速路防护绿地及中心组团、北部组团、南部组团之间的防护绿地，面积约1577公顷；城镇建设用地的用地规模已经达到5500公顷以上；城市建设用地发展后备用地主要位于城市建设用地边缘；生态景观区包括自然保护区及森林公园用地，包括高速公路以东的厚街森林公园及灯心塘自然保护区用地范围，用地面积约1687公顷；旅游用地包括现有的海逸高尔夫用地、海逸豪庭别墅区，可提供旅游度假高级居住、郊野活动等功能，位于横岗水库不准建设区外围，面积约331公顷。

从建设用地布局来看，全镇的居住用地主要形成五大居住片区，即中心区居住片区、桥头-新塘-双岗居住片区、北部居住片区（赤岭、陈屋、三屯）、南部居住片区（溪头、宝塘、沙塘、白濠）和东部居住片区（生态科技工业园、环冈、新围、大迳；公共设施用地现状包括行政办公、商业金融、文化娱乐、体育、教育科研、医疗卫生、文物古迹及其他公共设施用地，行政中心位于厚街达到与S256省道交汇处）。商业用地（包括餐饮、旅游业、零售、批发、商务办公、金融、保险业等）主要沿S256省道、康乐路、东风路、珊瑚路等分布，体育中心位于中心区的体育路，文化娱乐用地、医疗卫生用地及其他公共设施用地按镇、村两级分布在中心区及各村。厚街镇工业门类以家具、服装、鞋业、电子等较为突出，工业用地占总建设用地的1/3以上，用地布局以村为主，各行政村（社区）甚至各自然村都有自己的工业区，形成"村村点火"的分散局面。随着"工业进园"的不断推进，整合形成了东部工业区、南部工业区、北部工业区、西部工业区4个工业区，其中东部工业区是厚街镇工业新开发区，以发展技术密集型、资金密集型企业为主，规模约580公顷，南部工业区以家具制造业为特色，规模约420公顷，北部工业区以赤岭、陈屋、宝屯、三屯、寮夏的工业为基础，规模约540公顷，西部工业区包括厚街、涌口村、双岗的工业区，规模为265公顷。仓储用地主要是在寮夏靠近博览大道的仓储用地建设物流中心，用地约13公顷；对外交通用地主要包括广深高速公路、S256省道、博览大道、厚沙路、厚道路及厚街客运站，面积约88公顷，占城市建设用地的2.5%左右，道路广场用地、市政公用设施用地等规划分别为815公顷和123公顷；绿化用地主要根据厚街镇高速公路以东地形起伏多样，以丘陵、山体、水库为主，高速公路以西为城市建设密集区，未开发用地以农田、鱼塘、残丘为主的特点，形成了绿色环绕、绿带渗透、公园合理分布的绿地系统，规划绿地671公顷；发展备用地主要考虑未来建设用地需求量大的可能性，主要在东部工业园、南部工业园、环岗湖北侧预留一定的发展备用地，面积约447公顷。

从土地利用的权属结构来看，2010年、2011年厚街镇国有土地和集体土地情况如表6-11所示。

表6-11　2010—2011年厚街镇土地权属情况表

权属	指标	面积（公顷）		比重（%）	
		2010	2011	2010	2011
集体土地	集体建设用地	4613.65	4624.92	36.7	36.79
	集体农用地	5062.73	4931.35	40.27	39.22
国有土地	国有建设用地	1034.12	1170.71	8.22	9.31
	国有农用地	156.21	156.21	1.24	1.24

② 土地可持续利用情况。第一，城镇用地条件。从城镇用地条件评定来看，根据用地评定分类，一类用地地形平坦，平度适宜（＜10%），能适应城市各项设施建设的要求；二类用地地形坡度较大（10%～20%）或地坪标高较低，地标不平，须采取一定的工程措施外，还需要动用较大的土石方工程；三类用地条件差，地形坡度

20%以上，布置建筑物困难或不适宜建设用地，如水源保护地、防护绿地（高压走廊、国道、省道、高速公路走廊）、农田保护区等。据此，可把厚街镇用地分为三类，其中一类用地主要分布在高速公路以西的广大平原及残丘用地，面积约76平方公里；二类用地主要分布在湖景大道沿线的丘陵地及东江沿线的低洼地，面积约6平方公里；三类用地主要分布在高速公路以东的山脉及水源、生态保护区，面积约44平方公里。

第二，产业用地分析。《土地利用现状分类》（GB/T21010—2007）将土地资源分为耕地、园地、林地、草地、商服用地、工矿仓储用地、住宅用地、公共管理与公共服务用地、特殊用地、交通运输用地、水域及水利设施用地和其他土地十二大类。参照国民经济产业分类，本研究将耕地、园地、林地、草地和设施农用地归为第一产业用地，将居民点及工矿仓储用地归为第二产业用地，将商服用地、公共管理与公共服务用地和交通运输用地等归为第三产业用地。由此可得到厚街镇产业用地现状（表6-12）。

表6-12　厚街镇产业用地现状面积表

第一产业用地		第二产业用地		第三产业用地	
面积（公顷）	比例（%）	面积（公顷）	比例（%）	面积（公顷）	比例（%）
5679.1	45.17	4439.6	35.31	978.1	7.78

从表中可以看出，厚街镇产业用地结构仍以第一产业为主，第一产业用地面积为5679.1公顷，占厚街镇土地总面积的45.17%，第二产业和第三产业用地分别占厚街镇土地总面积的35.31%和7.78%，所占比例较低。

厚街工业用地存在着"群而不集"的零乱分散状态，从2001年开始，厚街镇即着手规划建设总面积达7.62平方公里，打造集高科技、高产出、高效益于一体的高端优势。工业用地将重点建设、打造厚街科技工业城，厚街科技工业城位于广深高速公路厚街出口旁，紧邻湖景道与环湖路，总占地面积9000余亩，其中约748亩土地已建成厚街镇神仙水休闲公园，其余土地以工业用地为主，厚街科技工业城致力于打造成高科技、高效益、低能耗的现代化高新生态产业园。目前世界500强企业韩国三星集团的东莞三星视界有限公司、美国泰科集团的泰科电子（东莞）有限公司、东莞创机电业制品有限公司、台湾正隆集团的正隆（广东）纸业有限公司等一大批优质大型企业已经入驻生产。较大片的三产用地包括会展片区和教育园区等，会展片区规划面积约5.3平方公里，教育园区占地面积3300亩。

第三，土地节约集约利用情况。近年来，在东莞市委市政府的领导下，厚街镇紧扣规划修编、统筹土地利用指标、盘活闲置土地、推进"三旧"改造，土地节约集约利用水平有所提高，全镇的地均GDP产出水平及其地均工业总产值有所提升（图6-21）。地均GDP从2000年的2269.93万元/平方公里增长到2011年的17 205.41万元/平方公里，年均增长20.22%，其中地均工业总产值从2000年的1159.44万元/平方公里增长到2011年的8439.95万元/平方公里，年均增长19.78%。

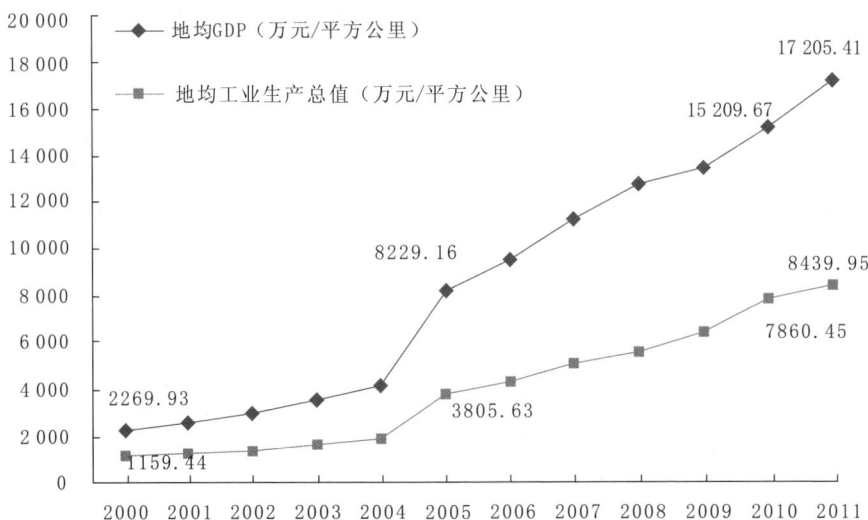

图6-21 2000—2011年厚街镇地均GDP及其地均工业总产值增长图

从全镇的地均固定资产投资水平来看，地均固定资产投资从2000年的507.83万元/平方公里增长到2011年的3100.78万元/平方公里，年均增长17.88%，2011年是2000年的近6倍，但地均固定资产投资的年均增长速度低于地均GDP的增速和地均工业总产值的增速。

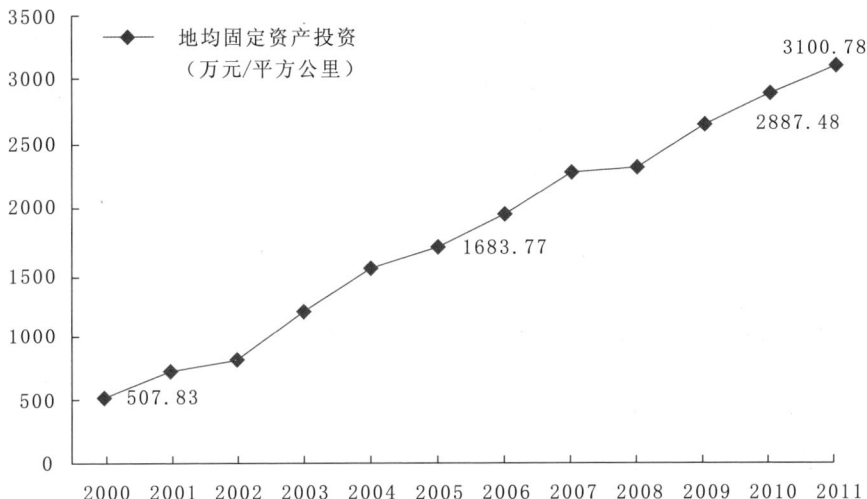

图6-22 2000—2011年厚街镇地均固定资产投资增长图

第四，"三旧"改造情况。镇政府已征土地尚余913亩未被开发（包括道路用地），厚街镇的土地利用强度已经高达43.08%，依靠增量土地的推动发展的旧模式已经难以为继。存量土地的挖潜主要依靠"三旧"改造，按照《东莞市厚街镇"三旧"改造专项规划及年度实施计划》，厚街镇"三旧"改造用地共67个，用地面积638公顷，其中旧城镇改造为主的用地90公顷，旧厂及其他改造为主的用地548公顷。"三旧"改造地块用地面积1260公顷，其中旧城镇改造为主的地块面积342公顷，旧厂及其他改造为主的地块面积918公顷（表6-13）。从图6-23可以看出，"三旧"改造用地范围中用地面积最大的是居住用地，为342.42公顷，占城市建设用地比例的53.68%，其次是公共服务设施用地、道路广场用地、工业用地，分别为134.63公顷、102.89公顷、15.25公顷，占城市建设用地比例的21.10%、16.13%、2.39%。

第六章
试点镇、村、组土地利用现状与问题分析

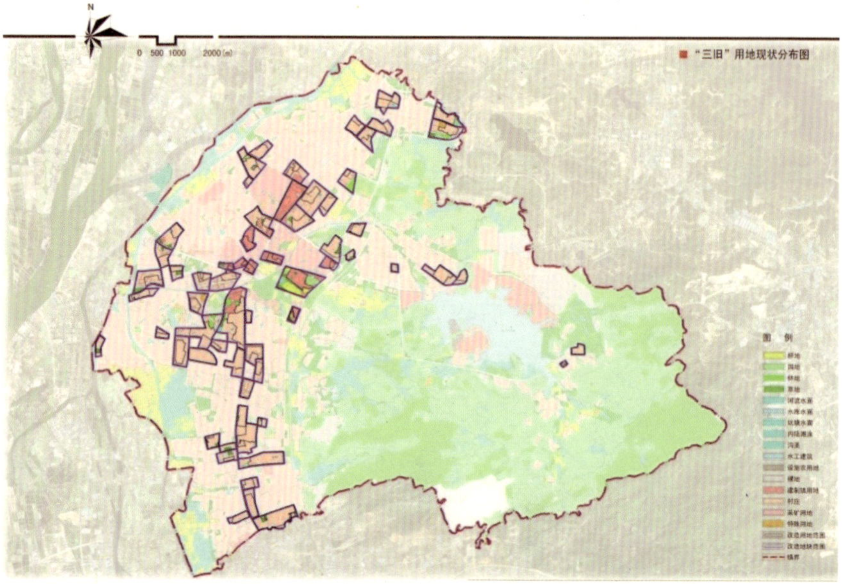

图6-23　厚街镇"三旧"用地现状分布图

资料来源：东莞市厚街镇"三旧"改造专项规划。

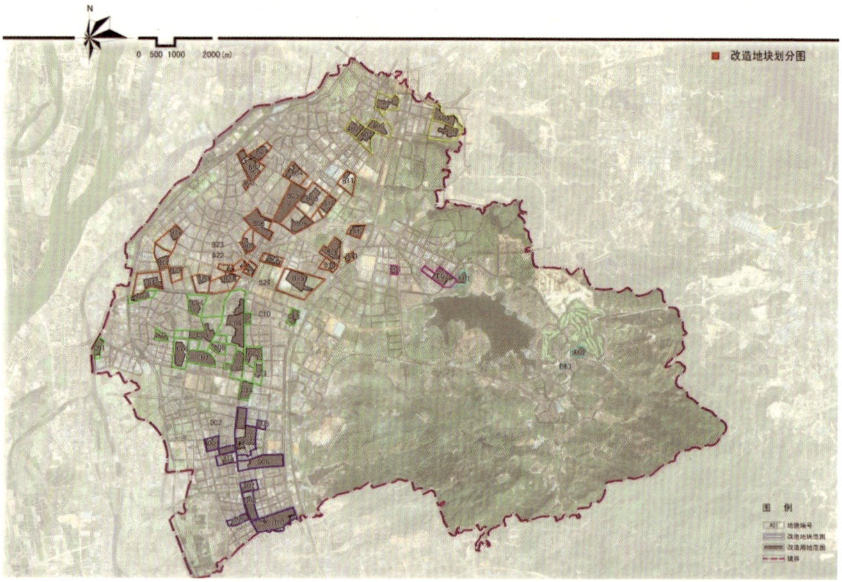

图6-24　厚街镇"三旧"改造地块划分图

资料来源：东莞市厚街镇"三旧"改造专项规划。

经济发达地区土地利用与民众利益

土地利用与空间规划丛书

表6-13　厚街镇"三旧"改造地块汇总表

用地名称	"三旧"改造用地范围		"三旧"改造地块范围	
	用地面积（公顷）	占城市建设用地比例（%）	用地面积（公顷）	占城市建设用地比例（%）
居住用地	342.42	53.68	533.52	42.43
公共服务设施用地	134.63	21.10	247.81	19.71
工业用地	15.25	2.39	61.42	4.88
仓储用地	4.20	0.66	2.57	0.20
公路用地	3.74	0.59	4.55	0.36
道路广场用地	102.89	16.13	292.93	23.30
市政公用设施用地	1.63	0.26	4.37	0.35
绿地	33.15	5.20	110.18	8.76
建设总用地	637.91	100.00	1257.35	100.00
水域和其他用途用地	0.34	—	2.20	—
规划总用地	638.25	—	1259.55	—

2011年，全镇存量低效建设用地"三旧"改造地块规模情况如表6-14所示。

表6-14　厚街镇"三旧"改造地块汇总表

指标	批而未用地面积	闲置土地面积	"三旧"改造面积	旧厂房	旧村庄	旧城镇
面积（公顷）	269.4	194.96	570.7	523.3	25.1	22.3

第五，耕地和基本农田情况。2009年，厚街镇耕地面积571.0公顷，占全镇农用地面积的10.05%，占全镇土地总面积的4.54%。此外，在全镇1476.1公顷其他土地中，可开垦为耕地的地类只有荒草地，在全镇594.6公顷荒草地中，约有12公顷属坡度较平缓的荒草地宜开垦为耕地，其余或因零星分布，或因坡度较大等开发条件苛刻，只适宜开垦为园地或林地，不宜开垦为耕地。从耕地的分布上来看，主要分布在高速公路以东的坑垌田区以及东江支流沿岸的农田。

厚街镇基本农田分布在东南部的新围、大迳、下汴、桥头等村，以及镇域外围的白濠、赤岭、双岗、厚街等村（表6-15、图6-25），基本农田保护区的面积为22 727.9亩，占厚街镇土地总面积的12.05%。从面积上来看，厚街镇基本农田保护区主要布局于新围村、大迳村、桥头村和赤岭村，4个村的基本农田保护区面积占全镇基本农田保护区面积的82.29%。

表6-15 厚街镇基本农田分村统计表

村名	片数（片）	基本农田保护区面积（亩）	基本农田面积（亩）
赤岭	4	1674.7	1632.2
厚街	2	303.8	303.8
汀山	1	460.9	460.9
涌口	1	214.3	205.9
双岗	3	945.5	891.8
桥头	5	2089.9	2058.9
下汴	2	74.3	74.3
白濠	3	1331.4	1209.7
环冈	2	695.8	692.6
大迳	8	5421.7	5300.1
新围	17	9515.5	9303.1
合计	48	22 727.8	22 133.4

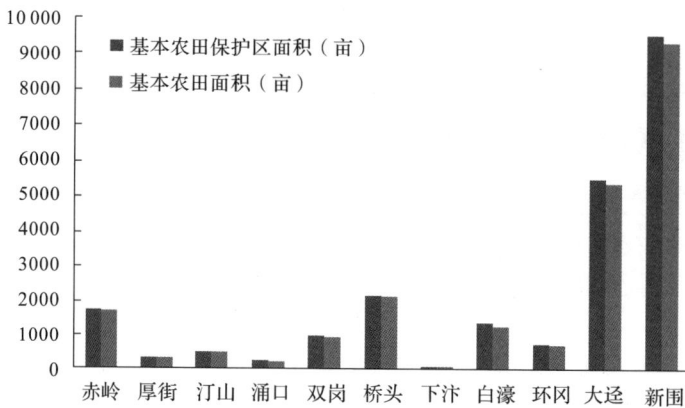

图6-25 厚街镇各村基本农田比较图

经济发达地区土地利用与民众利益
土地利用与空间规划丛书

③ 土地利用特点与问题。第一，土地利用区域差异较大。全镇自东向西，可以划分为三个土地利用综合区：东部丘陵山地区，以横岗水库大堤为界，以东属厚街镇丘陵山地，是全镇主要林地地区和水源区，山间的坑垌田也是厚街镇重要的耕作区，山前缓坡地是近年重点发展的荔枝等常绿果园区。东部丘陵山地区是工矿用地面积小、经济相对落后的山区。中部残丘台地区，以省道S256以东至横岗水库大堤属残丘台地，其坡度小、垌田宽，是最适宜城镇工矿用地的区域。西部平原区，省道S256与东江南干流之间，除个别残丘外，均是淤积平原。

第二，土地资源消耗过多过散，建设用地需求量大。由于厚街镇以前的经济发展，很大一部分是以土地资源的消耗发展起来的，这种经济发展模式影响厚街镇产业转型升级。由于行政管理体制和土地使用制度等原因，厚街镇的土地开发利用，基本上由各村委会甚至自然村自主开发，给土地统筹和土地资源节约集约带来了很大的制约。由于地理位置优越和经济发展迅猛，厚街镇的招商引资项目需求量大，必然导致各类建设用地的需求量增大。

第三，工业用地以传统产业为主，向东、向南扩张趋势明显。厚街镇的工业发展基础较好，但是原有工业由于从"低、小、散"发展起来，难以适应当前经济发展的新形势，这种新形势要求高技术、大资金的集约化发展，要求对原有工业进行产业内部的升级。由于传统观念的延续，加之企业"低、小、散"的现状，需要改造的面较广，且原有工业都有一定基础，要进行集约化发展，使原有企业进入新的园区，拆迁费用巨大。此外，厚街镇工业用地存在的问题主要体现在两个方面：首先，工业用地扩展空间分布不均衡，现状工业用地主要分布在广深高速公路以西，而广深高速公路以东因交通条件落后、多山体丘陵，工业用地面积较少，赤岭、宝塘、汀山等村的人均工业用地面积是镇平均值的5倍多，部分村人均工业用地面积远远低于镇的评价标准。其次，工业用地多以村为单位就近发展，分布散乱且工业企业大多属于劳动密集型，起点不高，土地利用率低，不能适应东莞市工业集约发展的趋势。工业企业规模小，集聚效益不高，关联性差，环境恶化。以村为单位开发的工业，一个企业往往占地不足1公顷，几个企业就组成了一个"工业区"，一个村形成若干个这样的"工业区"，部分村"工业区"面积不足30公顷，这样形成了处处小规模发展的局面。集聚效益不高，各村在人均工业产值、地均工业产值上差异较大，陈屋、赤岭、宝屯、白濠、宝塘等村（社区）的人均工业产值是镇人均工业产值的3～6倍，地均工业产值较高的村（社区）有白濠、宝塘、桥头、环冈、赤岭、厚街等，但是众多小型、分散的工厂产生的噪音、废气、废水、废渣没有得到有效治理，环境日趋恶化。

厚街镇是东莞市的一个独立的制造业基地，承担着整个东莞制造业分工的职能，镇、村越来越意识到现状工业发展用地由于分布散、规模小、集聚效益差，远不能满足厚街的长远经济发展，工业用地呈现出往东部和南部开发并形成规模较大的工业园的趋势，工业用地将集中发展，实现工业进园。

第四，耕地资源面积少，人均耕地面积少。全镇的耕地主要分布在高速公路以东的坑垌田区及东江南支流沿岸，厚街镇耕地面积为571公顷（2009年），只占厚街镇土地总面积的4.54%，人均耕地面积约为0.07亩，远低于全市人均约0.14亩的平均水平，仅为全省人均耕地水平的1/6左右。耕地后备资源少，在厚街镇的1476.1公顷的其他土地中，只有荒草地可开垦为耕地，耕地后备资源紧缺。全镇594.6公顷荒草地中，约有12公顷属坡度平缓较适宜开垦为耕地，其余的因零星分布、坡度相对较大，无良好的水利灌溉保障，易受山洪灾害，开发条件苛刻，成本较高，根据土地的适宜性分析，这些荒草地只宜种植果类或以营林为主，不适宜开垦为耕地。

第五，生态用地比例偏低，资源环境压力增大。尽管厚街镇地貌类型多样，山、水、田、林、丘、岗等地形地貌十分丰富，组合有序，境内丘陵起伏，但受快速城市化和工业化的冲击，生态环境系统比较脆弱。2009年厚街镇林地总面积为1471.1公顷，占全镇土地总面积的11.70%，森林覆盖率为20%左右，远低于广东省同期的56%，生态用地比例较低，水土流失面积较大，物种多样性下降，生态系统维持平衡的能力相对较弱。

随着厚街镇社会经济的快速发展，给资源环境带来的压力剧增。由于城市规划和土地利用规划相对滞后，部分村级工业区布局混乱，企业低、小、散，环保意识不强，其排放的废水、废气和固体废弃物无法集中处理，对厚街镇的生态环境造成了一定污染。同时，依然存在一些不合理的采石、毁林开垦、陡坡种植等现象，导致这些地区水土流失、抵御自然灾害的能力下降。

造成上述问题的原因是：首先传统的农村观念和体制制约。改革开放以来，受"离土不离乡""进厂不进城"等分散化农村工业化思维的影响，东莞市各个镇街形成了一种自下而上型的乡村基层社区集体驱动的城市化道路，以土地换发展，城乡土地利用混杂、犬牙交错，村组"各自为政"的现象比较突出，农村的户籍、土地、行政管理体制改革滞后于经济社会的发展，导致上述部分问题的出现。其次，传统产业的粗放发展，土地利用缺乏统筹。长期以来，厚街镇产业以劳动密集型产业为主，工业园区布局分散，产业集约度不高，严重依赖于拼土地、拼资源、拼劳动力的产业发展的传统模式。尤其到了村组一级，土地利用更加缺乏统筹，村组集体为了较快地获得物业出租的利益，工业用地多以村为单位就近发展。由于土地所有制仍保留集体所有制不利于土地的集约化经营，加之村民利用土地的政策较宽松，各村都利用自己的土地就近发展工业，导致工业企业规模小，集聚效益不高，关联性差，分布散乱且工业企业大多属于劳动密集型，土地利用率低，不能适应工业集约发展的趋势。同时，众多小型、分散的工厂产生的噪音、废气、废水、废渣由于过于分散也难以有效治理，导致环境日趋恶化。最后为规划滞后的制约。

（3）现有土地政策评价

① 土地统筹政策。根据《厚街镇村级体制改革试点工作方案》，厚街镇扎实推进了土地统筹的改革试点工作，探索土地节约集约利用的新途径，促进经济发展方式转变，制定了《厚街镇土地统筹开发改革方案》。该方案把单个地块面积不小于5公顷的可利用土地纳入镇、村统筹开发范围，并逐步将土地利用总体规划中是一般农用地，在控规中未纳入生态绿线和绿地范围，但在今后规划中可调整为建设用地的土地纳入统筹开发。

第一，镇、村共同合作开发。对集体工业用地、国有工业用地做出了具体的规定，镇的用地统筹按照《关于印发厚街镇青苗补偿、统筹用地价格标准的通知》执行。统筹用地总价，由镇政府垫付的对青苗、拆迁补偿以及土地开发前后办证费用，土地平整、基础设施建设、厂房建设资金可由镇村协商承担或以其他方式融资，纳入出资比例，并依此比例对土地统筹的获利进行分配。对商业或商住用地的镇、村共同开发，并按一定的标准将其分为三个等级地价进行统筹，青苗、拆迁补偿以及土地上市前办证费用由镇政府垫付，基础设施纳入成本，"招、拍、挂"成交后的利润镇、村按4∶6分成。

在传统的建房出租、卖地获利等低层次的土地开发模式难以为继的形势下，这种镇、村合作共同开发实质上是一种利益共享的发展模式，有利于镇、村不断加大发展的合力，有利于调动镇、村两级的积极性。通过统一招商，由镇政府配备用地指标，统一办理拍卖手续，统一拟定招商方案，拍卖的土地所得收益，镇、村都有利益分成，在共同开发的过程中，镇财政收益部分优先用于村和社区的基础设施建设。同时，在这种合作开发的过程中，村出地、政府出钱，会让村民甚至村干部产生"政府变相收回土地""土地管理权丧失""分红会减少""村里会吃亏"等误解，因此在推进镇、村共同合作开发时必须首先做通村民的思想工作。

第二，镇政府统筹开发。对集体工业用地的统筹做了具体规定，镇政府按任务内外进行用地统筹，按照《关于印发厚街镇青苗补偿、统筹用地价格标准的通知》执行。由镇政府主导对地块进行开发，所有获利归镇政府，村不参与土地开发建设及其分利，且必须配合土地的开发建设。对商业或商住用地进行统筹开发，将地价分为三个等级进行统筹用地，统筹地价由镇政府以货币形式分两次支付给属地村集体，第一次在镇、村签订合同之后，支付统筹地价的30%，第二次在土地上市成交后，支付统筹地价的70%。

这种统筹开发有利于镇对土地资源进行统筹配置，有利于集中全力开展招商引资，集中力量推进大型项目、优质创税型项目的引入。但是镇政府主导对集体工业用地、商业或商住用地的统筹开发获利全部归镇政府，对镇政府财力提出了较高要求，且要求村配合开发建设，不利于调动村发展的积极性。

第三，第三方开发方式。主要是针对国有工业用地的统筹开发，镇政府按任务内外进行统筹用地，按照《关于印发厚街镇青苗补偿、统筹开发用地价格标准的通知》执行。统筹用地总价纳入村的出资比例，青苗以及土地开发前后办证费用由镇政府垫付，并纳入出资比例额，土地上市"招、拍、挂"由第三方竞得，成交后溢价。镇、村按照上市前统筹用地总价、青苗、拆迁补偿和完善手续等出资比例进行分成，土地由竞得者开发建设，镇、村均不参与土地的开发建设和后续的利益分成。

第三方开发方式镇、村都不参与土地的开发建设，也不参与后续的分成，给了开发商极大的自主权，提高了土地统筹开发的效率。但是需要严格土地用途，防止改变用地性质或者变相进行其他商业开发。

②"三旧"改造土地政策。根据《厚街镇村组集体"三旧"改造实施意见》（简称《意见》）等政策文件，实施较高的补偿标准。

《意见》规定，村组可以将土地及物业按照镇相关规定标准作价与社会民企合作，但要确保村组土地或物业合理作价入股，同时确保利润不低于入股额的20%（即保底）。《意见》中以相对较高的补偿标准保障了村组集体的利益。其中，集体建设用地由政府直接征收并上市招标拍卖挂牌的，镇政府将按照中心区土地1500～2000元/平方米、非中心区1200～1600元/平方米的标准予以收购。集体建设用地委托政府协助办理征地手续并上市"招、拍、挂"的，土地拍卖后扣除所有税费后的净收入，80%将划归集体经济组织收入。可保持村组集体物业的延续性。"三旧"改造后村组集体土地收入及利润应不少于50%用于置换或回购物业。

在政策实施上，厚街镇还编制了《东莞市厚街镇"三旧"改造专项规划及年度实施计划》，并召开"三旧"改造动员大会。这些举措推进了"三旧"改造工作的进程，促进"三旧"改造工作由零散项目整合为片区进行改造，促进了部分工业用地或其他用地转变成商业或商住用地，较高地保障了村组集体利益。同时，还规定"三旧"改造后村组集体土地收入及利润应不少于50%用于置换或回购物业，进一步盘活了土地资源。但是由于时间紧，厚街镇"三旧"改造仍存在较多不尽如人意的地方，如对政策的认识水平需要提高，对优惠政策理解不到位、对操作程序不熟悉的情形，相关工作人员构成过于单一，多来源于规划、国土或城建系统。

③ 其他土地政策。《厚街镇统筹用地青苗补偿标准》和《厚街镇公共基础设施建设项目房屋征收补偿标准暂行规定》，这两个政策对土地统筹及土地征收的补偿标准做了详细的规定，切实保护了农民的利益。

《关于加强厚街镇闲置地管理的实施意见》对闲置地的整治范围、整治标准、环境卫生要求和费用支付做了明确的规定。

2.试点村土地利用状况分析

（1）陈屋社区

① 社区概况。陈屋社区位于厚街镇北部，北与赤岭社区接壤，南面紧邻厚街镇中心，离东莞市区只有3公里，横跨107国道及S256省道两旁，靠近广深高速公路出入口，交通便利。社区土地总面积2.46平方公里，下辖4个村民小组，常住人口1529人，外来人口9000人左右。社区共有企业68家，其中外资企业23家，民营企业45家。2011年，陈屋社区总资产为27 715万元，总负债为1153万元，资产负债率为13.34%。陈屋人均工业产值在全镇处于领先水平，人均工业产值达到镇人均工业产值的3～6倍。从2011年厚街镇各社区的人均收入来看，陈屋社区属于收入较高的社区（图6-27）。

图6-26　后街镇陈屋、赤岭社区区位分析图

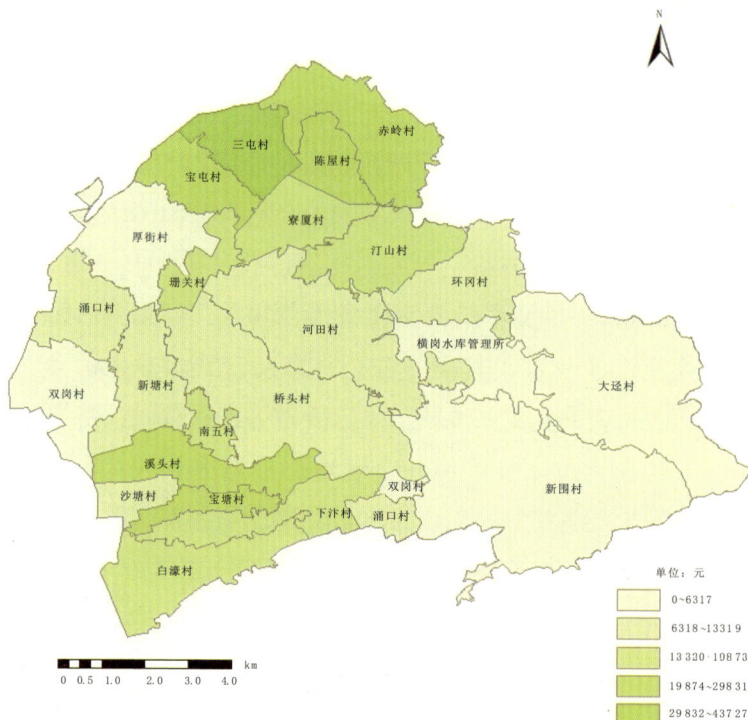

图6-27 厚街镇各社区人均收入等级图

2011年，陈屋社区的经营性收入和支出分别为4273万元和1417万元，纯收入2856万元。在社区的支出上，治安、环卫、教育等支出较大，2011年社区集体经济组织公益费用为801万元，如表6-16所示。教育方面小学投资最大，幼儿园由社区自建，医疗、环卫由社区自建并免费提供给相应部门（如卫生站、环卫站）使用。

表6-16 2011年度陈屋社区集体经济组织公益费用表 单位：万元

支出合计	教育	治安	环卫	征兵民兵费	文体活动费	计划生育费	综合管理费	安全消防费	公共设施维护费	社会赞助
801	72	335	135	0	82	8	55	11	82	21

经济发达地区土地利用与民众利益
土地利用与空间规划丛书

近年来，陈屋社区切实转变发展理念，通过"退二进三"合理盘活利用好剩余的土地，逐步向低投入高产出的第三产业转型发展，着力加强土地资源的科学统筹和集约利用，优化产业结构，提高经济质量，积极促进集体经济发展模式的转变。陈屋社区已经取消了农田保护区，尚有400亩土地没有开发，分2个地块。在工业用地上，开发多以村为单位，与三屯、赤岭等社区在北环路以北共同形成北部工业区，工业存在一定程度的污染。"三旧"改造项目中，R2线旧厂房改造的规模有450亩，共涉及3块土地。陈屋社区还盘活了靠近博览路、将军路、彩云路、旗鼓路中的一块约20万平方米的土地给开发商打造"厚街镇农副产品批发中心"，作为第三产业发展用地，祥鸿农批城的开发大大增强了集体经济的发展。在教育文化方面，全村共有公园2个，综合性文化广场1个，图书馆1个，篮球场2个，医疗机构4家，老人活动室、青少年活动室各2个，幼儿园和小学各1所。

2011年，陈屋村在村委一级成立了居民委员会，并利用支部换届的机会撤销了小组，居民委员会的下级是村民经济委员会，指导经济工作，与党支部、居民委员会分开，形成三大机构，分散了权力。撤销小组后，不仅节省了开支，行政效率也得到了很大提高，镇对社区的监管也更加有效，原来小组权力过大、缺乏监督、小组压低价格出租土地从中获益等问题得到解决。撤销小组后任何合同的签订都需要向社区解释，集体资金也不进行大项目投资，保证不增加资产负债率，降低了村民的异议。撤销小组后的股份仍然按照"生不增死不减"的原则安排，股民一人一股约5000元。撤销小组后合格的小组组长被聘任为社区的基层管理人员，统筹为经济委员会。

② 土地利用特征及问题。根据厚街镇土地变更调查数据，陈屋社区土地总面积为2.46平方公里，按类型、大小排序，建设用地面积为168.31公顷，农用地面积为74.46公顷，未利用地面积为8.92公顷（表6-17、图6-28）。

表6-17　陈屋村土地利用结构表（2009年）

地类		面积（公顷）	比重（%）
土地总面积		246.09	100.00
农用地	园地	30.47	12.38
	草地	24.91	10.12
	林地	1.87	0.76
	其他农用地	42.12	6.99
	小计	74.46	30.26
建设用地	城乡建设用地	152.80	62.09
	交通水利用地	13.06	5.31
	其他建设用地	2.45	1.00
	建设用地合计	168.31	68.40
其他土地	其他土地合计	8.92	3.63

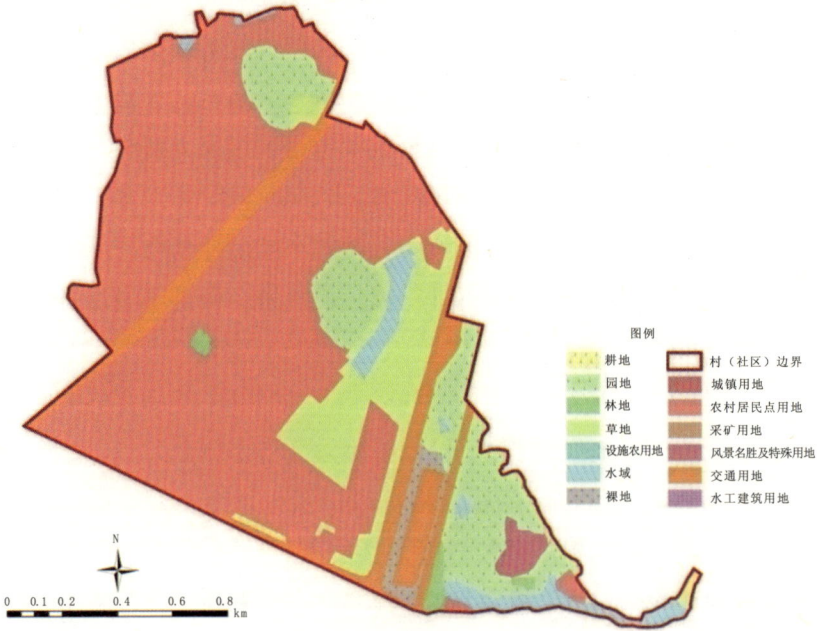

图6-28　陈屋村土地利用现状图

经济发达地区土地利用与民众利益

土地利用与空间规划丛书

第一，建设用地比例大，可利用土地少。从土地利用结构来看，建设用地比例最大，可利用土地资源少。2009年，全社区土地面积为2.46平方公里，其中农用地面积为74.46公顷，占社区总面积的30.26%；建设用地面积为168.31公顷，占社区总面积的68.40%；未利用地面积为8.92公顷，占社区总面积的3.63%（图6-29），未利用地以裸地为主。由此可见，可供利用的土地后备资源十分紧缺。

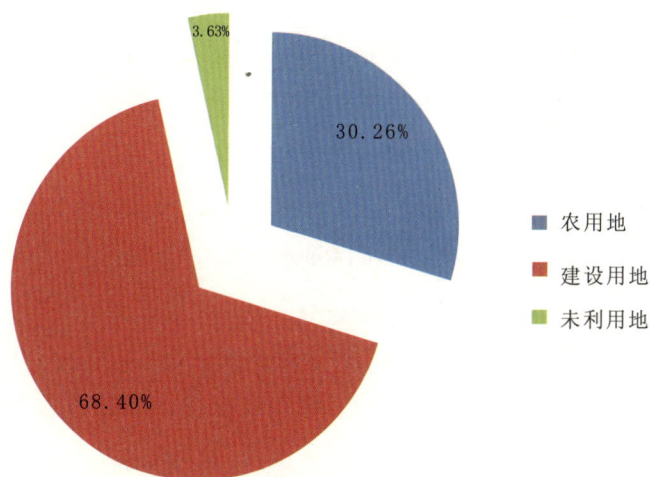

图6-29　陈屋村土地利用结构图

第二，人多地少，人口密度高。陈屋社区的土地面积偏小，在厚街镇范围内属于规模较小的社区，但人口数量较大，呈现出人多地少的特征。以包含外来人口和常住人口在内的约1.5万人的总人口数计算，陈屋社区的人口密度近6100人/平方公里，远远高于厚街镇约4000人/平方公里和东莞市的约3300人/平方公里的人口密度。

第三，用地布局混乱，工业用地规模小。从整体上来看，陈屋社区用地布局较为混乱，工业、居住、商业、公共设施用地等布局上缺乏统筹规划，社区景观较差。同时，工业用地规模较小，为了最快地获得经济利益，很多工业用地见缝插针，布局分散，且早期的工业用

第六章
试点镇、村、组土地利用现状与问题分析

地基础设施欠缺，这些都不利于发挥产业的集聚效应。

原因分析：首先，由于管理体制和土地使用制度的原因，陈屋长期沿袭早期粗放型的土地利用和土地开发模式，土地利用的现状基本上由村委甚至自然村自主开发而形成，导致用地功能混杂，居住生活与工业生产相互影响，形成了现状的土地布局混杂的局面难以改变；其次，村组为了能迅速获得经济利益，在项目招商、设施建设等方面采取"各自为政"的办法，与邻近社区及镇级层面缺乏统筹规划和合作，产业门槛较低，导致工业区布局较为零散，企业数量多、规模小，也影响基础设施建设的集约化建设；最后，传统产业和传统观念的延续，导致人们的意识不能尽快适应新的发展形势和发展要求，尤其是"三旧"改造企业具有一定的产业基础，对其进行搬迁入园和集约化发展，拆迁费用昂贵，较难以推进。

（2）赤岭社区

① 社区概况。赤岭社区位于厚街镇东北边缘位置，与南城区石鼓、蛤地村及本镇的三屯、陈屋、汀山村相连，S256省道将辖区分为东、西两边，是广深高速路、东莞大道及西环路出入口必经之地，地理位置十分优越，有厚街"北大门"之称。赤岭社区土地总面积6.2平方公里，下辖8个村民小组，本地人口3582人，新莞人3万多，是中等规模的社区。赤岭社区大力发展经济，积极创新投资环境，不断进行招商引资，发展商贸经济，村组两级总资产从2001年的41 143万元增长到70 562万元，2010年，比上一年同期81 482万元减少830万元，同比下降1.16%，村组两级收入10 003万元，比上一年9777万元增加226万元，同比增加2.31%；经营支出6457万元，比上一年的6429万元略有增加，纯收入3546万元，比上一年3348万元增加198万元，增加了5.9%。社区收入98%左右靠厂房出租获得。2011年，赤岭社区集体经济组织公益费用高达2111万元，居厚街镇各社区（村）之首，支出主要集中在治安、环卫、文体活动、教育等领域，分别高达870万元、546万元、

198万元、155万元（表6-18）。

表6-18 2011年度赤岭社区集体经济组织公益费用表   单位：万元

支出合计	教育	治安	环卫	征兵民兵费	文体活动费	计划生育费	综合管理费	安全消防费	公共设施维护费	社会赞助
2111	155	870	546	13	198	28	96	35	141	29

赤岭社区通信、交通、邮政、金融、水电、购物等配套设施完善，赤岭公园和赤岭娱乐园是村民休闲的主要场所，拥有两家上规模的大型酒店（包括1家五星级酒店），赤岭大厦、综合百货、商业街等已初具规模，通过对治安、教育、环保等的大力投入，近年来赤岭的治安呈明显好转，教育、教学设施设备不断完善，教育质量显著提升。赤岭社区连续获得系列荣誉称号："先进党支部""安全生产先进村""厚街镇卫生村""东莞市计划生育先进村""村组两级净资产超2亿元奖""对外贸易工作先进村""村组两委会工作实际量化考核经济建设单项奖"等。

赤岭社区村组已经合并，由于经济上小组之间存在一定差距，债务和土地等问题没有完全协调好，但在经济上并未完全合并，预计到2012年年底完成村组合并工作，合并的目的是要把真正的股份制运作起来。土地买卖必须经过会议决策，村组撤销对土地连片使用带来了一定的好处，并使管理上更加到位，也使得选举过程中的矛盾减少很多，杜绝了由于撤销小组前的小组长有审批卖地等权力，而出现的乱卖地等违规现象。但撤销小组也使得社区在工厂运作、环境卫生等方面不如小组工作细致。

② 土地资源特征。根据厚街镇土地变更调查表数据显示，2009年赤岭社区的土地总面积为619.90公顷，其中农用地面积为329.25公顷，占土地总面积的53.11%，建设用地面积287.89公顷，占土地总面

积的46.44%，未利用地为2.75公顷，占土地总面积的0.44%。

表6-19 赤岭社区土地利用现状表（2009年）

地类		面积（公顷）	比重（%）
	土地总面积	619.90	100.00
农用地	耕地	74.81	12.07
	园地	116.61	18.81
	草地	29.13	4.70
	林地	29.07	4.69
	其他农用地	79.63	12.85
	小计	329.25	53.11
建设用地	城乡建设用地	258.25	41.66
	交通水利用地	25.17	4.05
	其他建设用地	4.51	0.73
	建设用地合计	287.89	46.44
未利用地	未利用地合计	2.75	0.44

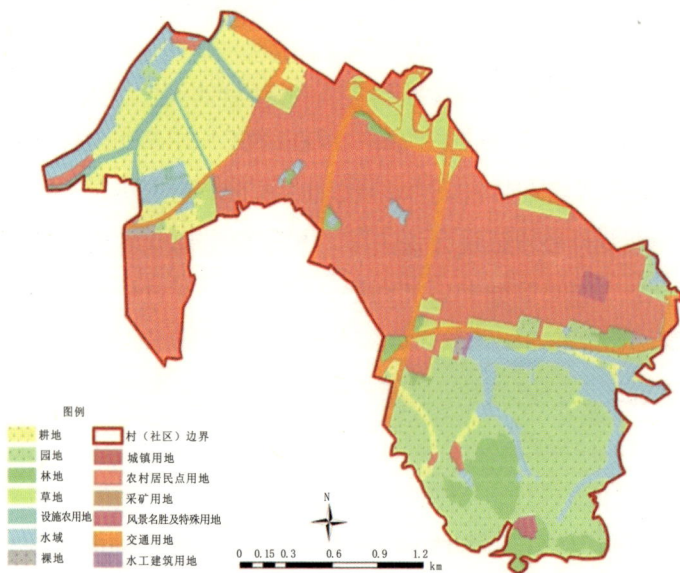

图6-30 赤岭社区土地利用现状图

经济发达地区土地利用与民众利益
土地利用与空间规划丛书

第一，农用地比重大，人均耕地高于市、镇平均水平。赤岭社区是厚街镇耕地和基本农田集中分布的社区之一，农用地为329.25公顷，占赤岭社区土地总面积的53.11%，拥有基本农田保护区面积111.61公顷，其中基本农田面积108.8公顷，耕地面积为74.81公顷，人均耕地面积相对较高，为0.313亩，高于东莞市平均水平约0.138亩和厚街镇的平均水平约0.087亩。

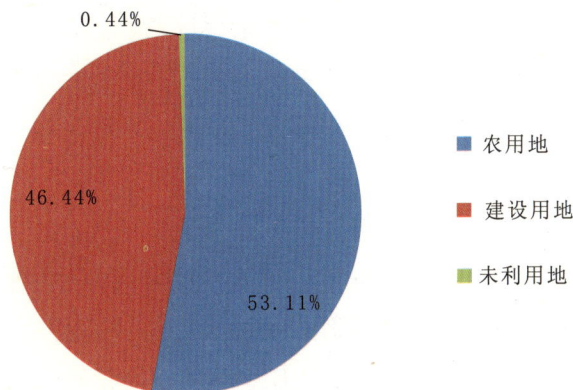

图6-31　赤岭社区土地利用结构图

第二，人多地少，土地后备资源少。在赤岭社区6.2平方公里的土地上，居住生活着的常住人口达4万以上，人口密度约6450人/平方公里，远远高于厚街镇约4000人/平方公里和东莞市的约3300人/平方公里的人口密度。未利用地仅为2.75公顷，仅占社区土地总面积的0.44%，不能满足赤岭社区当前的发展速度和发展要求。

第三，补偿机制不足影响经济发展。市、镇层面给赤岭社区布置了较大的生态用地面积，社区基本农田保护区的面积为1674.7亩，并具有较大面积的绿地，这些生态控制用地主要分布在社区的东西两侧。由于补偿机制尚未完全建立，带来了新的不公平，阻碍社区经济发展。

③ 土地利用的特点及问题。第一，工业用地以传统产业为主，工业用地环境较差。赤岭社区是厚街镇工业用地比较大的社区之一，

传统产业包括制鞋、五金加工、机械制造等劳动密集型产业，有大小企业63家，1个工业区。工业用地面积约占社区土地总面积的28%，人均工业用地面积是镇平均值的5倍多，人均工业总产值也高达镇人均工业总产值的5倍左右，厂房以3层和4层为主，但是工业用地的环境、基础设施较差，影响产业集聚效益的发挥。赤岭社区列入"三旧"改造的旧厂房高达230余亩，分为两宗土地。

第二，建设用地布局混乱，城市景观较差。赤岭社区建设用地为287.89公顷，占社区土地总面积的46.44%，用地功能混杂，居住生活与工业生产相互影响，沿袭了早期粗放型的土地利用模式。城市整体空间环境较差，建筑景观杂乱无章，且建筑质量相对较差，近年建设的一类建筑较少，仅有少量新建工厂属于一类建筑；20世纪90年代中后期建设的二类建筑以及20世纪八九十年代建设的三类建筑占赤岭社区建筑的主要部分，三类建筑和二类建筑占总建筑的90%左右；其中三类建筑多为建筑密度较高的村民住宅和旧厂房建筑，环境较差。

原因分析：首先，对社区集体土地缺乏统一的规划管理和衔接，社区一级没有城建和国土规划办公室，整个社区仅设有1名相关的工作人员，在土地管理上没有积极性和主动性，导致传统粗放的土地开发利用模式延续至今。其次，"三旧"改造的赔偿支付问题难以协调、争议较大，征地拆迁成为难点，导致旧厂房、旧村庄的改造难以推进，影响了城市建设和产业升级的进度。最后，年长者与年轻人的观念较难统一，年长者偏向于聚居在世代居住的旧村而不愿意搬入新的公寓楼，导致部分旧村改造较难推进。

三、石排镇

石排镇位于东莞市东北部，东江中下游南岸，独享东江岸线15公里。镇中心区位于北纬23°25'，东经113°38'。距东莞市中心20公里、广州50公里，南往深圳70公里，东西最大横距13公里，南北最大纵距7公里，总面积55.47平方公里，占东莞市总面积的2.27%。石排东与企石镇相邻，东南、西南与横沥镇、茶山镇接壤，西北与石龙镇、北与博罗县相连。辖有18个行政村和1个社区，2010年常住人口160 202人。

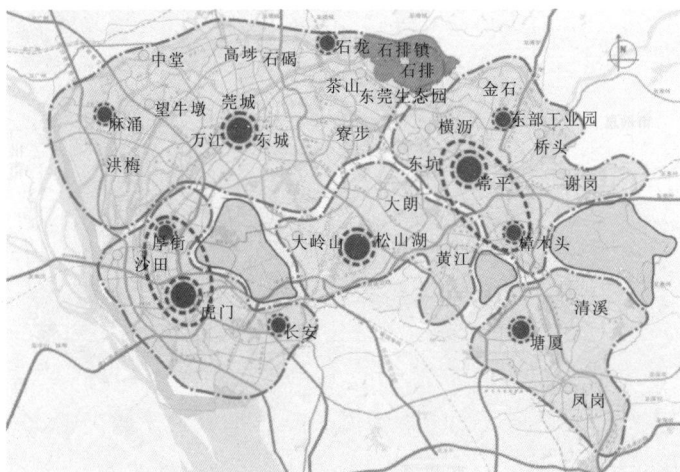

图6-32　石排镇区位图

历史上石排以传统手工业为主，20世纪80年代初期，随着"三来一补"项目的大量引进，塑料、机械、电子、服装等8个工业门类成为石排工业的重要经济支柱。1984年，工业总产值首次超过农业产值后，石排以工业为主导，开始建立工业园，改革企业经营机制，并相继引进外资。近年来，石排镇以打造岭南特色"中国镇"为城市发展目标，在行政改革、社会治安、文化教育、医疗卫生及民生福利等方面的综合性改革上取得较好成绩。2010年，石排全镇生产总值50.77亿元，比2005年增长116.3%，年均增长16.7%。

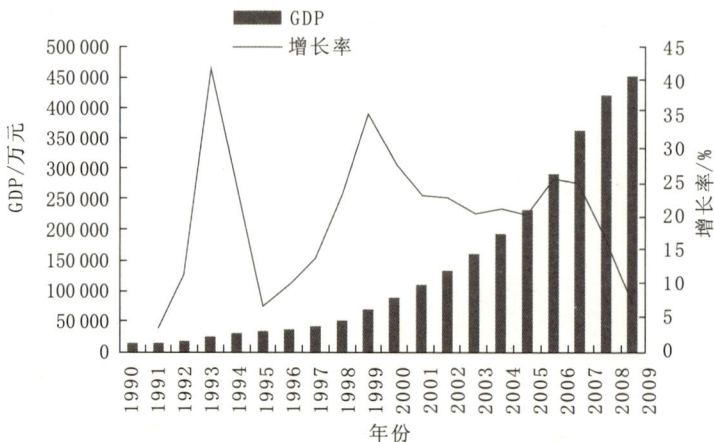

图6-33　1991年以来石排镇镇GDP变化图

1. 镇域土地利用状况分析

（1）土地资源特征

① 从总量来看，人均土地资源少，土地供求矛盾突出。石排镇土地面积共5547.3公顷，按户籍人口计算，人均土地资源0.127公顷（1.9亩），按常住人口算，人均土地资源0.035公顷（0.5亩），现存储备土地面积约400公顷。石排镇是经济相对落后镇，GDP在东莞全市排行偏后，随着交通基础设施和工业园的建设，石排发挥其后发优势，将会进入一个经济社会发展较快的阶段，也会对土地资源产生更大的需求。各行各业的用地需求和可供给的土地数量之间的矛盾将会越来越突出。

② 从地类来看，建设用地迅速增加，耕地资源急剧减少。石排地势属低洼地区，耕地大部分是比较平坦的埔田，小部分是河岸洲地。1961年石排人民公社成立时，全社耕地面积2467.1公顷，人均耕地面积0.133公顷（1.99亩）。随着全社人口的增长，人均耕地面积逐步减少。至1977年，人均耕地面积0.082公顷（1.23亩）。1978年改革开放后，随着社会各项事业的快速发展，农村住宅和村镇（街道）建设占地面积增加，1986年耕地面积减至1950.7公顷，人均0.062公

经济发达地区土地利用与民众利益
土地利用与空间规划丛书

顷（0.93亩）。随着改革开放的逐步深入，村镇市场、广场、商场、公园，以及引资办厂等建设用地的迅速增加，耕地面积逐年减少。1995年，人均耕地面积0.055公顷（0.83亩）。2002年，耕地面积减至1441.4公顷，人均占有耕地0.037公顷（0.56亩）。到2009年，全镇耕地面积778.7公顷，人均耕地面积0.018公顷（0.27亩）。可见，石排镇的耕地面积和人均耕地面积都在不断减少。

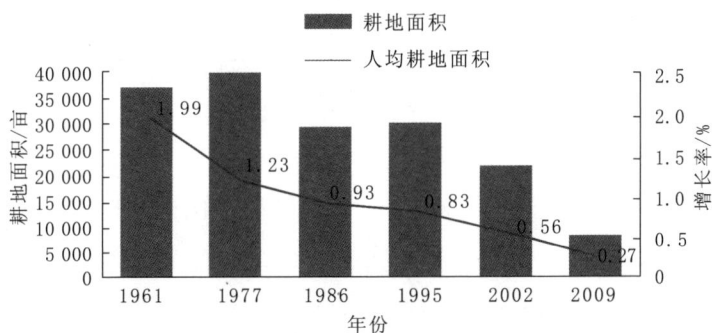

图6-34　石排镇耕地面积和人均耕地面积变化图

至2009年，石排镇建设用地占土地总面积的比重高达44.94%，与国内其他城市相比，土地利用强度已处于较高水平（图6-35）。

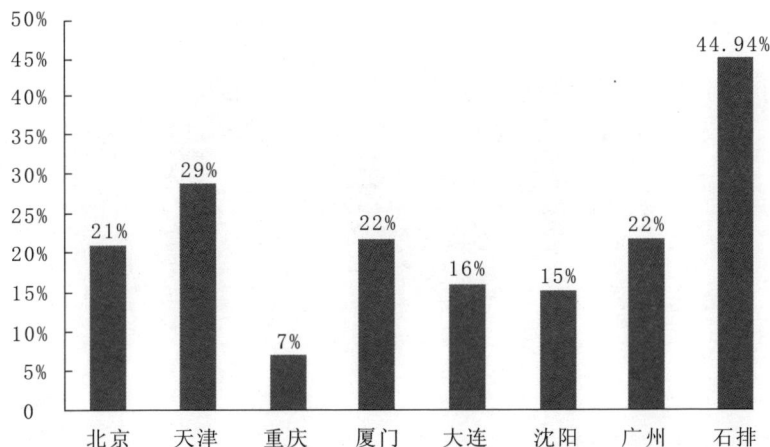

图6-35　石排镇与各大城市土地利用强度对比示意图

第六章
试点镇、村、组土地利用现状与问题分析

较大的建设用地比和快速的扩张，促使耕地面积锐减，可转为建设用地的资源空间萎缩。石排土地以水田为主，市下达的耕地保有量比较大，申请占用耕地建设的难度大。林地、自然保留地占全部土地面积的比重仅为1.30%和9.77%，可供利用的自然资源十分有限。随着经济社会发展对空间和土地资源产生更多需求，石排保护耕地的压力将进一步加大。

　　（2）土地利用现状及特点

　　① 土地利用现状。根据2009年全国第二次土地利用调查数据，石排镇土地总面积为5547.3公顷，其中农用地面积为1975.8公顷，占全市土地总面积的35.62%，农用地中耕地面积778.7公顷（11 680.5亩），园地197.9公顷（2968.5亩），林地72.1公顷（1081.5亩），其他农用地927.1公顷（13 906.5亩）。而建设用地面积有2493.0公顷（37 395.0亩），占全市土地总面积的 44.94%，其中城乡建设用地2222.4公顷（包括建制镇用地208.1公顷，农村居民点用地2014.3公顷，独立工矿用地0公顷）。其他土地面积为1078.6公顷，占土地总面积19.44%，其中水域536.5公顷，自然保留地542.1公顷。

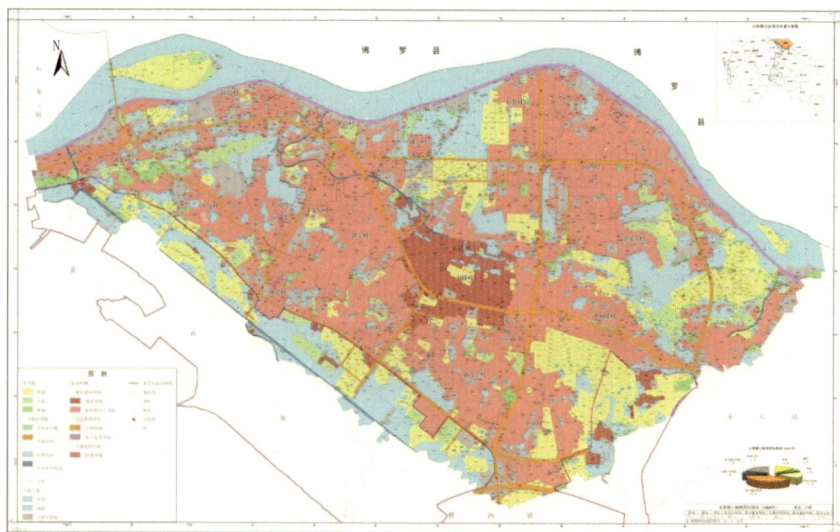

图6-36　石排镇土地利用现状图（2009年）

表6-20　石排镇土地利用现状（2009年）

地类		面积（公顷）	比重（%）
土地总面积		5547.3	100.00
农用地	耕地	778.7	14.04
	园地	197.9	3.57
	林地	72.1	1.30
	其他农用地	927.1	16.71
	小计	1975.8	35.62
建设用地	城镇用地	208.1	3.75
	农村居民点用地	2014.3	36.31
	特殊用地	5.6	0.10
	交通运输用地	198.3	3.57
	水利设施用地	66.7	1.20
	小计	2493.0	44.94
其他用地	水域	536.5	9.67
	自然保留地	542.1	9.77
	小计	1078.6	19.44

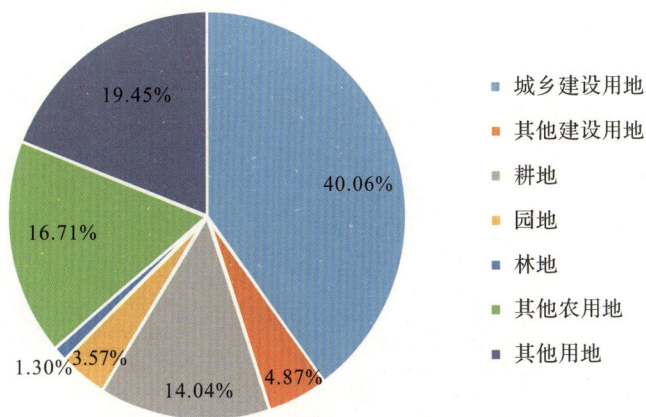

图6-37　石排镇2009年土地利用现状结构图

第六章
试点镇、村、组土地利用现状与问题分析

② 土地利用特点。石排镇土地利用呈现出以下特点：

第一，以村组为建设主体，"大分散、小集中"。与东莞市的其他镇一样，石排镇以村组为土地开发利用的主体，每个行政村都形成相对集中的居住区和工厂区，并有小型的商业服务设施，在空间上呈团块状分散布局。

第二，建设用地沿道路呈带状集聚，产业用地园区化集中布局。受基础设施建设的制约，石排镇建设用地沿主要道路集聚发展，已经形成沿石排大道、太和路、石崇大道、石洲–石横大道的带状布局形态。原石崇工业区、石岗工业区、大基工业区、福隆工业区和沙角工业区已初具规模，产业用地沿石洲–石横大道和石崇大道呈组团状布局。

第三，建设用地多于农用地，土地权属以集体土地为主。1997—2009年之间农用地共减少1421.9公顷（21 328.5亩），建设用地共增加1330.0公顷（19 950.0亩）。2009年石排镇的建设用地总量已超出2010年用地规模722.1公顷（10 831.5亩），建设用地占用耕地量也大大超出指标。

从土地权属看，石排镇的土地权属以集体土地为主，集体土地与国有土地的比例超过7∶3。其中，集体建设用地是国有建设用地的2倍，国有农用地极少。可见，如何开发好集体建设用地，整合集体建设用地，提高集体建设用地的节约集约利用率，把集体建设用地转化为国有建设用地是石排镇在今后的土地开发过程中的关键。

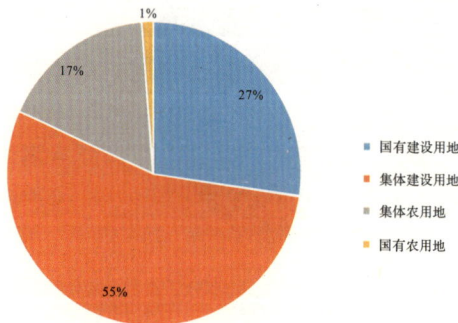

图6-38　石排镇2010年土地权属结构

第四，各村组的土地利用状况差异大。根据土地资源的利用和掌握资金状况，石排镇存在四种类型的村组：

A. 有资金有土地，但无用地指标。部分村组拥有相对充足的资金，同时也有可利用的土地资源，但无用地指标，因此不能兴建物业，如福隆、黄家堂、塘尾、中坑等4个村和沙角木丁、水贝廖屋等17个村小组，均有空置地2500平方米以上，且货币资金均达310万元以上。

B. 有土地，但无用地指标且资金不足。如沙角、水贝等2个村和石排下二、庙边王利屋、横山下宝潭等28个村小组，共有空置土地449 784平方米，但无用地指标且货币资金均在300万元以下。

C. 有资金，无土地。部分村组拥有较充足的资金，但缺少土地资源。如向西、田寮、横山、谷吓、埔心、燕窝等6个村和沙角村头、福隆庄等8个村小组，其资金均在330万元以上，但没有土地资源。

D. 无土地且资金不足。如石排、下沙、庙边王、赤坎、李家坊、田边等6个村和石排上一、田边石贝等10个村小组均没有土地，且货币资金均在240万元以下。

（3）土地利用存在的问题

① 土地利用率高但效益低，节约集约利用水平不够。至2009年石排镇的土地利用率已高达96.39%，与全市土地利用率96.41%的平均水平持平。其他土地只有1078.6公顷，其中水域面积536.5公顷，可见后备土地资源相当紧缺。2011年全镇的GDP为52.71亿元，每亩建设用地GDP产出率为13.25万元，土地产出率大大低于全市每亩25.5万元的平均水平。可见，石排镇的地均产出效率相对比较低，经济增长耗地大。

2009年，石排镇的城乡建设用地人口密度为760.65人/平方公里，远低于东莞市的城乡建设用地人口密度（8468.99人/平方公里）；镇公用建筑总建筑面积达42.35公顷，人均10.0平方米，稍微高于东莞市人均公共设施用地面积（9.38平方米）；镇居民住宅总建筑面积281.59公顷，人均66.7平方米，比东莞市居民人均住房建筑面积（53.75平方米）高；镇绿地面积191.6公顷，人均45.4平方米。虽然以上数据说明了石排镇较之东莞市有更多的用地空间，但同时也显示了石排镇的人口聚集程度不如东莞市，用地不够节约集约。

② 各类用地结构失衡，经营性用地多，公益性用地少。石排镇各类功能用地混杂、布局分散，现状居住用地、工业用地、道路用地比例过大，公共设施用地、绿地比例不足。

③ 闲置土地数量大。石排镇闲置土地数量大，占而未用情况突出，历年已批未用的闲置土地约有1500亩，违法填土闲置约1000亩，出现"有地无人用，有项目无地用"的现象。目前，石排镇中心区仅有8.6平方公里，中心区建设用地闲置率是东莞市各镇街中最高的，许多黄金地段建设用地闲置撂荒，商圈被人为阻隔，导致中心区无法发挥凝聚、辐射功能。

④ 镇、村、组土地资源紧缺。由于改革开放早、中期粗放式的发展模式消耗了大量土地资源，加之石排镇东部快速路两侧土地征收以及镇的土地统筹工作，使各村组面临土地资源紧缺、发展空间狭小等问题。向西村、李家坊村、太和社区、下沙村、黄家坐村、埔心村等村以及部分村小组均无地可用，严重制约其经济发展。

⑤ 土地污染日趋严重，环境压力大。由于近年来经济发展快速，规划相对滞后，工业布局凌乱，功能定位不明确。再加上工业"三废"治理跟不上，不少农田受到污染，致使大量耕作土壤退化和耕作条件破坏，也有一些农田处于抛荒状态，农业综合生产力下降，环境压力与日俱增。

（4）土地利用问题原因分析

① 低成本、粗放式的外向型发展模式和以村镇为主导的发展机制。低成本、粗放式的外向型发展模式在以往石排的经济社会发展中起到了重要的作用，但这种不可持续的发展模式也造成了土地利用强

度大、效益低等问题。而以村镇为主导的发展机制导致石排各村组发展各自为政，片面追求自身利益最大化，镇一级政府的土地统筹不能有效发挥。

各村组掌握土地开发实权，大部分的土地开发权、处置权游离于政府的监控以外。各村组考虑自身的利益，把土地出让或建好厂房物业之后再出租给开发商。在与开发商谈判的过程中，村组由于自身的各种局限性往往处于被动地位，主动权掌握在开发商手中。因此也导致了地价被压低，整体布局散乱，土地开发分散、功能混合、产出效益低。

② 对土地利用规划不够重视。石排镇为提高财政收入，热衷于卖地，对招商引资、镇区规划等不够重视。加之石排乃至整个东莞的城乡规划管理、土地管理体系在集体土地开发管理方面存在一定程度的缺位与模糊化，例如，编制规划的资金不足、村庄规划长期缺位等。由于缺乏科学规划，大量宝贵的土地资源被分块卖掉，发展模式粗放，呈现出以石排大道为主的"马路经济"和"村村点火，处处冒烟，满山放羊"的局面。

③ 镇、村、组对土地统筹的认识不一，土地历史遗留问题多且复杂。为整合土地资源，提高土地利用效率，引进大项目，石排在全镇范围内开展土地统筹工作。然而，部分村组的土地开发利用观念仍停留在过去那种以村组为界、满山放羊的意识中，只顾小集体利益，无视大集体利益，对镇政府连片土地统筹工作不够理解，产生抵触情绪，增加了土地统筹工作的难度。

石排镇统筹的未建设用地中大部分是农用地，根据各村管辖范围，由各村进行日常管理。但由于土地权属镇，部分农用地业主对村级管辖不响应，存在散乱使用、收费难等问题，更有部分的农用地处于镇、村两级无人管理的状态，导致农用地经营分散，效率低下。

此外，石排镇历史遗留用地问题比较多、比较复杂，有的土地历史遗留问题年代久远难以考证，给土地统筹工作带来很大的不便，也容易导致镇、村委会和村民小组三方利益冲突，产生不和谐因素。

（5）相关政策评价

① 土地统筹及其他土地政策。石排镇没有自己的土地统筹办法，主要参照东莞市统筹东部快速沿线（六镇）土地的实施办法（《东部快速路两侧土地征地及拆迁补偿款使用管理暂行办法》）来统筹本镇土地。虽然石排镇在土地统筹方面没有系统的实施办法，但对土地统筹款的使用管理做了相关规定。《石排镇加强土地统筹款的使用管理以及将部分土地统筹款转为创业资金方案》明确规定了土地统筹款的使用管理细则，包括土地统筹款的范围、用途，方案还指出要结合各村组发放创业资金的政策，提供各种就业扶持措施、创业优惠等政策，营造良好的就业创业氛围，引导股东就业创业。

下沙村还对土地出让做了严格规定。《关于加强村组土地出让管理规定》文件中明确指出：严禁村组未经镇人民政府同意擅自出让土地及严禁村组私分或以其他名义招投宅基地，土地出让必须符合城市总体规划和土地利用规划及有投资项目，先报镇规划、国土部门审核，再报镇人民政府审查。

② 土地统筹办法。根据《东部快速路两侧土地征地及拆迁补偿款使用管理暂行办法》，"征地补偿款实行包干制，补偿标准为6.5/亩。具体管理为：征地补偿款实行一次性补偿……永久建筑物拆迁补偿650元/平方米、简易建筑物拆迁补偿250元/平方米和其他建筑物拆迁补偿（按永久建筑物、简易建筑物拆迁补偿总费用的10%计算）。"本办法对征地补偿款的使用管理进行了规定，征地补偿款除按规定用于支付青苗补偿费、安置补助费外，余下部分作为村集体经济发展基金。村集体经济发展基金属被征地村集体所有，只能用于投资具有稳定收益的厂房、商铺和投资收益稳定、风险较低的生产性支出等，不得用于非生产性支出。此外，石排镇还对土地转让款的规范使用做了明确

规定，制定了《石排镇规范村组土地转让款使用工作方案》。

③ 土地开发模式。《石排镇扶持村组发展实施办法》对土地倾斜措施做出了相关的规定，指出要按照"统筹规划，连片开发"的原则，由镇一级统一投入基础设施建设，建立由镇级统筹，按利益共享、风险共担的合作方式联合进行土地开发，形成镇、村、组三级互利共赢的发展模式，还包括优先安排大项目用地、优先安排落后村组的建设用地指标。

2. 试点村土地利用状况分析

下沙村位于石排镇南部，土地面积为3.47平方公里，占全镇总面积的6.26%。下沙东与企石镇南坑村相接，南与横沥镇新四村、月塘村为邻，西与庙边王村接壤，北与福隆村相连。共有4个村民小组，分别为下沙、上沙、杨屋和刘屋。2010年常住人口2614人，人均土地资源约0.13公顷（1.95亩）。内有2公里的下沙大道、65米宽的石横大道和80米宽的龙岗大道贯穿全境。

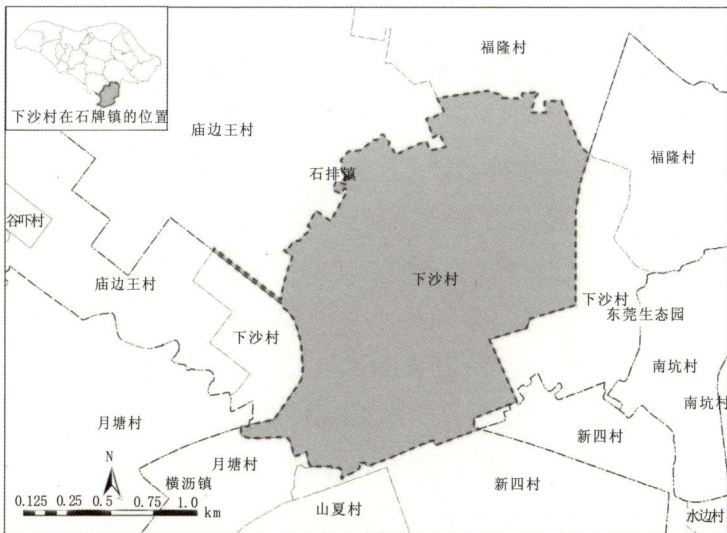

图6-39 石排镇下沙村区位分析图

2011年，村组两级在今年实现可支配收入1612万元（不含土地款），下沙村村委会收入407万元，下沙村小组463万元，上沙村小组278万元，刘屋村小组121万元，杨屋村小组358万元。2011年下沙村收不抵支70万元，村组两级负债总额共3904万元（不含土地款），其中村委会负债总额1250万元，比2010年减少4.4%，村民小组负债总额1059万元，比2010年减少7.8%。

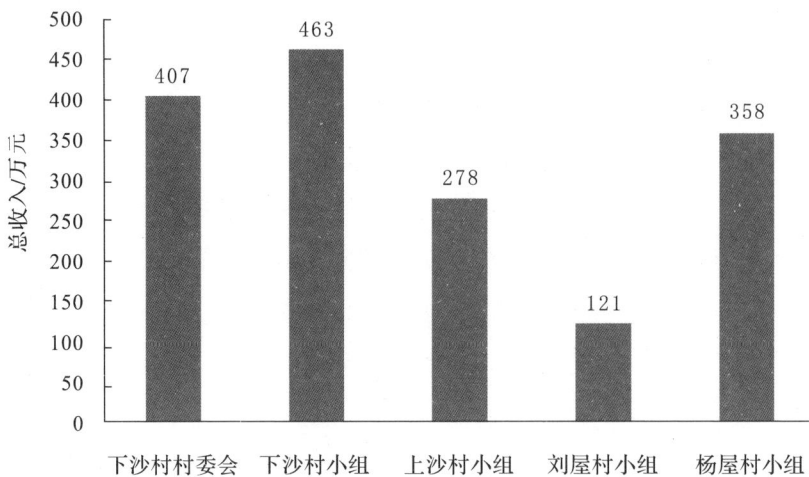

图6-40　2011年各村组总收入对比图

（1）土地资源特征

① 从总量来看，人多地少，人地矛盾突出。下沙村人均土地资源约0.13公顷（1.95亩），略高于石排镇人均土地资源0.127公顷（1.91亩），与其他城市相比，人均土地资源相对较低。且下沙村为村组两级经济架构，土地属于村民小组，村没有土地资源，这个架构导致村委会想发展只能通过买地或者借助行政手段的方式来获得土地，影响了村委会的发展。目前，下沙村面临着土地资源十分紧缺、基本上无剩余土地可利用的问题。

② 从地类来看，土地利用强度大，利用率高。从地类情况来

看，全村土地利用强度趋饱和。农用地107.87公顷，占31.28%；建设用地135.47公顷，占38.99%；未利用地1.91公顷，仅占0.74%。土地利用率高达99.26%，未利用地基本为裸地，土地开发后备资源短缺。

（2）土地利用现状

① 土地利用结构。下沙村总土地面积347.43公顷，现状城市建设用地135.47公顷；现状建设用地中，工业用地共有132.6公顷，占总用地面积的38.5%，以二类工业用地为主；现状村镇建设用地21.63公顷，占总用地面积的6.23%；现状闲置土地32.30公顷，占总用地面积的9.30%；现状农用地主要包括耕地、园地等，总面积107.87公顷，占总用地面积的31.28%。

表6-21　下沙村现状土地利用平衡表

	类别名称	面积（公顷）	占总用地比例（%）
	总用地	347.43	100.00
	城市建设用地	135.47	38.99
	水域和其他用地	211.96	61.01
其中	水域	49.37	14.21
	耕地	104.86	30.18
	园地	3.01	1.10
	林地	—	—
	牧草地	—	—
	村镇建设用地	21.63	6.23
	废弃地	—	—
	露天矿用地	—	—
	闲置地	32.30	9.30

② 股份合作制下的土地利用。下沙村股份合作制主要是村小组以地作价，村委会及村小组共同出资，按项目的投入比例分成，村组

共建，实现互利共赢，是村委会获得收益的重要方式，发展模式也比较成熟。

岭南农批中心作为石排镇"三中心十支点"商贸平台其中一个中心点，是关乎下沙村产业升级和实现超千万元村目标的一个重要项目。在镇委的正确领导下，下沙村采用了民营资本与村组股份制合作的开发模式，其中民营企业银基公司占51%股权，下沙村村组集体占49%股权，并在村组中按股东人数比例确定集体股内部股权，村委会、下沙、上沙、杨屋、刘屋小组分别占股权的5%、18.06%、9.24%、9.33%、7.37%。到目前为止，农批中心各股东共出资3149万元，其中村组集体出资1568万元，主要用于前期土地统筹、道路、用水、用电等基础设施建设。

（3）土地利用存在的问题

① 从空间布局结构来看，各用地分布散乱。现状工业用地集中分布在交通干道的沿线，是石崇现代制造业中心的重要组成部分；村镇建设用地主要表现为旧村民居的形式，分布在下沙村的东、西两侧；闲置土地主要分布在下沙大道两侧和以东的地区；耕地和草地等农用地主要分布在东部、中部和南部地区，大部分已经被统筹用作东莞生态园用地。

② 土地开发利用以建厂房出租为主。2012年下沙村委会计划建造4800平方米的东莞市即坚实业有限公司厂房宿舍，下沙村民小组计划建造7050平方米的华富精密金属制品有限公司厂房宿舍，上沙村民小组计划建造7350平方米的东莞市石排印刷厂有限公司厂房宿舍，杨屋村民小组计划建造5500平方米厂房，刘屋村民小组计划建造6500平方米的东莞市永佳合成材料实业有限公司厂房宿舍。可见，目前下沙村仍然依赖建厂房出租这种低级的经济形态来实现增收，不利于进一步促进经济转型和产业升级。

经济发达地区土地利用与民众利益
土地利用与空间规划丛书

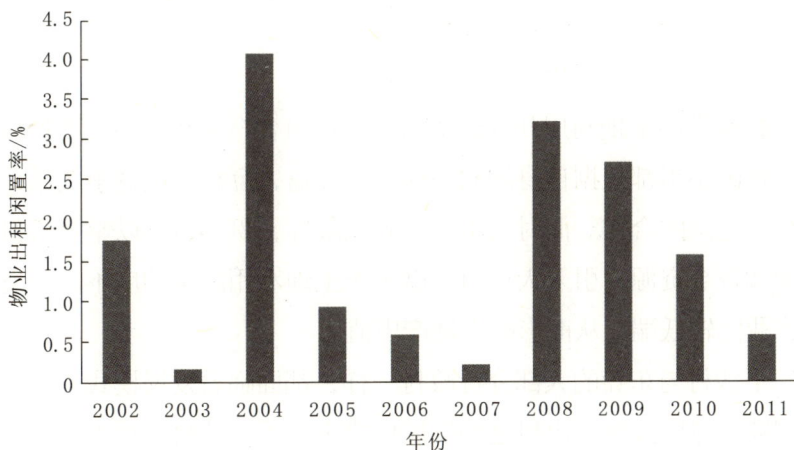

图6-41 下沙村物业出租闲置率图

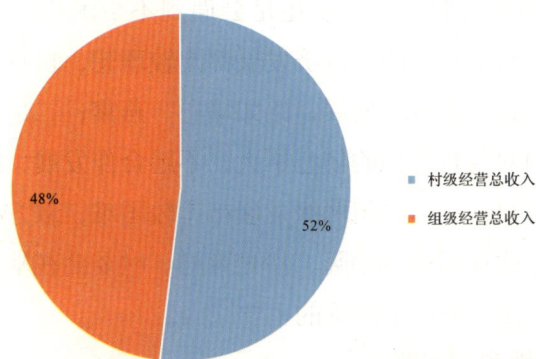

图6-42 下沙村村组经营收入比例图

③ 股份合作制不顺利导致用地浪费。下沙村与东莞市银基企业咨询顾问有限公司合资建设的岭南农批中心自2010年1月开始试业营运以来一直处于停滞状态，给村组两级财政形成非常大的压力，大大制约了村组经济发展。目前，岭南农批市场还有很多地方空着，有180亩的土地还处于待开发状态，没有产生经济效益，造成了极大的用地和经济浪费。

（4）土地利用问题原因分析

出现以上土地利用问题的原因有：

村组掌握土地利用开发的实权，但村组各自为政发展，下沙村的各个村民小组都根据自身的利益而自打算盘，互相形成竞争关系，缺少村组之间的合作。而村组本身具有局限性，例如，难以整合大量的土地和资金资源，引入大项目，以至于土地利用的集约度不高，发展的产业比较低端，从而影响土地产出值。

下沙村与东莞的大部分行政村一样，都面临着发展模式不可持续的问题。建厂房物业出租这种发展模式决定了下沙村各种土地问题的产生。

股份合作制虽然促进了下沙村村组两级的资源整合和经济发展，但是在石排镇推行股份合作制还是会遇到不少困难，主要有以下原因：一是部分村的村组两级经济发展都比较理想，自身资源充足，不需要通过股份合作来取得发展，比如埔心、燕窝；二是村组两级的发展不平衡，组对与村合作的信心不大，不愿合作发展，比如庙边王、谷吓、水贝等村；三是村组两级发展都比较困难，双方都没有资源可以共享发展，比如石排、福隆、沙角等村。村委会在基层缺乏威信，上下互信不足是造成以上困难的主要原因。

（5）土地利益问题

① 镇与村组的相关土地利益分析。石排镇政府及国土分局、土地储备中心等相关部门负责协调好镇、村委会和村民小组三方的土地利益，化解矛盾，确保和谐。主要有以下几点：

第一，土地统筹与土地储备工作。在东莞生态园的土地储备工作中，为促进村组的发展与土地利用平衡，镇实施土地统筹后，返还被统筹土地面积的10%给村组发展建设。一共返还了1175亩的土地给7个村，划出一块比较大的地，采用镇、村、组三方联合发展的形式进行开发。此外，村还可以从土地统筹款中提取10%～30%的资金用于发放创业资金，鼓励村民创业。

第二，镇协助村解决用地手续问题。例如，下沙村在第三工业区建设东莞市即坚实业有限公司厂房宿舍，建筑面积4800平方米，预计投资700万元，需要镇国土部门协商解决用地手续。

第三，镇协助村招商引资，盘活闲置用地。例如，原岭南农批市场有180亩的地块尚处于待开发状态，下沙村需要镇外经办、经贸办、民营办等协助其招商引资，盘活农批市场地块，使村委会有经济收益。

第四，镇为村向银行融资用于发展生产性项目作担保。下沙村有土地，但融资难，造成难以可持续发展。因此，下沙村希望镇委镇政府能以经济联合总社名义为扶持其合建项目向银行融资作担保，保证村组良好发展状态和可持续发展。

② 村与组的相关土地利益分析。村委会的收入不如村民小组主要是由于历史遗留问题，土地都掌握在组手里。村委会没有土地，没有发展空间，想要发展则要向村民小组买地。村具有行政资源上的优势，能够得到镇政府的政策支持，在招商引资的过程中，能够有更多的资本与企业谈判。若撤销村民小组，村委会能统筹全村的土地，进行统一规划，原属于村民小组的财产也划归村委会管，但村委会将要承担全部的日常开支，包括治安、环卫、教育、医保、社保等。村组合作的主要做法是村委会掌握主动权，负责协调各村民小组，招商引资。引进项目不直接和村民小组洽谈，所有工作都由村委会协调，包括用地手续等。村民小组虽然掌握了土地资源，但无论从政策优惠上，还是招商引资和抵御风险上，优势都不如村。

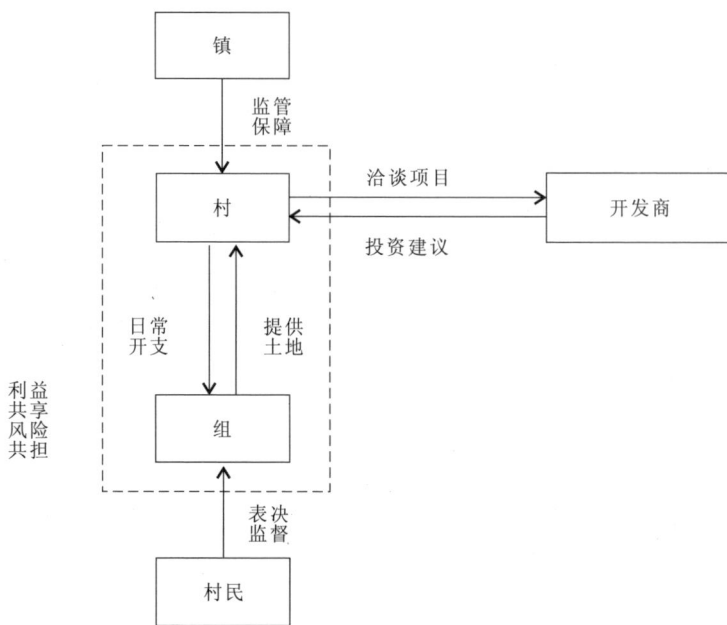

图6-43　各主体利益关系图

四、镇、村、组土地问题总结

1. 共同的土地问题

① 土地利用结构不平衡，用地布局混乱；

② 工业用地占地比例大、分布散乱、规模较小、集聚效益差，而公共服务设施用地、绿地较为缺乏；

③ 用地不节约集约，形成"村村像城镇，镇镇像乡村"的半城市化景观；

④ 经济发展过多地依赖于土地资源的消耗；

⑤ 村和村民小组有较强的土地自主开发权；

⑥ "三旧"改造开展难度大，受土地权属、利益协调和村民观念等问题的严重制约；

⑦ 都有大量批而未用土地和闲置土地。

经济发达地区土地利用与民众利益

土地利用与空间规划丛书

2. 差异化的土地问题

（1）"村组撤并"的开展和土地统筹程度的不一

厚街实行了"村组撤并"的政策，在村委一级成立了居民委员会，把原来村民小组的土地统筹到了居民委员会一级（原行政村级）。"村组撤并"这一政策在厚街全面展开，深入每个村，而在虎门镇则是推行了部分的村（如金洲社区、新湾社区推行了，但是南栅社区没有）。而石排镇仅仅只有两个村（下沙村和田边村）通过推行村组股份制合作来整合村组的土地。

实行"村组撤并"所统筹的土地的所有权掌握在村委一级，而石排通过股份合作制所整合的土地的所有权还是属于原有者（村或者组）。

（2）"三旧"改造的推进程度不一

在虎门、厚街和石排三个镇中，虎门镇的"三旧"改造工作推行得最早、面积最多、范围最集中、占建设用地的比例也最高。可见虎门镇"三旧"改造的需求比较大，也比较急切。大部分改造地块都是2010年实施改造的。厚街镇虽然离市中心最近，但是其"三旧"改造面积占建设用地面积反而最小，大部分的改造地块都是在2011年之后才实施改造的。除了石排镇，虎门和厚街都编制了镇"三旧"改造专项规划。可见，石排推进"三旧"改造工作比较晚。到目前，石排镇的"三旧"改造只进行到把需改造地块登记入库阶段。

"三旧"改造的进度不一致也预示了之后三个镇的"三旧"改造重点将不一样。

（3）由于区位和经济发展的差异所存在的土地问题不一

厚街离东莞市中心最近，虎门的经济发展得最好，而且是东莞的副城市中心，而石排的区位则相对较偏僻，经济发展也位于东莞各镇街的靠后位置。因此，村镇的这些条件所导致的土地问题都不尽相同。

第七章　引起东莞土地问题的
　　　　原因分析

　　东莞1988年升为地级市后，直接管辖32个镇（街道），中间不设县级政府，在镇（街道）下面设行政村和村民小组，形成市、镇、村、组四级的城镇管理架构。从东莞自身结构来看，四级城镇管理结构在权力层层下放的政策下，处于最下层的村民小组实际掌握了土地的支配和使用权，而东莞经济迅速腾飞的主要因素是大量廉价的土地和劳动力的持续供应。村民小组在拥有土地使用和支配权力之后，可以用廉价的地租通过出租土地或是建设厂房然后再出租的方式大量吸引外资，这种以基层（村民小组）为动力引发的城市发展，是一种自发的过程，呈现出一种分散发展模式。在改革开放初期的时代背景下，这种模式在促进东莞城市经济社会发展过程中发挥了巨大的作用。但是，发展到现在，这种模式的弊端逐渐显露出来，在土地利用、经济运行等方面造成了很多问题。揭示这些土地利用问题背后的深层次原因有利于制定有效可行的政策措施，推动东莞经济社会空间转型，平衡村组土地利益。

一、土地市场不规范

土地市场不规范以致集体组织成为土地出让的主体。按照现行的法律规定，我国现阶段的土地市场分为三级。一级市场指的是国家把城镇国有土地或将农村集体土地征用为国有土地后出让给使用者或开发商的市场。二级市场指的是开发商对土地进行开发和建设，并将经过开发的土地使用权连同地上定着物进行转让、出租、抵押等。三级市场指的是土地使用者之间进行的土地转让等交易活动的市场。对于经营性用地，一般情况下城市政府需先征用农村集体土地，把"生地"变成"熟地"，进入一级市场。在一级市场中，通过"招、拍、挂"等方式，开发商取得土地，开发建设后进入二级市场，进行各类物业的经营活动。

然而，在东莞这个快速城市化、半城市半农村的地区，其土地开发模式与常规的土地开发模式不一致，特别是土地市场不规范。在土地一级市场中，原应是政府作为土地出让主体的，出让的是国有土地使用权，但是在东莞，村集体也有可能成为出让主体，出让的是集体土地的使用权。其复杂性主要表现为主体的多样性、土地运营方式的多样性和土地市场的不规范性等。

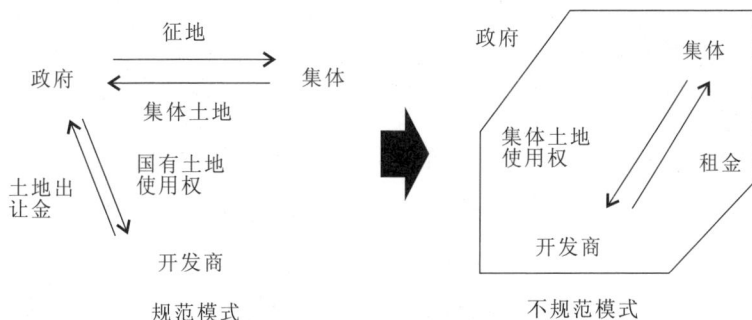

图7-1　土地开发规范模式与不规范模式比较图

二、土地权属模糊性

土地权属模糊性导致集体土地开发过程中存在经济驱动力不足、投融资渠道受阻等问题。对于经营性用地的开发，通常先得经过城市政府的征地，土地平整，土地"招、拍、挂"，土地拍卖所得资金部分用于征地补偿，部分用于城市基础设施建设。同时，开发商将取得土地按规划进行投资开发。这确保了城市建设过程中大部分资金的来源和明确了投资主体。然而，对于东莞各个镇所辖的农村地区，由于大部分土地的产权归集体所有，导致上述土地开发途径难以实现。

土地产权归集体所有的土地开发存在经济驱动力不足、投融资渠道受阻、建设资金周转困难等问题。农民普遍不愿失去土地，大部分对改造持观望态度，甚至持极力反对的态度，不愿冒改造的风险。即使有改造的想法，村集体和政府也无力一次性支付巨大的土地开发改造费用。集体土地需被国家征收后才能进入市场流转，其土地权属存在模糊性，这给土地统一规划、改造开发和投融资体系的建立造成了障碍。同时，这也成为东莞集体土地多元开发模式和违法建设产生的重要根源。

三、限制物业的市场自由交易

限制物业的市场自由交易是集体土地上形成租赁经济的根本原因，在城市的土地开发中，政府在土地一级市场把土地出让给开发商。开发商取得土地之后按照相关的城市规划设计条件对土地进行投资建设，然后进行物业出租出售。政府通过拍卖的方式从开发商手中获得土地出让金，这些财政来源用于公共服务设施、基础设施建设等所有的城市运作。至此，政府脱离了与土地的关系。公共服务设施和基础设施的完善能够使土地转让价格提高，政府能够在下一次的土地出让中获得资金回报，并对公共服务设施和基础设施进行进一步的开发，从而实现资金的良性循环。

但是按照国家规定，在集体土地上建设的居住、商业和工业等物业都不能在市场上自由交易，只能通过出租的形式来获得资金回报，因此，租赁经济成为村集体的经济来源。村集体无法像东莞政府那样通过出让土地获取资金来投入公共服务设施和基础设施建设，也依然紧紧地与土地联系在一起。基于以上原因，在一定程度上促使厂房和物业出租这种租赁经济成为村集体的主要收入来源。厂房和物业出租较之一次性获得大量开发资金的土地出让，其获得的资金回报具有周期长、每次收益少的特点。加之村集体通常把回收的租金用于村民的分红、社保、治安和环保费用等，真正用于公共基础设施建设和土地再次开发的资金极其匮乏，也导致了东莞村组集体土地的开发利用程度不高。

四、对集体土地开发管理和规划的缺位

东莞市的城乡规划管理、土地管理体系在集体土地开发管理方面存在一定程度的缺位与模糊化。首先，农村规划、村庄规划在东莞未得到重视。村庄（农村）规划的编制主体是农村土地的所有者——村集体，但大部分农村由于资金不足、认识不够等原因往往都不会主动组织编制村庄规划。在村庄规划长期缺乏、不正规、不完善的情况下，导致目前东莞村一级出现各种土地开发、利用与布局问题。

其次，规划和管理跟不上社会经济的快速变化也是导致东莞土地无序发展、问题丛生的一大原因。东莞基于天时地利的机缘巧合，改革开放30年来社会经济结构发生了急剧变化，由于这种变化缺乏先例，因此无论是政府部门还是规划部门均对这种变化缺乏有依据的预见性，造成管理和规划跟不上发展的需要，这是造成上述土地利用问题的一个前提。

第七章
引起东莞土地问题的原因分析

五、以村镇为主导的发展机制

市镇行政结构及以村镇为主导的发展机制使土地宏观管理失控。行政区经济、分税制、简政放权等多种因素，导致东莞市域内各镇各自为政，片面追求自身利益最大化。由于行政区经济分割，使市一级政府宏观调控功能不能有效发挥。因此在实施全市经济布局和用地功能布局时困难较大。

东莞在30年前是农村，改革开放和扶持发展乡镇企业的一系列国家政策和东莞特殊的地理位置结合使东莞的经济发展不可阻挡，东莞农民以极大的热情投身于这场经济运动。东莞经济发展的主导权实际掌握在拥有土地的镇、村和村民小组中，大部分的土地开发权、处置权游离于市级政府的监控以外。由于建设用地大量的实际需求以及供给后的巨大经济利益，在没办法及时科学地在发展经济和保护农用地以及保护环境方面取得可操作性的结论以前，土地的宏观管理事实上已经失控，农用地转为非农用地的土地使用权流转甚至土地用途的改变成为主要由拥有土地的农村社区自行决定的一种行为，因此造成了数量巨大的供地主体。东莞有大量的外商，但在外商和土地出让主体的谈判过程中，由于供地主体和可供地太多，再加上其他种种原因，最后的选址主动权掌握在了外商的手中，演变成了供地方不但要牺牲一定的地价，还导致了整体布局的散乱。这种数量巨大的分散的开发和土地功能的混合使用一方面使土地级差不明显，影响了土地的产出效益；另一方面影响了土地的集约效益，包括经济效益和环境效益，并使开发的建设用地面积更为巨大。这是造成东莞目前土地利用问题的最主要因素。

经济发达地区土地利用与民众利益

土地利用与空间规划丛书

六、转型期中对土地开发的多元利益诉求难以协调

转型期"地方化"格局下多元利益主体的产生，促使东莞政府与村集体产生各自的土地开发利益诉求。

农村土地的所有权属于集体，但是土地使用权和经营权比较分散，甚至分散到每家每户，因此，村组集体以及每户村民之间的长远发展利益和短期眼前利益之间的矛盾难以协调。市、镇、村、组由于主体上的差异，导致在处理相关利益关系时的立足点也存在差异。村组集体往往更多从自身利益出发考虑，而对本村以外的公共利益大多考虑不足。除此以外，村集体"自下而上"的自身发展需求和东莞市政府"自上而下"的全面统筹要求也难以达到一致。开发商在市、镇、村、组之间的利益博弈也是一个不可忽视的因素。

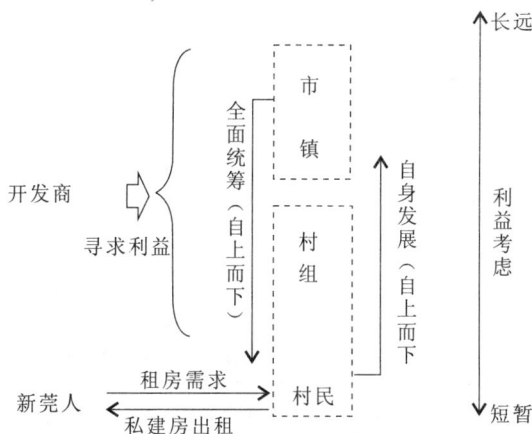

图7-2　土地开发的多元利益诉求关系图

七、法律滞后是农村违规集体建设用地增加的根本原因

改革开放以前，农村集体建设用地、农民宅基地都是非经营性的。20世纪80年代中期以后，随着乡镇企业的兴起，农村集体建设用

地具有经营的特性。不过，当时农民集体对集体建设用地主要还停留在自我利用、自主经营的状态。

20世纪90年代中期以后，农村集体建设用地大量以经营性方式进入市场，在沿海发达地区尤其普遍。第一种途径是农村乡镇企业改制以后，这些企业原来占有的土地绝大部分以出租、出让或转让方式流转给其他用地者。第二种途径是，农民集体将集体土地以土地出租或盖厂房方式出租给业主使用，以获取土地级差地租。不管是哪种土地经营性建设用地进入市场，其核心是经验，关键是土地流转和交易，实质是农民集体参与分享土地非农收益。

但是，国家现行法律只承认农村集体建设用地依法取得的资格权，强制性规定禁止使用流转权、交易权。《土地管理法》第43条规定保留农民集体可以使用本集体经济组织农民集体所有的土地兴办乡镇企业和村民建设住宅，及兴办乡（镇）村公共设施和公益事业建设，但是，又明确提出"农民集体所有的土地的使用权不得出让、转让或者出租用于非农业建设"。经营性集体建设用地不允许流转，等于允许孩子出生，不允许孩子长大。

面对农民集体经营集体建设用地的内在要求，流转和交易成为大势所趋。一些地方政府相继出台有关规章予以应对。于是国家法律无规定，地方政府有规章，地方规章突破法律，农民集体规避管理，合法用地私下流转，非法用地滋生蔓延。从满足制造业、服务业用地开始，到整理村庄宅基地，兴建农民新村，创办农家乐、休闲度假村，到出售小产权房。如果不尽快出台规范农村集体建设用地管理的法律和政策，这种现象只会加剧蔓延。

八、基本判断

实际上，导致东莞土地问题的根本原因是东莞在改革和转型期间快速的城市发展对土地的需求与现有的土地制度不适应。时至今日，土地问题经过多年已经累积成了巨大的改造成本，并且形成的土地既得利益链不容易被打破。因此，希望从土地方面入手来平衡东莞村组利益，不仅仅需要自上而下地突破现有土地制度，还需要从土地以外的社会经济法律等各方面入手来解决现在的土地利用问题与利益矛盾。

1. 建立村组实体经济是实现东莞转型升级的关键

经过30多年的发展，东莞村组经济已经获得了较大发展。无论从辖内人数，还是经济总量，抑或是村容村貌，依靠厂房、商铺等形式的租赁经济，东莞32个镇（街道）足可媲美内地大中小城市，而591个行政村则形成了与内地很多小城镇甚至小城市相媲美的大村庄。总结起来，东莞村级经济有四大特征：

① 严重依赖租赁经济，大都没有属于村庄自身的集体实业；

② 已经形成人人均等分红的特殊制度，即便在很多经济很不好的村庄，也想方设法向银行贷款来分红；

③ 大多数村庄都有媲美内地城镇的经济实力，但是目前仅限于村庄的整体面貌和村庄的治理架构，这极大地限制了高级人才和新兴企业、大企业的进驻；

④ 本地人大都趋向于舒适型、享受型的缺乏竞争力的职业，长此以往，在不思进取中逐渐被边缘化。不难发现，东莞村组经济现状令人担忧，东莞的整体经济发展现状令人担忧。可以说，未来一段时间，村组经济或成为东莞转型升级的最大阻力。

实际上，东莞的村组经济是属于没有村集体实业的外向型的租赁经济，是东莞式的伪经济，这种伪经济，不但以依靠外向型经济收租为主，而且没有建立起村集体的企业实体。因此，对于村组经济来说，当前最重要的问题，是要帮助各村（社区）建立完善的现代化股份公司机制，建立具有核心竞争力和强大生命力的村集体实业。

2. "三旧"改造是实现东莞转型升级的助推器

"三旧"改造作为国家给予广东省的一项特殊政策，具体是指对"旧城镇、旧厂房和旧村庄"的改造。"三旧"改造不是一项脱离经济社会发展全局的孤立工作，必须与产业结构调整、新兴产业发展、城市功能升级以及人居环境改造相结合。

到目前为止，东莞的建设用地已经突破了土地总面积的42%，按照4∶2这个比例，未来东莞市经济社会发展空间需求很难得到满足，如果再靠新增建设用地来发展，在国家严控建设用地增量、存量又非常有限的情况下，只能从土地再开发着手，"三旧"改造成为一个非常好的政策。具体来讲，"三旧"改造之于东莞的意义主要表现在：

（1）回答了发展空间从哪里来的问题

"三旧"改造盘活了土地资源，拓展了发展空间。根据相关统计数据，在未来10年，东莞市通过土地整合利用，可以增加30万亩的发展用地。按照以往20多年平均用地的数量来看，30万亩可以解决东莞10多年的发展用地。再加上新一轮土规修编，国家下达给东莞的新增建设用地指标为30万亩，二者加起来有约60万亩，可以保障东莞未来20多年的建设用地空间需求。

（2）促进产业结构转型升级，转变发展方式

"三旧"改造就是转变发展方式的一个重要载体。转变发展方式的关键在于产业结构的调整，产业结构调整具体落实到土地利用结构的调整上，是相辅相成的。通过专项规划、单元规划，改造原来的片区，通过"三旧"改造，可以置换部分落后的加工制造业，根据土地利用总体规划和城乡规划，围绕本地区经济社会发展战略实施要求，促进东莞市产业转型升级，实现发展方式转变。

（3）优化城市空间，提升城市形象

分散是东莞城市建设的一大特点，基本形成了"城中有村、村中有城"的格局，由于城市发展的不紧凑，导致城市形象也大打折扣。通过"三旧"改造，对物质老化的旧村引导其居住空间进行重塑，充分利用"三旧"改造的政策，推动城中村的成片改造和农民公寓的建设；对于功能性老化旧村重点完善基础设施，增加公共配套，加强环境建设，以达到优化城市空间，提升城市形象之目的；最后，随着"三旧"改造过程中上述作用的逐步发挥，环境的逐步改善，与之相伴随的必然是人的转型升级，包括人们的生活模式和生活方式。

总之，"三旧"改造已经为东莞的城市发展和产业升级提供了土地载体，通过对土地利用方式和利用结构的控制，强制推动了经济结构和经济发展模式的必然变化，通过这样的变化，带动城市的变化，城市的变化必然会带来环境的变化，环境的变化也必然相伴随人的转型和提升。

3.统筹区域土地利用是实现东莞土地持续利用的前提

统筹区域土地利用是根据区域发展战略的要求，围绕促进区域合理分工与协调发展、土地可持续利用的目标，综合利用经济、行政、科技、法律等手段，统一规划和安排各类、各区域用地发展的时空结构、强度和模式。

过去市、镇、村、组四级联动发展的模式，有效调动了东莞市各级发展的积极性，推动了全市和地方经济的发展。但是这种"满山放羊"的发展模式，存在统筹规划不足的问题，资源集约利用率低，低水平建设、重复建设比较严重，目前遇到资源制约的问题非常突出，特别在土地资源方面，各镇、村的可建设用地已十分稀少。因此，加强规划统筹，促进资源集约利用，破解土地等资源的难题，成为当前镇、村推动转型发展的关键。

同一般城市相比，东莞市由于其一直实行的是市、镇、村、组四个"轮子"一起带动东莞城市发展的模式，因此，该区域土地利用的统筹要着眼于宏观，协调城乡之间、镇街之间以及镇街内部村组之间等多方面的关系。具体可以分为三个层次：第一层次为镇街内部，要因地制宜确定土地的结构和功能，优化产业的空间布局；第二层次为镇街之间，淡化行政边界阻碍，统筹利用土地资源，协调镇街之间的利益分配关系，共同实现经济社会转型发展的目标；第三层次为东莞整个辖区，主要从宏观层面、长远角度，统筹区域发展、产业布局、土地利用结构优化，平衡区域间的基础设施发展水平，实现区域经济一体化。同时，要促进保护区与发展区之间形成完善的生态补偿机制，以达到人口、产业、土地在空间上的合理分布，区域经济协调发展之目的。

从东莞人多地少的基本情况和城乡土地分治的体制基础出发，东莞统筹区域土地利用制度设计需凸显三大特征：一是市情特点。改革开放以来，由于东莞采取了一条"自下而上"促进经济社会发展的模式，因此，其内部区域差异悬殊，再加上土地资源禀赋的紧缺性与地域分布的非均衡性，决定了土地利用制度的区域差异性。二是背景特征。如前所述，东莞正处在工业化、城镇化快速发展阶段，城乡建设用地需求十分旺盛，亟须研究与东莞经济发展阶段特征相适应的土地利用新机制、新模式和新途径。三是和谐特色。针对东莞城乡转型发展中出现的诸多土地利用问题，土地利用制度设计将和谐理念贯彻始终，统筹区域土地利用，必然会牵涉相关各方不同主体的利益，因此，在统筹区域土地利用过程中，始终要贯彻和谐理念，平衡在土地统筹利用过程中所产生的问题或矛盾。总之，对东莞市土地统筹利用进行制度设计，必须要将上述三个特点考虑进来进行设计（图7-3）。

经济发达地区土地利用与民众利益
土地利用与空间规划丛书

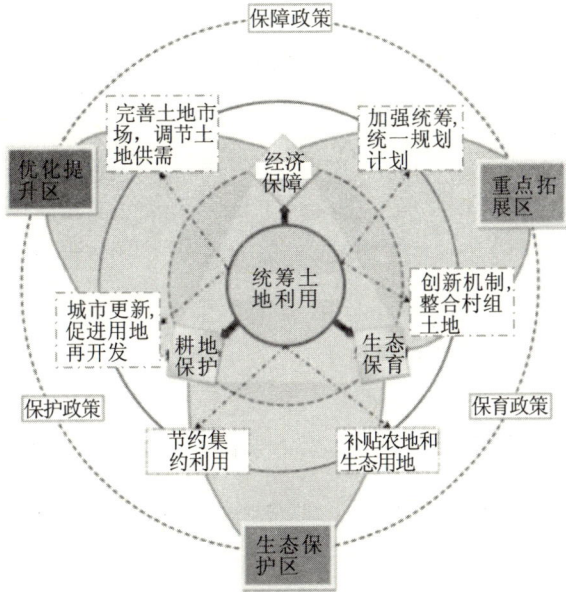

图7-3 东莞市土地统筹利用制度框架

4. 构建城乡土地一体化、高效利用的平衡机制是实现东莞土地持续利用的关键

改革开放以来，随着东莞进入城市化加速发展时期，城市化地域不断拓展，在土地资源利用、土地空间拓展等方面表现出强烈的双轨化特点。一方面，城市中心地区土地资源开发和空间拓展表现为市级政府主导的、以主城区为中心向外延伸的"城市郊区化外扩"，是"自上而下"式的城市空间拓展，向外"侵入"乡村地区，土地开发过程中产权、利益关系并未彻底清晰，城中村依然不断产生；另一方面，外围地区的本地城镇化则是"自下而上"式的城镇建设空间蔓延生长，以镇（街道）及村集体为单位，依托集体用地、沿道路交通设施不断填充密实化。东莞土地开发在"自上而下"和"自下而上"的"双轨"动力下引发的关键问题在于："自上、自下"双方建设发展需要在土地空间上

重叠并置，尽量降低各自发展的成本，市政府试图控制地方工业化、城镇化的多点蔓延发展，为"以重大项目为驱动的城市建设发展"留出尽可能多的成长空间；而基层镇街则希望借助区域及城市重大设施项目的动能，进一步加快土地经济发展及谋取本地社区利益。也就是说，两者作为独立发展主体造成了城乡空间和土地等资源竞争，在带来严重的土地开发问题的同时，引发了深层次的城乡社会发展矛盾。如何整合城乡土地二元发展路径，形成城乡土地高度一体化、高效利用的发展机制，这成为东莞市未来土地资源持续利用的一个关键点。

5. 改革土地制度与完善土地市场是解决土地问题的根本途径

首先，需要打破政府垄断土地的一级市场，根本改革征地制度。我国土地制度的最主要弊端是：政府垄断土地的一级市场，即政府利用征地权将农地转化为非农用地，在按照农地的原产值数倍给予农民补偿后，获得了土地的所有权，再按市场价出售土地的使用权。这"一征一售两定价"造成城市地价与农用地地价、土地的社会价值和社会成本之间的巨大差异。政府垄断土地一级市场，导致地方政府追逐土地出让金最大化而滥占耕地的倾向。因此要从根本上改革征地制度，打破政府垄断土地一级市场的局面。其次，农民集体建设用地必须尽快合法地进入土地市场，进一步完善有关土地法律，实现两种建设用地"同地、同价、同权"，允许集体建设用地转让、抵押，让农民以土地权益分享城市化、工业化的好处。最后，建立受法律保护的非农建设用地流转市场已成为当务之急。实际上，随着经济发展，集体非农建设用地的流转已相当普遍，特别是沿海经济发达地区，城乡经济相互融合这种流转异常活跃。非农建设用地的流转对现行的法律法规已形成倒逼之势，应该尽快建立受法律保护的集体非农建设用地市场。然而，上述事关解决东莞土地问题的措施都涉及法律法规、制度方面，因此这些问题并不是本研究所能解决的。

第八章　东莞市村组土地利益平衡政策设计

按照上述分析判断，围绕"三旧"改造、统筹区域土地利用，以市、镇两级统筹土地等发展权限，创新土地管理、土地经营模式，最终建立适应产业结构转型升级的"市、镇两级统筹发展，三级分利"的土地运行模式为总体目标，提出了镇-村（社区）协商开发模式和镇级土地股份合作模式两种方案。

一、镇-村（社区）协商开发模式

1.镇-村（社区）协商开发的实质

镇-村（社区）协商开发模式的实质是镇政府与单独一个村（社区）进行协商合作，把村（社区）的原有未利用、低效利用、有较大开发潜力的集体土地进行土地统筹。在进行公共基础设施配套建设之后，按规定返还一部分土地给村（社区）集体，其他全部转为国有土地。转为国有的这部分土地可以直接进行土地出让，也可以由镇政府成立土地开发公司负责土地的平整、规划和开发经营。

镇政府根据各村（社区）的不同情况与之协商沟通，村（社区）在村民的民主决策下与镇确定土地统筹的各种条件，包括土地统筹范围、土地股份的分红、土地统筹返还比例、镇政府所承担公共基础设施建设的数量、土地的开发利用方向。

由镇土地开发公司开发的土地所得收入在扣除土地统筹费用、村（社区）的日常卫生管理费等支出后分红给原村民。村（社区）在返还集体土地上的土地开发收入自主分配使用。

2. 镇-村（社区）协商开发的实施流程

镇-村（社区）协商开发模式的实施流程主要分为三个阶段：

① 土地统筹协商阶段。镇政府首先成立土地开发公司；然后和村（社区）集体进行协商，村（社区）征求内部村民（居民）的意愿和民主决策，共同确定土地统筹的范围、规模、权属等，以及确定土地开发公司土地统筹开发用地比例、返还用地比例和其他由镇政府（土地开发公司）承担建设的公共基础设施及土地出让等相关事宜；最后，确定统筹土地的土地出让、开发等相关规定条件，镇政府（土地开发公司）和村（社区）集体签订土地开发协议。

② 土地统筹整理阶段。镇政府对在土地统筹开发范围内的土地资源进行土地平整、整合、规划。在统筹地块上配套建设大型基础设施之后返还一定比例的集体土地给原村（社区）集体，其他土地转为国有，等待开发。

③ 土地统筹开发阶段。转为国有的那部分土地可以有两种开发模式：一种是土地开发公司按照规划要求对土地进行统一开发和经营，按照运营收入情况给予村民分红；另一种是把该部分土地转让给开发商，村民按土地股份分得一定比例的土地出让金。村（社区）集体按第一阶段所规定的土地出让、规划建设要求，根据自身具体情

况，对返还土地可以自主开发，也可以引进开发商进行协作开发利用，按照运营收入情况给予村民分红。

3. 转为国有土地和返还集体土地的土地利用方向

（1）转为国有土地的开发利用方向

通过土地统筹和空间整合，镇政府可以获得大块完整的可开发建设用地。集体土地转为国有后，在镇区总规和控规的指引下可以有两种开发利用方向：一种是由土地开发公司在镇政府的指导下，通过多渠道筹措资金，结合各区域特点，对土地进行统一开发建设；另一种是把土地直接出让给开发商，开发商按照土地用途进行开发建设，并配建出让条件所规定的配套设施。具体而言，这部分的土地开发利用主要包括各项基础设施建设、房地产开发、工业和商业用地开发建设，以及招商引资。

（2）返还的集体土地的开发利用方向

根据各村（社区）的自身实力和条件，经返还的集体土地可以用于自主开发建设，也可以引进开发商协作开发建设，但须根据土地统筹协商阶段签订协议所规定的内容和规划规定的用地性质及各项指引进行。如需改变用地性质，应该按照相关规定补缴地价。

在土地经统筹整合和统一规划、基础设施建设的推动及开发利用水平提升等众多积极外部效应下，必然将提升村（社区）的经济社会环境和投资吸引力，促进地价升值。这样一来，村（社区）可以继续发展其出租物业经济，并使其出租物业的档次提高，也可以在镇的政策引导下直接招商引资。

4. 镇-村（社区）协商开发的具体实现

（1）可开发未利用地的统筹开发

对于未利用地，由镇政府成立土地开发公司，在征收之后进行统筹规划、开发和管理。

土地开发公司首先从村（社区）集体征用、收回零散低效的未用可开发土地，集体土地转为国有，再对土地进行平整，建设基础设施及配套设施。之后，可以通过"招、拍、挂"出让土地，也可以直接由土地开发公司进行开发经营管理。在土地权属方面，该模式下的土地所有权由集体所有转为国有，土地使用者是通过拍卖获得土地的企业或土地开发公司。获取的土地出让金一部分作为征地款返还给村（社区）集体，另一部分作为土地平整和基础设施建设资金以及土地开发公司的日常运营费用。征地补偿费标准按照国家及各镇具体情况进行安排。由镇政府、土地开发公司主导对用地地块进行开发的，所有获利归镇政府。但同时，镇政府应承担所有涉及地块的公共基础配套设施的日常维护、原村（社区）集体的治安管理和环卫费用，并为原村民提供社保、教育、再就业培训等。社会保险金应根据通货膨胀和价格指数逐年调整。这部分资金来源可以有两个：一是土地出让金，将其汇入社会保险基金统一运作；二是土地开发公司的开发收益，按一定比例为原村民交纳社保。值得注意的是，对这种土地的统筹开发不作土地入股分红。

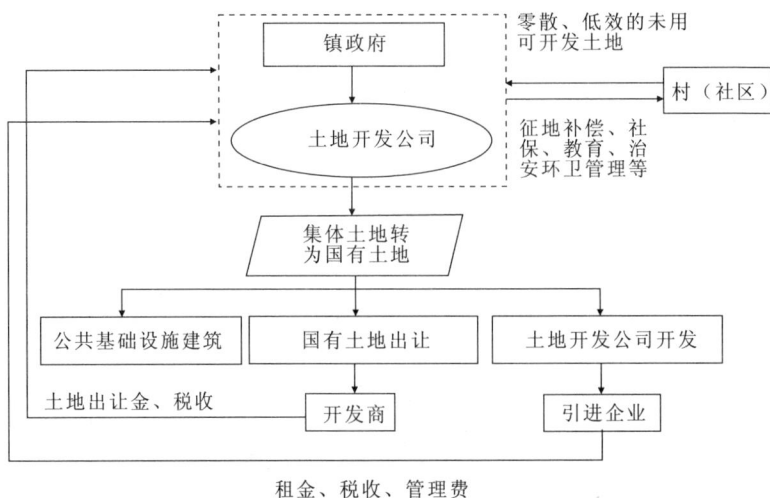

图8-1　镇-村（社区）协商开发下的未用可开发土地的统筹开发流程图

经济发达地区土地利用与民众利益
土地利用与空间规划丛书

（2）"三旧"改造用地统筹开发

针对现状已开发为工业区并且纳入"三旧"改造计划中的那部分土地的具体统筹开发流程是：首先，由镇政府成立土地开发公司，与村（社区）集体进行协商确定土地开发公司负责承建的公共基础设施数量、土地开发用途、土地返还比例、土地股权及分红等事项；其次，土地开发公司负责地块平整、拆迁安置、配套相关公共基础设施；再次，按协商条件，返还原村（社区）一定比例的土地；最后，土地开发公司对转为国有的那部分土地进行开发利用，开发获得收益在减去平均每年"三旧"改造土地统筹的费用、公共服务设施和基础设施的维护费用、原村（社区）的管理费和环卫费等后，剩余的分红给原村民。原村（社区）集体对返还土地可以进行自主开发或者引入开发商进行开发，所得收益自主分配。

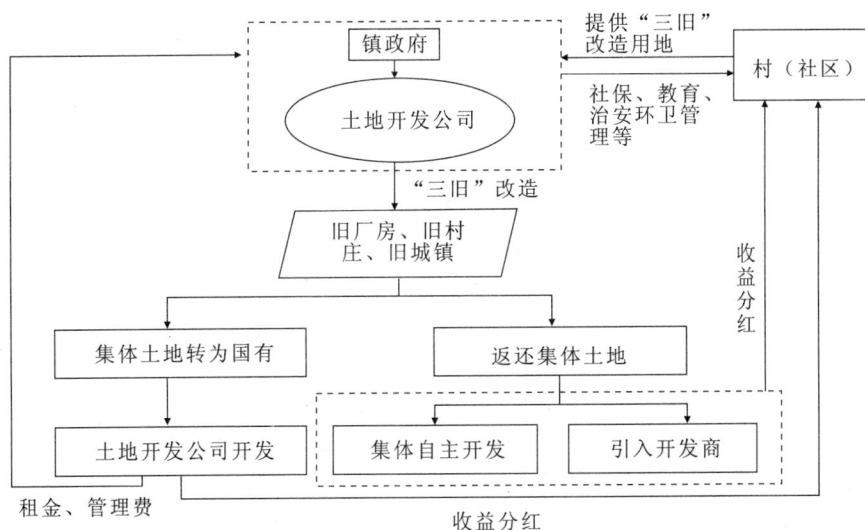

图8-2 镇-村（社区）协商开发下的"三旧"改造用地的统筹开发流程图

5. 政策评述

镇-村（社区）协商开发模式在具体操作方面、维护镇村利益方面以及保障村民土地利益方面均具有较多的优点。

首先，这种土地统筹模式是符合东莞土地开发模式改革的，可以作为"自上而下"土地开发模式和"自下而上"土地开发模式交织混杂转变到由市、镇"自上而下"地统筹全域土地开发和利用的一种过渡策略。镇政府以土地开发公司的形式直接参与到土地再开发中，可使得镇区产业的发展能够最大限度地符合长远利益要求，土地开发在受政府和规划的严格控制监管下，克服了村（社区）集体各自为政，只注重短期效益的土地开发机制。同时，返还土地还保障了村（社区）集体未来的发展空间，以及他们对土地的天生依赖。

其次，该土地统筹模式具有较好的可操作性和针对性。镇政府根据每个村（集体）社区的不同特点，可有针对性地制定措施和方法，有利于经济实力各异的镇政府针对各个具有不同土地问题的村（社区）提出统筹方案，实现"一镇一村（社区）一策"，平衡村组利益。

再次，该模式能更好地保障村（社区）的利益，并同时保障镇政府的收益，以实现镇、村（社区）双赢。在这种土地统筹模式下，镇政府既能整合原来零散、低效、无序的土地资源，使之后的土地开发和利用在镇的统筹规划引导下，又能保障原村民的集体利益和个人利益，确保村（社区）集体享受到土地统筹后的成果，并为推动东莞村（社区）集体转型打好基础。

再次，该模式较为充分地考虑了原村民对土地统筹的意愿，使他们积极参与、充分理解、大力支持政府推动的村组利益平衡，从而有利于东莞的社会和谐。在镇、村土地统筹过程中，镇政府需要与村（社区）集体共同协商征收土地、返还土地、开发土地的各种条件，在镇政府与村（社区）集体、村民之间构建起沟通与协商的渠道，确保政策的制定实施能更好地符合公众利益，得到村民的支持。

经济发达地区土地利用与民众利益
土地利用与空间规划丛书

然而，该模式也存在以下缺点：

第一，该土地统筹模式在把统筹土地转为国有之外还需要返还一部分土地给村（社区）集体，但由于村（社区）集体本身具有局限性，再加上现有规划管理体制的漏洞等，返还的集体土地的开发质量难以保证。随着东莞经济社会的快速发展，这部分返还的集体土地还可能演化出像广州城中村那样的城市问题。

第二，政府成立的土地开发公司对统筹而来的土地进行开发经营未必能够实现效益最大化。虽然能够得到政府的各种优惠支持，但是倘若经营不善，土地开发公司同样会面临亏损、分红减少甚至没钱分红的境地。这同时也会加重政府的财政负担。

二、镇级土地股份合作模式

镇级土地股份合作模式主要是在充分利用东莞市开展"三旧"改造规划以及撤销村民小组的机会，在理顺市、镇、村、组各级利益关系之基础上，以市、镇政府成立开发公司，社区居民以土地入股开发公司，由开发公司统一大块土地开发，用于大型用地项目、公益性设施、大型基础设施的建设开发，村（社区）集体按照入股比例享有土地收益分红，以达到转变原有的双轨化的土地开发利用模式、促进土地资源持续利用的最终目标。鼓励村（社区）集体村民以土地指标入股开发公司，土地可由开发公司统一整合开发，实现土地产出增值，按照入股比例保障村民的分红收入。居民原有土地指标转变为相应的分红指标，实现村（社区）集体土地的空间置换，既保障了村民的基本利益，又利于地区的整合开发。

1.镇级土地股份合作的实质

镇级土地股份合作模式的实质是镇政府成立土地开发公司，为解决镇区可建设土地资源紧缺问题，避免土地散乱开发，提高土地开发利用效率以及改变现有的土地开发模式，鼓励促使在土地统筹范围内的村（社区）集体和村民把所拥有的土地折合为土地股份入股的土地开发公司。而该部分土地的所有权由集体转变为国有。土地统筹范围内的土地由土地开发公司统一进行平整、整合、规划。根据规划，土地开发公司对这部分土地进行开发建设，实现土地产出增值，并配建公共服务设施和基础设施。村（社区）集体和个人按照入股比例享受土地开发公司的收益分红。

2. 镇级土地股份合作的实施流程

镇级土地股份合作模式的实施流程同样可以分为三个阶段：

① 土地股份合作筹备阶段。镇成立土地开发公司（或称镇土地股份公司），村（社区）集体和村民把自己所拥有的土地折合为土地股份入股该公司。由此，土地开发公司获得了经整合的大片土地的土地使用权和经营权，同时也可以通过多种渠道筹措土地开发资金（如发行债券等）。在这个阶段，统筹范围内的集体土地转变为国有土地。政府组织对该土地进行规划编制，确定之后的土地开发用途、强度等，同时还需制定土地股份合作章程，以明确收益分红。

② 土地股份合作开发阶段。土地开发公司根据镇区规划要求和指引对统筹土地进行开发和公共服务设施、基础设施建设。土地开发公司可以选择经营实体产业或继续建物业出租、建产业园引进企业、房地产开发等。

③ 土地股份合作运营阶段。土地开发公司负责新建产业园的经营、管理、出租和房地产销售，同时还需要承担公共服务设施和基础设施的维护费用，治安管理和环卫清洁费用，为村民购买社保、医保的支出，剩余收入盈余用于村民分红。

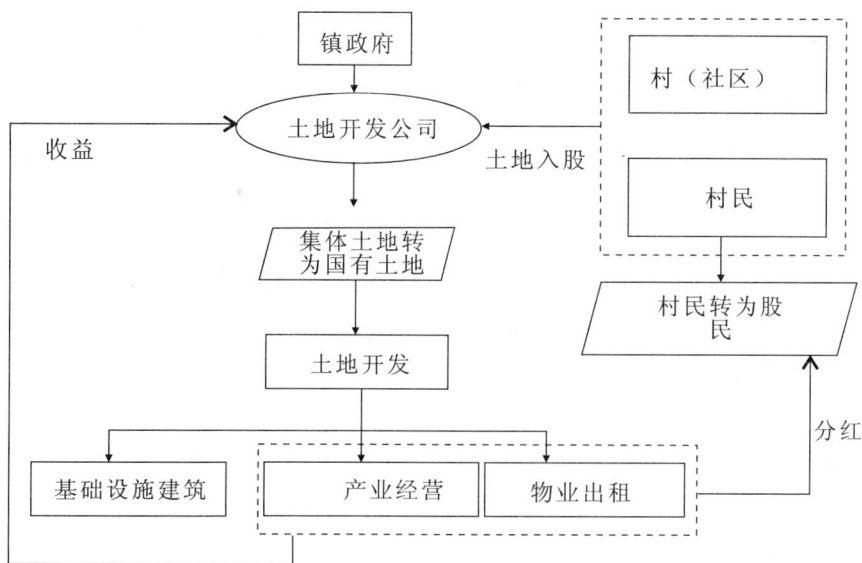

图8-3　镇级土地股份合作的实施流程图

3. 政策评述

镇级土地股份合作模式的实质就是成立镇级的股份公司，以取代村级股份公司（经济联合社）和村民小组级股份公司（经济合作社），从而加强了镇对所辖区域的土地开发的主导、监管和控制，有利于避免传统的村集体开发土地各自为政的模式。同时，也维护了村民享受土地开发带来的增值收益，对平衡东莞村组土地利益具有非常大的意义。具体而言，其优点有以下：

（1）有利于整合土地资源，提高土地利用效率

在该模式下，土地交由镇土地开发公司统一开发，土地权属转为国有，通过空间上的整合使土地完整性大幅提高。

（2）有利于推动产业转型升级

大片完整的可开发建设用地有利于吸引工商企业进驻，提升镇、村（社区）的产业结构，推动镇、村（社区）产业转型升级。

（3）有利于提升生活创业环境

土地开发公司在整合土地之后，需要承建公共服务设施、基础设施，这将有利于提升村（社区）集体的综合服务功能，进一步提升整体投资吸引力和居民生活环境。

但是，这种模式也有其不足之处，主要有两方面：第一，该模式操作难度较大。这主要表现在拥有土地的村民未必愿意参与、支持这种土地统筹模式。农民都有一种对土地的依赖天性，剥离了他们与土地的直接关系，可能会使他们产生不安和忧虑。加之他们未必愿意在目前还处于年年盈利的状况下放弃现有的土地开发模式而去尝试探索另外一种模式，他们很可能不愿冒这样的风险。对政府的不信任也有可能成为推行此种模式的一大障碍。第二，土地开发公司的土地开发运营未能保证一定盈利。

三、可行性分析

上述两种土地统筹模式的根本目标是一致的，即都是为了改变现有的土地开发"双轨制"模式，转变为市、镇统筹村（社区）土地的开发，实现城乡土地一体化、土地可持续利用。然而，二者之间还是有少许的区别。镇-村（社区）协商开发模式属于"不完全的"土地统筹模式，其不仅力争实现以镇为土地开发的主导作用，还强调了村民在整个土地开发过程中的作用，也从某种程度上保障了他们的土地收益。镇级土地股份合作模式则更多强调了镇作为全面统筹土地开发的角色，基本上剥离了村民与土地之间的关系，是一种"完全的"土地开发模式。

下文将在概述以虎门镇和厚街镇为代表的土地统筹发达地区和以石排镇为代表的土地统筹欠发达地区的基本特点的基础上，对这两种土地统筹模式进行可行性评估。

1. 两种地区的基本特点

（1）土地统筹发达地区的基本特点——以虎门镇和厚街镇为例

虎门镇和厚街镇作为东莞市经济社会发展水平较高的镇区，已经形成了镇、村、组三级并行的发展模式。发展到现在，传统的土地高投入发展模式已经不能再继续支撑其未来发展，镇区经济增长与用地空间不足的矛盾越来越严重。在这种背景下，厚街镇和虎门镇及早地采取措施，分别对本辖区范围内的各类用地进行统筹，在一定程度上促进了土地的节约集约利用，保障了经济社会空间需求。虽然虎门镇和厚街镇在具体的统筹办法以及统筹程度上存在着差异性，但是从土地统筹对象、统筹途径以及开发方式等方面来看，二者均尝试采取镇级主导或者镇、村联合开发，镇、村、组三级分利的土地统筹模式。总的来说，镇级统筹土地开展区主要具有以下几个特点：

① 虎门镇和厚街镇均处于经济社会快速发展的阶段，城市经济社会发展对于土地资源的需求量非常大，建设用地供需矛盾异常突出。在土地利用状况方面，二者的土地利用强度均达到了40%以上，同时在空间布局上也呈现出了"摊大饼"式、碎片化的分布格局。在用地权属上，一半以上的都属于集体土地。这种情况不同于城市核心区街道，直接归属于市级政府进行规划管理；同时，与外围落后区域也有不同，发展速度较慢，还有较大的用地增长空间。虎门镇和厚街镇需要在现有城乡二元土地利用问题突出的情况下，统筹各级土地资源，进行节约集约利用，以保障经济社会持续发展。

② 虎门镇和厚街镇在统筹土地利用方面，均采取了镇级主导或者镇、村联合开发，镇、村、组三级分利的土地开发模式，对于未利用可开发土地，一部分土地转为国有，由镇独立开发，一部分在保持集体所有的基础上，镇和村联合开发。虽然实现了镇参与土地开发过程，但是在今后应该继续扩展，在理顺镇、村、组关系后，实现镇域

范围内土地全部由镇政府参与开发利用。在此基础上，探索市级参与开发的可能性。

③ 在"三旧"改造方面，由于虎门镇和厚街镇最初的发展是一种自发式的、无计划的发展，发展到现在，所涉及的"三旧"改造范围广，问题复杂。尤其是虎门镇，其"三旧"改造规模是东莞市最大的。这部分土地通过改造以后转变为国有土地，市级政府和镇政府统筹这部分土地进行直接开发利用，也保证了这部分土地的高效利用。无论上述何种情况，镇政府都必须成为土地开发利用的主体。

综上所述，像虎门、厚街镇这样的土地统筹发达地区适宜采用镇级土地股份合作模式。

（2）土地统筹欠发达地区的基本特点——以石排镇为例

石排镇在所选的3个镇中，经济发展是比较落后的，在土地统筹方面，石排镇并没有自己的土地统筹办法，在具体的做法上主要是按照东莞市层面的相关政策法规进行。主要具有以下几个特点：

① 与东莞市其他镇街相比，石排镇经济社会发展水平较低，财政能力较弱，在未来一段时间内，其还有较大的用地增长空间。近期内也无法像虎门镇和厚街镇一样，由镇政府实现土地统筹，需要采取镇、村联合开发的模式进行统筹。

② 在土地统筹方面，石排镇只是实现了村集体对于村民小组土地的统筹。在镇级统筹方面，按照项目落地"统筹规划，连片开发"的原则，由镇一级统一投入基础设施建设，建立由镇级统筹，按利益共享、风险共担的合作方式联合进行土地开发，形成镇、村、组三级互利共赢的发展模式，还包括优先安排大项目用地、优先安排落后村组的建设用地指标。在未来时期内，其重点应放在真正建立镇主导土地利用开发方面。

鉴于石排的实际情况，类似于石排镇的土地统筹欠发达地区比较适宜推广镇–村（社区）协商开发模式。

2. 镇–村（社区）协商开发模式的可行性分析

镇–村（社区）协商开发模式充分考虑了不同镇、村（社区）的特点差异，针对此"一镇一村（社区）一策"，而不是一套政策一刀切，从而较好地解决了不同村的不同利益诉求，具有较强的可实施性。

在镇–村（社区）协商开发模式下，镇政府的主要受益是可以获得可供开发的大片完整土地。除去必须用于建设公共基础设施的用地，还有一部分土地可用于土地开发、土地出让和吸引投资建设，以此偿还土地平整、改造和基础设施配套的费用。土地利用效益的提升、整体环境的改善将吸引更多企业进驻，镇政府由此可获得大量税收。

从村（社区）集体方面来说，镇–村（社区）协商开发模式通过在政府和村（社区）集体之间建立一个沟通协商的平台，一方面有利于保障村民的基本利益，又能较大程度地使村民对政府推行该模式给予支持。而且公共服务设施和基础设施的建设能改善村（社区）集体的环境，提高集体土地的出租价格，进而增加了集体经济收入。

因此，不管从政府的角度来看，还是从集体利益考虑，镇–村（社区）协商开发都能够协调好二者之间的利益，实现双方的共赢，因此在经济上和社会上都是可行的。

第九章 东莞市村组土地利益平衡工作指引

为实现上述两种土地开发模式和更好地平衡东莞市村组土地利益，本章节分别从市、镇、村三个层面阐述了未来各级政府、组织的工作指引，以确保东莞土地开发模式改革的顺利推行。

一、市层面

1. 盘活存量，整合用地空间

积极盘活存量土地和改造"三旧"地块，一般性外资由存量土地解决。一方面，大力向存量要空间。继续加大闲置存量土地盘活处置的力度，今年力争盘活处置存量1.5万亩。试行存量土地跨镇（街道）调整使用，对存量土地出台产业用地标准，设定用地门槛，确保存量土地用地也只能用在优质产业项目上。另一方面，大力向"三旧"要空间。按改造为工业用地不低于50%的要求，对"三旧"改造台账全面清理。尽快出台"三旧"改造为工业扶持政策，采取租金补贴、土地出让收益分成、财政奖励等多种手段鼓励工业升级改造，并在市机动指标内，拿出一定新增建设用地指标予以奖励。

为提升承载重大项目的能力，今年将对全市未建设土地空间进行整合，着力搭建土地支撑平台。对全市500亩以上可连片开发的较大地块实施统筹管控，制定整合法定图则，出台土地整合区产业用地目录。对大型投资项目试行分期供地制度，优先保障项目首期用地，对年内未动工项目实行指标收回制度。定期对已供地项目进行效益考核，并以此为依据决定是否继续供地或调整后续供地规模。逐步建立建设用地评价体系，定期开展项目用地绩效评估，建立产业用地黑名单制度。

2. 加强市、镇统筹规划

继续加大市、镇对土地开发的统筹力度，整合城镇建设向中心区集聚，整合工业建设向综合园区集聚，整合民宅建设向中心区集聚，整合耕地保护向规模经营集聚。一是严格制定和实施土地利用总体规划和土地利用年度计划，充分发挥土地利用总体规划参与宏观调控的"龙头"作用。建立市、镇、村（社区）三级土地规划实施责任制，通过奖惩措施保障土地利用总体规划的贯彻实施，发挥其调控、促进当前和未来社会经济发展的作用，引导城市空间布局和产业结构调整，实现错位发展，既避免各镇（街道）土地利用总体规划的同质化现象，也可缓和镇区间不平衡发展的趋势。二是加强土地储备在进一步完善市级土地储备制度的基础上，加快研究和监理镇一级土地储备机制，严格按照国家规定收取闲置土地费，严格执行国家处置闲置土地的规定，为政府土地储备中心回收闲置土地、增加土地储备创造更有利的条件。三是继续按照比例分类控制的原则，统筹使用好新增指标，实行差别化管理，优先保障四大园区建设项目，优先保障市重点工程项目和民生工程项目，并单列指标保障外资增资扩产项目，同时预留部分机动指标保障新增重大项目需求。积极配合发改委等相关部门，申请重大项目由国家或省立项，由上级配备专项指标。

3. 构建市、镇联合土地储备制度

为了实现东莞市未来"自上而下"土地开发利用的模式，针对东莞所特有的情况，市级如果要想进入镇、村土地利用开发，建立市、镇联合土地储备制度可以在较大程度上发挥作用。因此，建议市政府以及国土、规划等相关部门尽快构建市镇联合土地储备制度，具体来讲，可以依据土地利用总体规划、城市规划和土地储备计划，对于储备依法征收后实行出让的原农村集体所有土地的，市级土地储备中心与镇级土地储备中心可以按照各占50%的比例进行分成。涉及上述范围以外的土地储备，由于镇级政府比较熟悉情况，因此，在市、镇确定分成比例时可以对镇级地区有所倾斜。

同时，要明确政府土地储备功能，限定收储范围，规范土地抵押贷款，防范政府财政风险和银行金融风险。建议将政府储备土地限定为存量土地，严禁将征用农民集体土地纳入土地储备范围。土地储备中心主要通过对存量建设用地的收购和收回来获取土地，包括收回用地单位已经撤销或迁移的用地、连续两年未使用的土地、土地使用者擅自改变用途责令限期改正逾期不改的用地，土地使用期届满土地使用者未申请续期或申请续期未获批准的用地、长期荒芜闲置的土地，国有河滩地，公路、铁路、机场、矿场等核准报废的土地，旧城改造后的重点地段土地，因企业关停并转或产业结构调整等整理出的土地，土地使用者依法取得出让土地使用权后无力开发、不具备转让条件的土地，等等。

提升土地大储备的能力。把土地储备开发上升到城市经营的战略地位，通过利益激励和责任约束相结合，抓紧形成市、镇（街道）合

力推进土地储备的新机制。支持各区成片开发、应储尽储，坚持成片开发、集中配套、妥善安置，加快储备地块及区域的安置房建设和集中配套公共基础设施。

资源和要素更大范围的配置和重组受现行32个镇（街道）行政区划的刚性约束，要在现有行政边界范围内的资源和空间基础上寻求进一步发展，结合城市规划，加强产业集聚，整合市、镇、村（社区）工业园区，增大建设投入，引导各类工业用地向工业园区集中，形成产业优势，防止盲目开发。同时，按照2010年广东省"三旧"改造的精神，明确"三旧"改造的紧迫性，坚持规划先行、政策落实，大胆探索，用活、用足政策，制定具有前瞻性并与城市总体规划相衔接的措施；要坚持以人为本，保障改造涉及居民的切身合法利益。通过旧村改造，借助在建新宅的同时实行老宅退出机制、直接在老宅上盖新房等方式，引导村民宅基地向小城镇和中心村集中，避免农村宅基地的废弃和闲置。完善用地标准，加快研究制定东莞市产业发展规划和重点产业目录，实现城市规划、土地利用规划、产业规划的有机衔接，推动有限的建设用地资源向重点产业集中。在统筹用地指标的基础上，大力推进土地资源节约集约利用，研究制定各类产业功能区的投资强度、人均产出率指标，并对地均工业产值、地均税收等进行综合评价，作为供地和推动部分产业退出的重要依据。进一步完善用地推动集约用地的考核指标体系，将每亿元GDP消耗土地数量、每平方公里建设用地产出水平和税收等土地利用指标都应纳入镇（街道）政府领导班子考核，并对集约利用土地成效显著的镇街及其领导给予不同程度的奖励。

4. 构建农村土地交易平台

着手构建农村土地交易平台，引入市场机制来实现土地资源的优化配置。该交易平台主要在两方面发挥作用。空闲的集体建设用地、废旧的公共用地、村庄整治、旧村改造节约集约出的土地必须整理成农用地；其置换出的建设用地指标可易地交易使用，置换出来的建设用地保留集体所有制性质，由农民使用。第一，挖潜存量土地。主要将镇、村（社区）等各级范围内低效用地、农村宅基地及其附属设施用地，经过复垦并经土地管理部门验收后产生相应面积的指标。权属人将此指标拿到交易平台（交易所）进行交易，通过市场公开、公平拍卖，在全市范围内进行流转。第二，支持落后地区发展。对于落后地区来讲，往往承担了较多基本农田等耕地保护任务，在现代市场经济制度下，这也是造成其经济落后的重要原因。因此，可以尝试通过引入市场机制进行补偿，经济发达地区耕地指标无法满足的，可以在耕地资源较为丰富且经济较为落后地区寻求解决，落后地区多余耕地指标拿到交易平台进行交易，所得资金则用于自身发展。

具体来说，可以按照以下程序进行：首先，由拟生产用地指标的农村集体经济组织或农户向镇级国土部门提出立项申请，获准后将闲置的农村宅基地及其附属设施用地、乡镇企业用地、农村公共设施和公益事业用地等农村集体建设用地进行复垦；其次，农村土地权利主体向镇级国土部门提出复垦耕地质量验收申请，镇级国土部门对复垦的耕地进行质量验收，验收合格后，由市土地行政主管部门向土地使用权人发放相应面积的"地票"；再次，将复垦农地验收合格置换出来的农村建设用地指标，在农村土地交易平台进行交易；最后，通过竞标购得指标持有者根据相关规划及其对落地对应地块的预期，参与政府采取"招、拍、挂"方式出让用地指标落地对应地块。

5. 构建农村宅基地管理机制

按照公开高效、便民利民的原则简化和优化了新增宅基地审批程序，确立了行政、经济结合，充分运用利益机制引导和激励存量宅基地盘活利用的思路。以一户多宅为切入点，通过旧村改造、农村土地整治、宅基地村之间流转、村集体收回和征收超标准宅基地有偿使用费等多种方式，破解目前的一户多宅问题，促进存量宅基地的盘活再利用，缓解目前突出的农转用指标供需矛盾突出的问题。镇政府要根据村庄、集镇规划和土地利用总体规划，科学制订和实施旧村改造整治计划，积极推进农村宅基地整理。经整理后多余的宅基地，可由本集体经济组织及其成员或者依法流转给本集体经济组织以外的单位和个人用于发展除商品住宅开发以外的二、三产业，需出让给本集体经济组织以外的单位和个人的，可按相关政策依申请转为国有或通过政府征收为国有，按现行规定办理供地手续，出让所得纯收益的60%返还给原土地所有权人。

6. 制定东莞市节约集约用地考核指标体系

完善土地节约集约利用考评机制，促进土地利用方式和经济发展方式的转变。依据国家、省关于建设用地节约集约利用的相关评价考核办法，结合东莞实际情况，从土地利用强度、土地消耗、用地弹性以及管理绩效等四方面开展东莞市建设用地节约集约利用考核指标研究，制定东莞市节约集约用地考核办法。

7. 加大农保和生态用地补偿力度，科学推进土地整治工程

在补偿农田保护区较多的村的基础上，对生态保护和农田保护较多的镇（或欠发达镇）提供财政转移支付，实行专款专用，用于提高当地的公共管理和服务水平。实行用地费用返还，对于这些地区新上项目用地，符合相关规定的用地可返还市收费留成部分。

根据最新一轮《广东省土地整治规划（2011—2015年）》，确定了高标准基本农田整治工程、城乡统筹建设用地整治工程、土地复垦工程以及围海造地工程等四大重点工程。其中，城乡统筹建设用地整治工程涉及东莞市的总规模为4849公顷。因此，在未来一段时期内，

东莞市应采取各项措施完成土地整治重点工程任务。

二、镇层面

如前所述，像虎门、厚街这样的土地统筹发达地区实际上已经出台了系统的土地统筹政策，正在逐步实现"市、镇两级开发，市、镇、村三级分利"的土地利用机制，但是在具体做法方面合理性还有所欠缺。在这一地区，未来要在原有统筹机制基础上，明确镇域范围内的全部土地都由市、镇政府统筹开发，以实现土地利用方面的"自上而下"开发，促进城乡土地一体化，达到土地资源持续利用。

1. 镇政府成立土地开发公司

镇政府成立土地开发公司，可以先小范围试行上文所述的两种新型土地开发模式，以进一步盘活村组土地，增强镇政府在土地开发利用过程中的主动性，对这部分土地实行统一经营，提高土地利用效率。在进行土地开发的同时还要注重土地储备。土地开发公司可兼土地储备中心功能，或形成土地开发和土地储备两套独立的系统互相制衡。政府对土地收购储备要有一定的强制性，确保需要收购土地储备的土地能够顺利进入土地储备体系。同时，要把握好土地收购的有利时机，如果没有充足的土地储备资金，可以通过银行、发行土地银行债券等措施进行。

2. 完善合理土地补偿机制

① 补偿安置方案的合理化。"三旧"改造改建过程中，对"三旧"改造建设的拆迁安置补偿政策意见及具体的分配标准的制定，应以我国的《民法通则》《土地管理法》《城乡规划法》《城市房地产管理法》以及国务院《城市房屋拆迁管理条例》、《关于推进"三

经济发达地区土地利用与民众利益

土地利用与空间规划丛书

旧"改造促进节约集约用地的若干意见》（粤府〔2009〕78号）等政策为依据，制定一套符合各市"三旧"改造具体情况的拆迁补偿安置方案。补偿安置方案要做到以下几个方面：

A. 补偿安置制度要以社会保障为主，将改造村民的社会保障的费用计入安置补偿的成本中来，切实地解决改造村民的后顾之忧；

B. 改变以往单一的金钱补偿方式，除了金钱补偿以外，还需要配套养老、医疗、失业救济、子女上学等方方面面的社会保障的政策，解决村民长远的安身立命之所需；

C. 适当提高拆迁安置补偿标准，切实地解决村民社会保障经费不充足的问题；

D. 拆迁补偿应该反映土地价格与劳动力实际损失的费用，从而使改造区村民能够获得部分土地的成本价与出让价之间的增值利益；

E. 明确拆迁补偿费用中的土地补偿费用的标准，切实维护土地实际所有权者的合法权益；

F. 改变将安置补偿费用直接发放给改造区村民的支付方式，将安置的补助费用纳入劳动社会保障部门建立的安置专用账户，将其纳入失业救济与社会保障中来，为改造区村民建立健全稳定的社会保障体系，从而维护社会稳定。

② 补偿标准的科学化。对于国有土地上的房屋拆迁补偿安置标准，可根据被拆迁房屋的区位、用途、建筑面积等因素，应建立相应的评估体系，或以房地产市场评估价格确定，由有资质的房地产公司的专业房地产评估师进行评估。但改造对象的评估体系和补偿标准仍存在很大的问题，处理不当，对于社会稳定和民族团结形成潜在的隐患，建立相应的评估体系或者方法迫在眉睫。

拆迁补偿标准（实物标准，即类别、面积等；价值标准，即单价）的制定，可由双方选定评估公司进行旧房价格评估。首先按照拆迁估价规程的要求，由拆迁单位委托评估公司，抽选有代表性且不同房屋结构类型的房屋进行评估，确定本项目的拆迁补偿指导价。如被拆迁人对此指导价有异议的，可自行选定市房管部门公布的具备城市房屋拆迁评估一级资格的房地产评估公司，由拆迁双方共同委托评估。对于拆迁双方就评估结果达不成一致意见的，由政府组织摇珠选定，最终确定补偿价并进行现场公告，从而有效保证拆迁评估价值的公正性和真实性。标准一旦制定，坚持"三个一致"的标准进行补偿执行：一是补偿标准一致，即严格按政府的相关政策法规对被拆迁户做出补偿安置，同时坚持统一的补偿标准进行补偿；二是前后补偿一致，即"一把尺子量到底""绝不让第一个签协议的少得一分，也绝不让最后一个签协议的多占一毫"；三是同类型房屋补偿一致，即拆多大面积的房子就在此项目中补偿给市民多大面积的房子，或者以补偿同样的价格卖给市民被拆的同等面积房屋。通过"三个一致"和阳光操作，让市民享受平等待遇，避免拆迁户持观望等待态度，将房屋待价而沽，促使其加入"先走先得益"的行列，从而加快改造步伐。

③ 拆迁补偿中"夹心层"群体的处理。"三旧"改造补偿在实践中比较突出的问题或矛盾有：通过补偿安置后仍不能解决居住困难，不完全符合申请廉租房和经适房，或其他保障性住房，但确实存在住房困难的所谓"夹心层"群体。对于"夹心层"群体，可以参照以下方式解决：在"三旧"改造过程中的一些历史遗留加建违章建筑户，往往是居住和经济困难户甚至特困户，他们的实际平均居住面积通常只有20多平方米。对于他们历史上形成违章而没有办产权的，政府可都按40平方米安置，超出原有实地测量面积的差额部分由他们购买；买不起的可共有产权，即补差部分的房产面积为公房，按照直管公房的租金标准租给他们住，在其有能力回购时，允许其购回。

④ 拆迁补偿中特殊产权问题的处理。对于被拆迁房屋产权不明确的，按照《关于拆迁产权不明确房屋补偿安置方案审核若干规定》执行。共有产权人无法达成一致意见的，可以做财产分割处理，现产

权使用人只要是合法产权人，即可根据自己的意愿选择补偿形式。但在具体实施过程中，也可能出现一些状况。比如，按产权比例分割被拆迁房后，现产权使用人剩下的产权面积或货币补偿过低，可能无法实现现有条件的补偿安置，或就此一下就沦为了住房"特困户"。可采取"共有产权"或其他一些解困措施（比如二手房）解决此类问题。当然，更多更好的政策和灵活措施仍是必要的。

3. 统筹城镇低效用地进行再开发

充分利用"三旧"改造等城市更新政策，积极推进土地再开发。探索"市、镇主导改造，镇、村（社区）、组三级分利"的改造模式。在具体做法方面，各镇可针对本地区开发条件较为城市化的片区先行开发，由政府主导，村组参与，科学规划，市场经营，形成一批城镇用地再开发的示范项目，推动周边地区以致全镇的"三旧"改造工作。在此基础上，积极实施"三旧"改造年度计划。对改造项目引进符合产业规划的鼓励类项目，探索由市、镇给予村（社区）利益返还或财政奖励，从而达到引导村（社区）盘活现有土地资源，提高收益。

4. 建立延伸至乡镇、村一级的农地用途管制体系

目前，镇级国土部门实行的用途管制，对农民集体组织管理是低效的。农地用途改变的检查只有从图、文、地三者对照一致，才能发现问题。其工作量大，上级部门是无法承担的。土地监察部门也只能通过案情通报，逆向发现和纠正问题。乡镇政府在农用地用途管制上责任更大。建立一套延伸到农村的用途管制、监督和惩处体系，农村土地用途管制工作要落实到村、责任到人，切实改变镇以下"缺腿""断档"的状态。

5. 重点处理好三对利益关系

"三旧"改造实质是对土地资源的二次开发过程，在此过程中，政府、开发商、集体经济组织、居民群众的利益诉求不尽一致，长期效益、短期效益各有侧重，政府作为"三旧"改造的主导者，如何在改造中实现协调兼顾、平衡统一，完成土地利益格局重新调整分配，成为最大的难题。对政府而言，"三旧"改造需要达到美化和改善城市面貌、完善城市配套功能、优化产业结构和布局、拉动经济投资增长、提高人民生活水平等众多政策目标；对开发商而言，取得合理的经济回报，扩大投资利润是其参与"三旧"改造的主要目的；对集体经济组织（村委会、居委会等）而言，他们既关心村集体整体面貌改造，又关心开发商的投资总量以及村集体的改造收益；对群众而言，最关心的是改造过程中涉及的拆迁补偿和安置数额，但亦非常关注城市功能配套和产业布局。在这个过程中，应重点处理好以下三对关系。

① 政府和开发商的关系。"三旧"改造离不开社会资金的投入，社会资金的投入就必然要求回报率。如何在保证一定回报率的前提下引导社会资金为公共利益服务，是政府主导工作的重要内容。这方面可主要采取规划控制的方式对社会投资进行引导。进行"三旧"改造的地块，首先必须符合"三旧"改造专项规划和年度实施计划，而且要编制单元规划和改造方案，并按照"拆三留一"的要求优先预留公共用地，即按拆迁用地面积计算，预留比例不低于1/3的用地，作为道路、市政、教育、医疗、绿化等公共用途。"三旧"改造规划在控制好片区整体容积率的前提下，鼓励增加公共用地、降低建筑密度，在此基础上考虑适当提高净地块的容积率。

② 开发商与被拆迁群众的利益关系。拆迁工作一直是社会高度关注的敏感问题。目前，我国仍未出台关于集体土地上建筑物拆迁管

理的相关法律法规，国务院法制办年初发布了《国有土地上房屋征收与补偿条例（征求意见稿）》，更是开宗明义地讲明适用范围是国有土地。东莞市去年出台了《东莞市公共基础设施建设项目征地拆迁补偿标准》，明确了公益项目拆迁补偿标准，但对经营性项目如何补偿，实践中仍由镇（街道）政府根据协商情况自行商定。

③ 两级政府之间，政府与村集体经济组织的关系。这个主要涉及财政收入分配问题和基层工作积极性问题。为鼓励基层参与，根据现行土地管理政策及分配体制，根据东莞市相关规定，"三旧"成片拆迁改造过程中，需要缴纳耕地占用税、契税、征地管理费等十三项土地税费，经营性用地约需缴纳360元/平方米，除应缴纳省一级的费用外，市一级收取约230元/平方米，镇一级收取约40元/平方米。为调动镇（街道）积极性，市一级税费收入230元/平方米全额返还给镇（街道）。对不同模式的"三旧"成片拆迁改造，给予不同的市属土地出让金返还优惠：对采用政府主导或引入社会资金参与的"三旧"成片拆迁改造项目，土地出让金扣除按规定计提的农业土地开发资金后，余额全部归镇（街道）；对集体经济组织将所有的集体建设用地改为国有建设用地后自行成片拆迁改造的项目，其土地出让金扣除按规定计提的农业土地开发资金后，余额归村（社区）；对集体经济组织将其所有的集体建设用地改为国有建设用地后与有关单位合作开发建设的项目，其土地出让金扣除按规定计提的农业土地开发资金后，市、镇、村按2∶4∶4比例分成。

三、村组层面

1. 村组统一思想，做好土地统筹的前期准备

村委会和各个村民小组统一思想，积极配合镇统筹土地开发，确定好集体和个人的土地股份。

2. 做好政策宣传，积极配合镇土地统筹工作

推行新的土地开发模式，难免会受到一些内部的阻力。因此，村委会应调动党员、干部做好政策宣传和群众工作。

3. 盘活整合土地，严格按规划开发利用土地

没有推行新土地开发模式的村镇，应积极整合自身土地，改变现有土地破碎化、权属混乱的局面，并盘活整合可开发用地，严格按照规划来进行土地开发和利用。

第十章　东莞村组利益平衡与转型案例研究

——以南栅社区为例

一、背景与机遇

1. 全球层面：提升

（1）全球化、一体化趋势加深——在全球体系中定位南栅

21世纪以来，横跨各个国家和地区的资本、信息、商品、服务以及人员的流动日益增长，带来了经济活动不断全球化的趋势。世界经济正在被全球化、区域一体化的复杂系统重新塑造。人类社会经济活动在空间上的投影构成了现实世界中不同范围、不同规模、不同等级的社会经济单元。改革开放以来，东莞就不断地融入了全球链条中，到目前为止，东莞集聚了全球500强企业的30多家。可以说，各个地区的发展相互交织在一起，你中有我，我中有你。2008年的金融危机深刻地说明了这一点。从另一方面来看，金融危机也给东莞的发展带来了难得的机遇，凸显了"外向依存高、加工贸易企业比重大"的经

济发展模式缺陷，经济社会双转型成为必然选择，这就需要南栅在全球发展链条中寻求合适的位置，找准自己的定位。

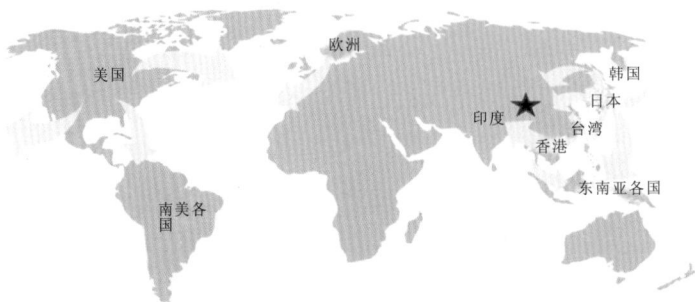

图10-1 全球产业转移示意图

（2）全球产业链升级——在全球产业网络体系内考察产业转移与升级

随着廉价劳动力以及低成本土地资源优势的丧失，制造业成本正不断上升，这使得企业的盈利空间逐渐萎缩。同时，全球劳动分工从制造业的全球分工到服务业的全球转移，生产成本转变为关注创新能力。到目前为止，东莞正大力引进和发展计算机、资讯、生物工程等高新技术产业，进一步优化产业结构。

在新时期全球化、一体化加深的趋势下和全球产业链升级的机遇下，南栅结合自身的情况，在全球的链条中转型升级成为一种必然，也是一种机遇。

专 栏 1

（1）世界产业转移发展阶段
■第一次国际产业转移：20世纪50年代，美国把纺织业等传统产业向日本等国家转移。
■第二次国际产业转移：20世纪60年代至70年代，美、德、日等国把劳动密集型产业尤其是轻纺工业向亚洲四小龙、四小虎和巴西、阿根廷、秘鲁等国家转移。
■第三次国际产业转移：20世纪70年代后期，发达国家将钢铁、造船和化工等重化工业以及汽车、家电等部分资本密集型产业进一步向外转移。
■第四次国际产业转移：20世纪90年代，服务业和生产外包成为重点，印度成为服务业外包的主要转移地；同时，中国也开始往东南亚等国转移部分劳动密集型产业。

经济发达地区土地利用与民众利益
土地利用与空间规划丛书

（2）中国承接产业转移阶段

■ 第一阶段（1979—1991年）：转移处于起步阶段，承接的产业主要是以轻纺工业为代表的轻工业行业，如服装、玩具、鞋帽及家用电器等。珠江三角洲凭借地缘、政策优势，先行一步，最早承接劳动密集型产业，经济得到飞速发展。

■ 第二阶段（1992—2001年）：此阶段承接的产业以资本和劳动密集相结合的产业为主，主要集中在华东沿海和环渤海地区。

■ 第三阶段（2002年以来）：跨国公司更加重视中国的战略地位，发达国家将已经发展成熟的技术密集、资本密集型产业，如电子信息、家用电器、汽车、石化产业等，向中国东部沿海地区大规模转移。我国承接的国际产业转移仍然集中于制造业，特别是制造业的加工组装环节。国际服务业向中国的转移也明显加速。

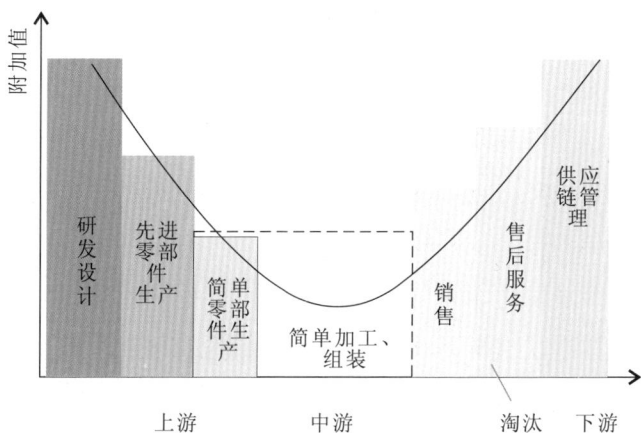

图10-2　产业微笑曲线

启示：随着全球化进程的进一步加深，发展由原有的投资推动向如今的创新推动转变，南栅社区要结合自身实际，顺应第四次产业转移浪潮，承接发展高端产业，实现自身发展模式转型。

2. 全国层面：升级

（1）从"制造"向"创造"——自主创新能力提升

真正意义上的"制造"包括从原料采购、产品设计到仓储运输、订单处理等多环节。然而珠三角"制造基地"只处于全球制造业链条的末端，以消耗资源、廉价劳动力和破坏环境的代价换取一种不可持续的发展。经济发展的希望不能完全寄托在发达国家的产业转移上，应该技术引进与创新并重，在提高产业转移的承接能力的同时，提高产业结构调整和升级的主动性，应以"知识"代替"资源"，实现从"制造"向"创造"转型。

（2）从"生产"向"服务"——现代服务业崛起

在当前沿海地区经济结构转型和经济体制转轨的历史性变动中，缺少现代服务业的支撑已经成为产业升级的关键制约因素。发展现代服务业，通过采用新技术、新生产模式来实现资源的高效配置，减少能源、资源的消耗，对于促进沿海地区现代制造业的发展，改变传统服务业模式，引导从以制造为主，向制造、服务并重并行的产业结构调整具有重要意义。

启示：随着全国新一轮以创新为推动力的城市发展，全国正在推动我国沿海经济发达地区从"生产"向"服务"转变，南栅社区也应跟上趋势，打造以创新为动力的产业发展模式。

3.珠三角层面：创新

（1）依托莞深惠经济区，创新区域协调形式

《珠江三角洲地区改革发展规划纲要（2008—2020年）》中提出，以深圳市为核心，以东莞、惠州市为节点的珠江口东岸地区要加快发展电子信息高端产品制造业，打造全球电子信息产业基地。大力发展金融、商务会展、物流、科技服务、文化创意等现代服务业，推进产业结构优化升级，构建区域服务和创新中心。《珠江三角洲城镇群协调发展规划（2004—2020）》也提出，虎门、长安将成长为区域性专业化服务功能和产业成长的重要地区，这一地区职能的提升，对于东莞融入珠三角的核心功能地区，发挥更大的区域作用，具有重要意义。同时，中国人民银行、国家发改委以及财政部等8个部门联

合下发了《广东省建设珠江三角洲金融改革创新综合试验区总体方案》，出台了广东省建设珠江三角洲金融改革创新综合试验区总体方案，方案中确定了建立符合广东省情的现代农村金融服务体系和金融支持城乡统筹协调发展的长效机制的目标，在农村金融改革创新措施方面，提出了培育和发展村镇银行、贷款公司、农村资金互助社等新型农村金融机构的措施。

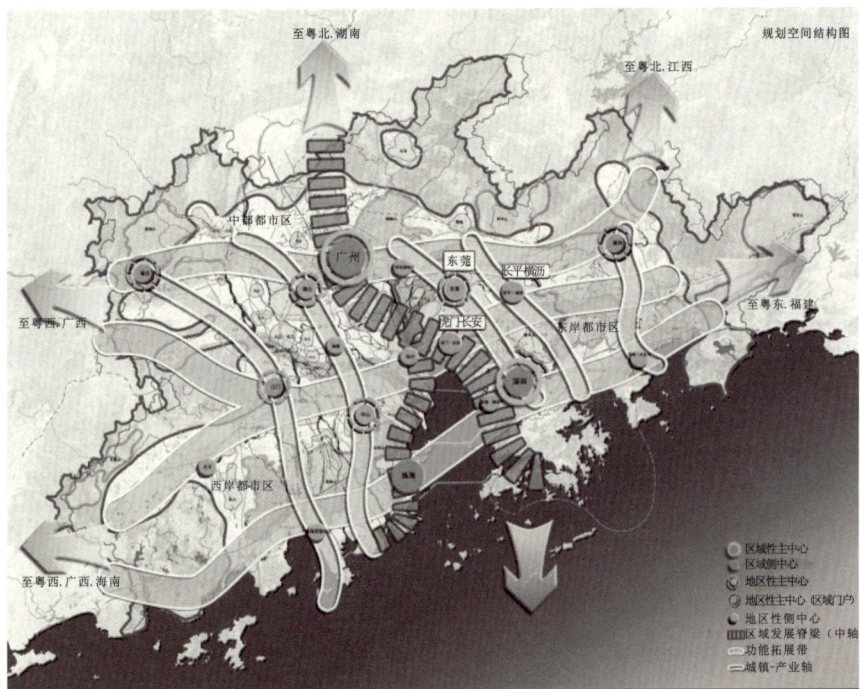

图10-3　珠江三角洲城镇群协调发展规划图（2004—2020）

由深圳、东莞、惠州所组成的东岸都市区，在保持加工制造业优势的同时，将积极发展高新技术产业，重点发展金融、商贸、会展和旅游为主的第三产业，成为有国际影响力的现代制造业基地和生产服务中心。

（2）强化核心城市功能，创新城市发展模式

珠三角地区的城市发展经历了"单核心—双核心—多极化"的区域格局的演变，原有中心城市地位下降，集聚和辐射功能减弱。城市之间经济关系普遍松散。虽然在地理上城镇群连成一片，规模宏大，但实际上各自为政，独立发展，互不关联。这种单一产业支撑的模式已被证明不符合现代产业集群发展的趋势。

从区域分工协作的角度出发，提高核心城市的综合服务功能，利用核心城市的人才、资金、物流等资源的集聚优势，发展现代服务业，进行创新、创意和科技研发活动，能带动产业结构转型升级。

启示：创新成为推动区域产业升级的核心动力，位于东岸都市区中的南栅社区，应通过大力发展创新型产业、创意产业，建立现代服务平台，找到未来转型发展的切入点。而珠三角将成为引领全国农村金融改革的新引擎的良好契机，给南栅社区未来转型发展提供了一个可供选择的走金融服务业的发展路径。集中多余资金，打造村镇金融服务体系，为村民创业以及企业提供服务，从而更好地为企业发展营造良好服务环境，也有效地抵御"企业破产逃出"现象。

4. 东莞层面：转型

（1）经济社会双转型的目标

传统的发展模式已经不可延续，转变发展模式迫在眉睫。近年，东莞市提出了实现"双转型"的战略目标，要从过去的资源主导型经济转向创新主导经济，同时要加快推进初级城市化社会转向高级城市化社会，实现东莞经济社会双转型。

（2）"三旧"改造带来空间资源整合契机，成为经济社会双转型的助推器

2009年以来，东莞全面推动"三旧"改造，通过旧城、旧村、旧厂的整改，盘活土地，全面提升东莞的城市竞争力。"三旧"改造

的作用有：① 整合土地资源，腾出土地，增加土地存量，为未来的经济发展创造空间；② 提高土地利用效率，走集约化的经济增长之路；③ 推动产业提升，通过功能置换，优化当地产业结构，淘汰部分落后企业，促进产业的新陈代谢；④ 提升城市形象，通过对破旧危房的整治和改造，改变城市的面貌，促进城市的更新；⑤ 处理违法建筑，降低空间功能梳理的成本，使土地开发利用合法化、规范化，消除经济发展的后顾之忧。

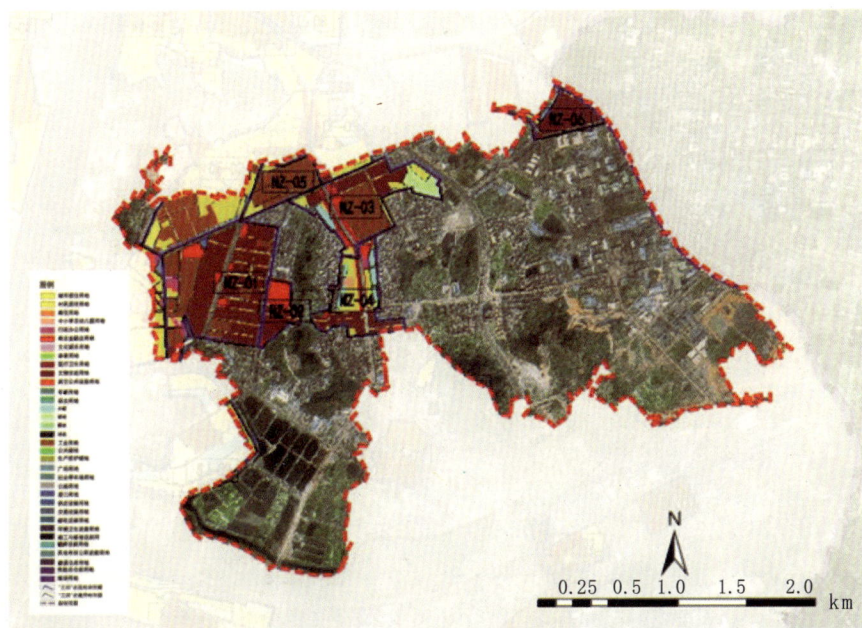

图10-4 南栅社区"三旧"改造用地现状图

启示：创新成为推动区域产业升级的核心动力，转型成为目标，借助空间整合契机，南栅社区可盘活土地资源、拓展发展空间，置换部分落后的加工制造业，转变自身传统发展模式，优化土地利用结构，合理调整用地布局，从而推动产业结构升级，优化社区空间结构、提升社区城市形象等。

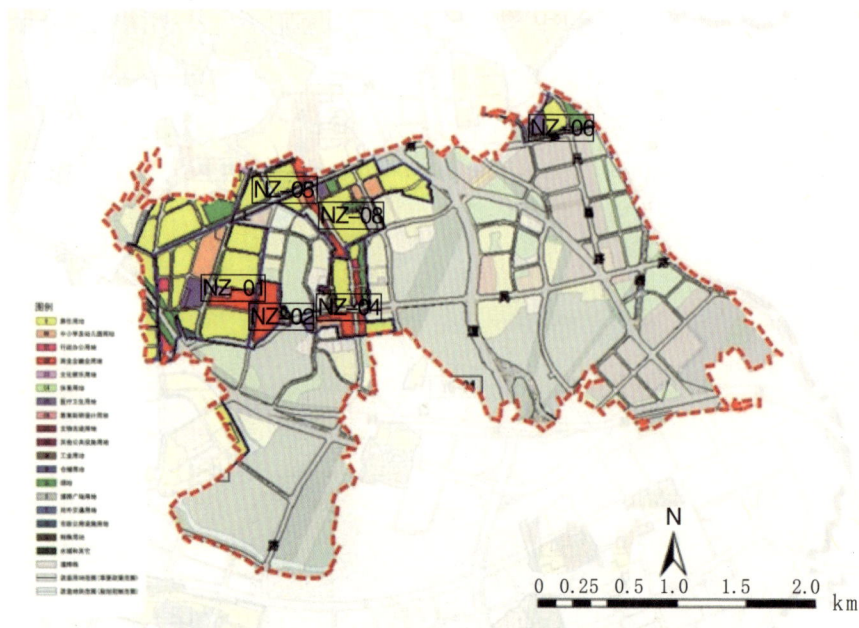

图10-5　南栅社区"三旧"改造规划图

二、社区现状

1.南栅区位

南栅社区位于虎门镇南端，东邻长安镇上角社区，西靠渔港社区，南接沙角、宴岗、路东三个社区，北枕东风社区，太沙路、连升路、滨海大道等城市主干道贯穿整个社区，属于虎门镇中心片区的一部分。其毗邻广深高速、莞佛高速、S256省道和高铁虎门站，处于穗深港巨型城市走廊中端，距离东莞市区约30公里，距离虎门镇中心约5公里，距离广州白云机场约90分钟车程，距离深圳宝安机场、虎门港约30分钟车程，交通区位条件十分优越。

2.社区概况

南栅社区面积8.18平方公里，常住人口5000多人，下辖8个居民小组，分别是元头、八行坊、三蒋、南冲口、西头、冲元、新村、平岗。

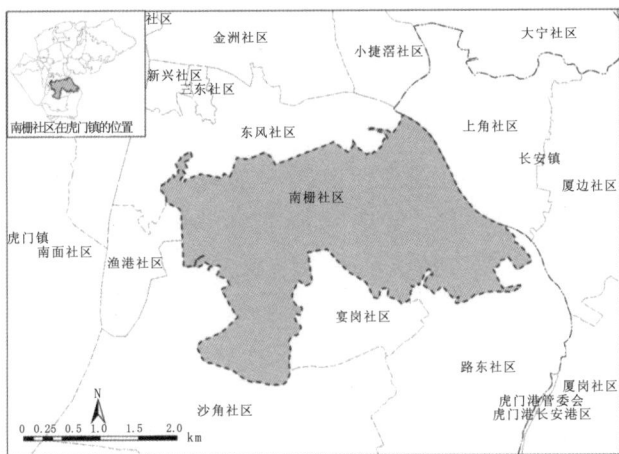

图10-6 南栅社区地理位置图

南栅社区的人口表现出人口密度高，外来人口明显多于户籍人口的特征。目前，南栅社区户籍人口有5327人，外来人口多达37 500人，本地人与外来人口的比例约为1∶7，人口密度为6760人/平方公里，远高于东莞市的3343人/平方公里和虎门镇的3571人/平方公里（图10-7）。

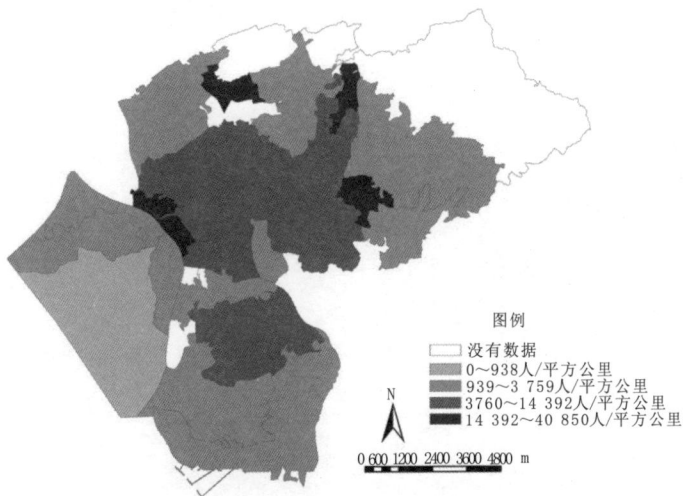

图例
□ 没有数据
0～938人/平方公里
939～3 759人/平方公里
3760～14 392人/平方公里
14 392～40 850人/平方公里

0 600 1200 2400 3600 4800 m

图10-7 虎门镇各社区人口密度图

第十章
东莞村组利益平衡与转型案例研究

3. 经济实力

南栅社区经济实力较强，在虎门镇29个社区中居于前列。2011年，南栅社区总收入、纯收入、资产总值等均居于全镇第一位，净资产居全镇第二位（图10-8、图10-9），人均总收入居全镇第三位（图10-10）。厂房出租和物业经济是其总收入的主要来源，占90%以上（图10-11）。

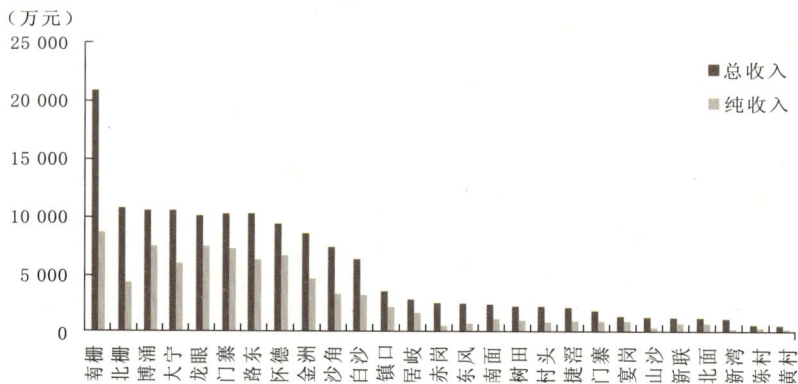

图10-8　2011年各社区总收入和纯收入图

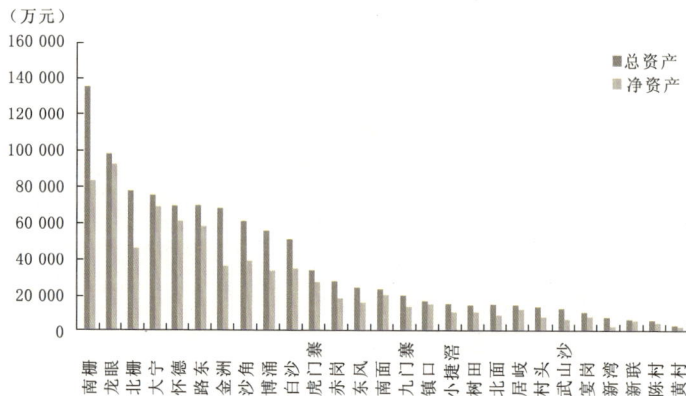

图10-9　2011年各社区资产总值分布图

（万元）

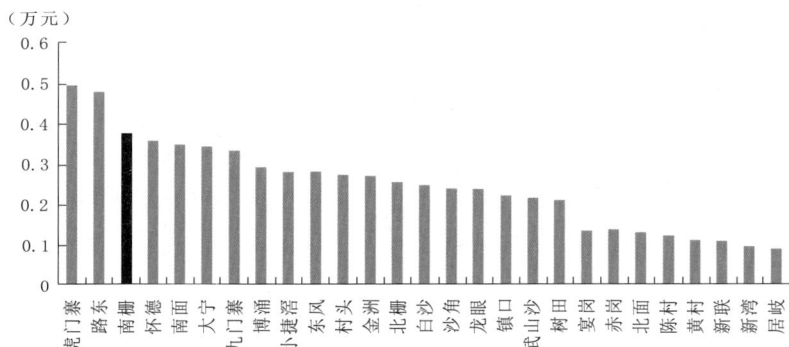

图10-10　2011年各社区人均总收入图

（万元）

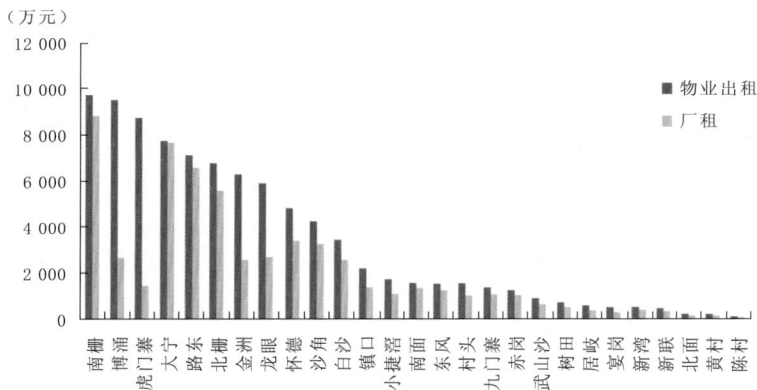

图10-11　2011年各社区物业出租与厂房出租图

　　近年来，南栅社区的经济发展较稳定，但由于缺乏自主实体产业，抵御经济危机的能力较差，经济增长空间有限。2002—2011年，南栅社区总收入和纯收入总体表现出下降的趋势。以2007年为分界点，前6年总收入和纯收入均处于上升的态势，2007年以后，南栅社区经济明显下落，于2009年降到谷底，此后两年略有回升，但增长速度很少。同时，总资产的增长也很少，资产收益率也呈下降的趋势。

第十章
东莞村组利益平衡与转型案例研究

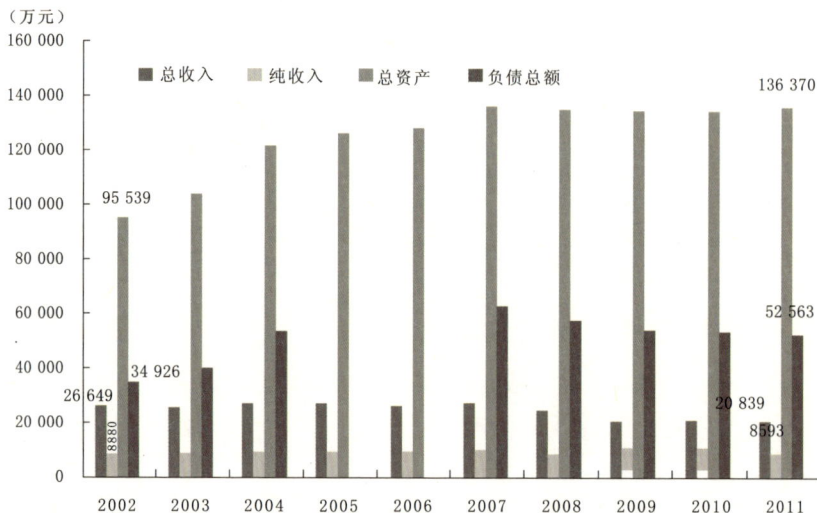

（万元）

图10-12　2002—2011年南栅社区总收入、纯收入、总资产
以及资产负债图

4. 产业发展

南栅社区的工业基础较好，工业总产值居全镇前列，属于第一梯队。在南栅社区现有的6个工业区中，有外资企业75家，个体民营企业361家；工业从业人数27 151人，工业企业数为161个，占全镇工业企业数的10.20%，形成了以制衣、电子、五金等为主导的产业结构（表10-1、图10-13），但南栅社区的产业大都属于劳动密集型加工制造业，产业发展位于国际产业链的低端，产业附加值较低。2011年总收入1亿多，纯利润6400万。2008年以后保持6000万左右纯利润。

表10-1　虎门镇各社区工业梯队分布

梯队	工业总产值	社区
第一梯队	20亿元以上	北栅、怀德、路东、南栅、镇口、大宁、居岐
第二梯队	10亿元～20亿元	龙眼、白沙、博涌、北面、沙角
第三梯队	2亿元～10亿元	树田、村头、九门寨、陈村、金洲、宴岗、则徐、南面
第四梯队	少于2亿元	小捷滘、虎门镇、黄村、东风、新联、武山沙、东方

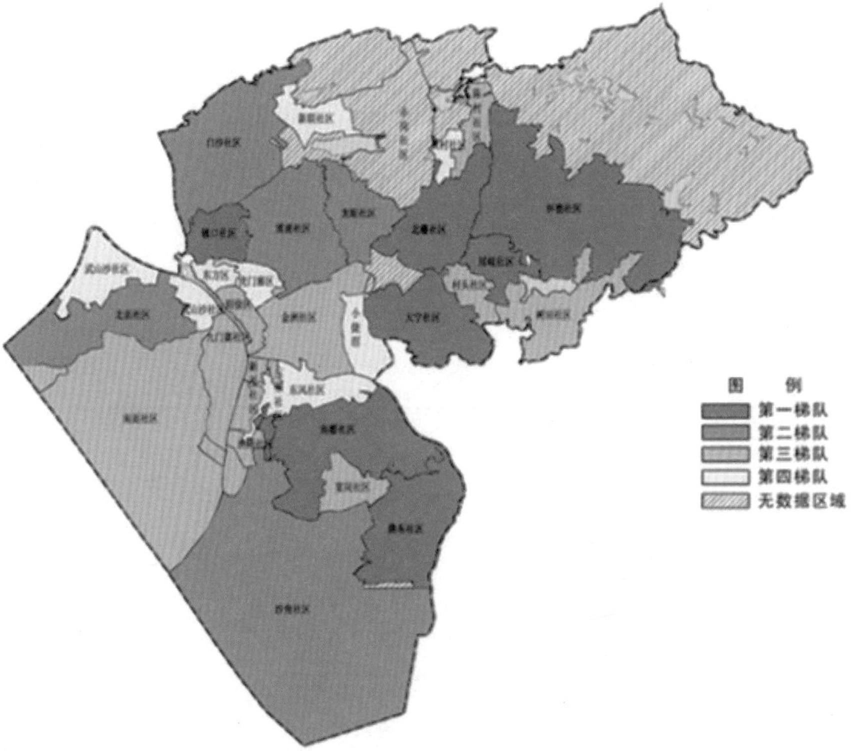

图10-13　虎门镇工业发展空间分布图

资料来源:《虎门镇城市总体规划(2010—2020)初步方案汇报》

　　从空间布局上来看,南栅社区的工业企业分布较分散,中小企业主要靠批发市场联系在一起,靠"接单—加工—交货"完成整个制造过程,彼此间的技术协作和交流很少,未形成制造的网络化。工业空间布局分散直接导致中小企业成长缓慢,缺少分工,竞争加剧,企业成长环境恶劣,污染治理费用高昂,不利于产业集群的壮大和升级。另外,南栅社区的工厂主要为90年代中后期建设的工业厂房,多为制衣、电线、电缆等厂区,与居民点混杂,位于镇中心区强辐射区域。虽然有较强的"退二进三"愿望,但面临着缺乏足够资金和具体的改造项目等问题。

5.土地利用

南栅社区土地利用状况较为混杂，土地利用结构不平衡，表现为建设用地比重过大，占全部土地面积的比重差不多高达75%；工业用地比重较大，占城市建设用地的18.01%，按6万人口算，人均工业用地面积约为18平方米，而教育、文化、卫生、体育、道路广场用地等社会公益性用地比例明显偏低。

表10-2　南栅社区建设用地表

序号	用地代码及分类			面积（公顷）	占总建设用地比例（%）
1	R		居住用地	126.19	21.34
		R1	一类居住用地	0.96	0.16
		R2	二类居住用地	106.77	18.05
		R4	四类居住用地	5.58	0.94
		R6	中小学及幼儿园用地	12.88	2.18
2	C		公共设施用地	40.08	6.78
		C1	行政办公用地	0.75	0.13
		C2	商业金融用地	25.63	4.33
		C3	文化娱乐用地	1.16	0.20
		C4	体育用地	2.64	0.45
		C5	医疗卫生用地	9.45	1.60
		C7	文物古迹用地	0.45	0.08
3	M		工业用地	107.03	18.10
		M1	一类工业用地	69.85	11.81
		M3	三类工业用地	37.18	6.29
4	W		仓储用地	17.82	3.01
		W1	普通仓库用地	17.82	3.01
5	T		对外交通用地	2.04	0.34

序号	用地代码及分类		面积（公顷）	占总建设用地比例（%）
6	S	道路广场用地	173.96	29.41
	S1	道路用地	166.64	28.18
	S2	广场用地	2.56	0.43
	S3	社会公共停车场	4.76	0.80
7	U	市政设施用地	31.35	5.30
	U1	供应设施用地	1.97	0.33
	U2	交通设施用地	1.47	0.25
	U4	环境卫生设施用地	27.19	4.60
	U9	其他市政公用设施用地	0.72	0.12
8	G	绿地	92.95	15.72
	G1	公共绿地	45.02	7.61
	G2	生产防护绿地	47.93	8.10
合计	建设总用地		591.42	100.00

就用地产出水平来看，南栅社区的地均总收入水平高于虎门镇和东莞市的平均水平，2011年地均总收入达2547万元/平方公里，居全镇第三位（图10-14）。南栅社区的土地使用效率不高，土地资源粗放式经营的状况较为普遍，工业企业遍地开花，用地存在无序扩张的现象，土地节约集约利用水平有待于提高。

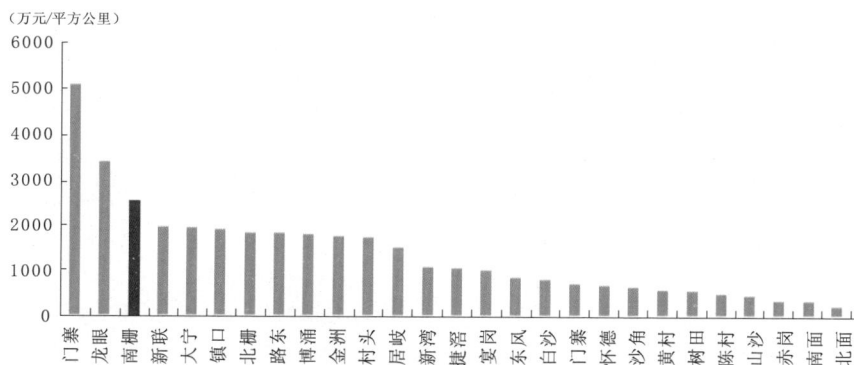

图10-14　2011年虎门镇各社区地均总收入水平

6. 公共设施

设施环境方面，南栅社区基础设施比较完善，其中全部由社区投资建设、运营管理的道路总长度为9095米，社区的供水由虎门自来水公司提供，排水管网等也由社区出资建设、运营管理。尽管社区内有日处理能力为10万吨的宁洲污水处理厂，但雨污合流制对社区的水土污染较严重；南栅社区对绿化、环卫的投入比较大，已经建成两个公园，社区每月的环卫费用支出50万元左右，共有5处小型垃圾压缩站，12处公厕。近年，社区还积极组织投入河涌治理，但治理费用较绿化和环卫要少。

三、社区发展SWOT分析

1. 南栅社区内部优势（S）

（1）虎门镇中心板块，区位优势明显

南栅地处虎门镇中心地区，根据《东莞市虎门镇城市总体规划修编（2010—2020）》，南栅被划为中心城板块中的中心城南片区，地处新湾片区和中心城片区的空间缝合地带，在承接、服务虎门产业发

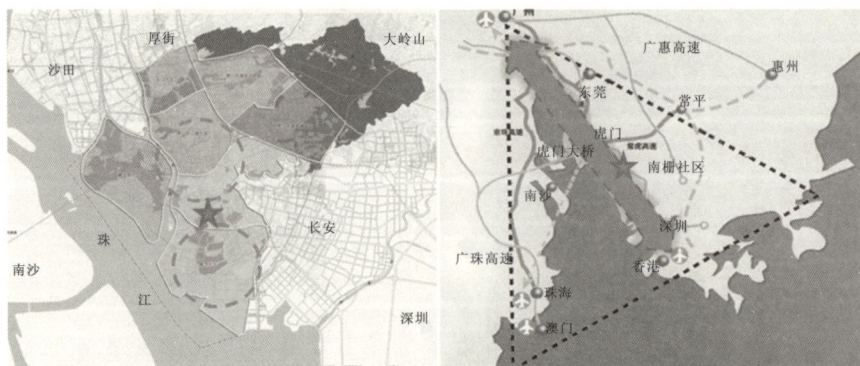

图10-15 南栅社区区位优势分析图

展方面具有得天独厚的区位优势。同时，在珠三角城市一体化的形势下，南栅社区地处珠三角穗莞深走廊地带，与广州、深圳等地的联系必将变得更为紧密，使南栅成为珠三角东岸的一个承接地带，也将使南栅社区处在珠江口东岸发展走廊的辐射地带。

（2）发展基础较好，民间财富较强

2011年，南栅社区的经济整体情况在虎门镇各社区中是最好的，无论是总收入、纯收入还是总资产情况在虎门镇所有的社区中都是最大的，而且要远远大于其他社区。目前，南栅社区拥有6个工业区，70多家外资企业，300多家民营企业，工业经济基础较好，发展蓬勃。同时，南栅社区的生活服务设施配套齐全，拥有集市、商场、酒店、餐厅、学校、医院、公园、游泳馆等设施，并逐步形成了以篮球、健美操、群体舞蹈、粤乐戏曲等项目为支柱的群众文化发展格局。

（3）社区管理水平高，社会治安稳定

南栅社区尚未进行撤村合并的工作，但是在社会保障、治安维稳、新莞人管理、促进本地居民就业等方面都有明确的政策，社区管理水平较高。2011年，南栅社区的养老保险交付金由社区负担33.3%左右，医疗保险交付金则全部由社区负担，已经形成一套较完善的社会福利体系，对60周岁以上老人、百岁老人、五保户、孤寡老人、残障人士等均设置有相应的补助（以南栅社区户籍人口为补助范围）。在治安维稳方面，南栅社区治安队分为社区级治安队和小组级治安队，分别有88人和142人。2011年社区治安费用合计1004.7万元，其中社区级治安费用为580万元，小组级治安费用为424.7万元。南栅社区的群众安全感和满意度均较高，投资环境得到保障。

2. 南栅社区内部劣势（W）

（1）当前发展模式不可持续

长期以来，南栅社区的发展均是以外向型经济为主要特征，主要依靠物业和厂房出租来获得收入，缺乏自主实体产业，抵御外来风险和经济危机的能力较差。虽然南栅社区通过这种发展模式取得了一系列的发展成就，但是经过十多年的发展，粗放型的增长模式及其前期"自下而上"自由发展带来了包括土地资源、产业结构、人口就业等方面的种种问题与矛盾，使得这种发展不可持续。南栅社区必须加快转变发展模式，寻求发展突破，走向集约和谐的发展之路。

（2）用地布局混杂、结构不平衡

南栅社区的城镇用地布局没有逻辑关系，早期以跳跃式发展为主，后期受到土地资源紧缺的影响以填充式发展为主，导致城镇建设用地与非建设用地呈现混杂破碎，工业、居住、公共设施等功能用地混杂布置。从用地结构上来看，建设用地高达75%左右，其中工业用地比重较大，后备土地资源不足，进一步发展必须依靠"三旧"改造和存量土地挖潜。

（3）产业结构低端

虽然从总量上来看，南栅社区的工业总产值在虎门镇位居前列，但是其工业发展仍以加工制造为主，存在产业结构低端、产业规模小、附加值低、自主创新能力弱、集聚性差、产业链条短等不足，缺乏高产值企业、高税企。

（4）人口稳定性差，中产阶层数量不足

南栅社区的企业大多数为劳动密集型企业，其劳动力大多数为外来人口。目前社区的户籍人口5327人，外来人口则达到37 500多人，本地人与外来人口的比例约为1:7。南栅社区的人口流动性很强，稳定性不足，特别是春节、中秋等传统节日，实际人口锐减。另外，南栅社区的本地居民的收入主要依靠股份分红，从业水平不高，加上外来务工人员的工资水平相对较低，消费者社会收入结构呈"金字塔型"，低收入家庭多，整体购买力不足。

（5）后备土地资源紧缺，"三旧"改造难度大

南栅社区可供利用的存量土地不足1000亩，后备土地资源十分紧

经济发达地区土地利用与民众利益
土地利用与空间规划丛书

缺。2010年有6块地块纳入"三旧"改造范围，面积共164.87公顷。这些地块大多为旧工业区和旧村，改造后的功能定位主要是居住用地、公共设施用地和商贸物流用地，但是受土地权属、利益分配、发展观念等问题的制约，"三旧"改造的难度较大，同时由于缺乏发展战略和规划的指导，改造的方向不明确。

3. 南栅社区外部机遇分析（O）

（1）城市职能提升引导产业转型升级

依据《东莞市虎门镇城市总体规划修编（2010-2020）》，虎门镇将在规划期末进一步提升服装业、会展商贸、商业服务等职能，使其成为东莞市具有国际影响的服装总部基地，东莞市会展商贸、商业服务中心。从此可以看出，服装行业在未来的10年内仍将是虎门镇的主导产业，同时为了进一步提升服装业的影响力，虎门镇必须加大服装产业链的扩展力度，打造服装创意产业集群，提升虎门服装的产品附加值。"创意产业"板块是虎门服装产业主动切入国际产业链高端环节的关键。

（2）"三旧"改造整合空间资源，释放土地潜力

2009年以来，东莞全面推动"三旧"改造，盘活土地、挖潜存量土地以提升东莞的城市竞争力。虎门镇编制了《东莞市虎门镇"三旧"改造专项规划》以合理地指导虎门镇"三旧"改造工作，节约集约用地，其中南栅社区有6块"三旧"改造地块。"三旧"改造一方面可将生产落后、经济效益不足、附加值较低的产业转移出去，为南栅社区产业转型升级腾出发展空间，转变以往以外向型租赁为主的发展方式，建立一个符合南栅社区发展需求的实体产业；另一方面通过"三旧"改造挖潜现有存量土地，进一步提高土地的投入产出水平，释放土地潜力，从而推动南栅社区向高端集约的方向发展。

第十章
东莞村组利益平衡与转型案例研究

图10-16 2010年南栅社区"三旧"改造计划地块

（3）支持转型升级的政策机遇

国家工商总局出台了《关于支持广东加快转型升级、建设幸福广东的意见》，支持广东转型升级，在放宽市场准入先行先试、市场服务主体放宽和权力下放等方面给予政策支持，有利于帮助广东进一步规范市场秩序、减少企业运营成本、创造良好的营商环境。广东省则把"加快转型升级、建设幸福广东"作为当前的核心任务来抓，政府及各部门相继制定各种政策促进产业转型升级，在加大对转型升级的财政扶持、创新研发、兼并重组、知识产权保护、人才支撑、市场开拓、税收减免、金融服务、投资环境改善等方面均制定了若干鼓励政策。与此同时，东莞市把经济社会双转型作为发展战略，不断加快基层"腾笼换鸟"，为转型升级提供了良好的政策环境。

4. 南栅社区外部挑战分析（T）

（1）东莞市各镇区之间竞争激烈，南栅社区发展机会不足

近几年来，东莞市各镇街之间展开激烈竞争，争夺优质项目。石龙、横沥、茶山、企石等镇区继续大力发展特色制造业，基础设施、商业、房地产、酒店娱乐业等第三产业发展势头咄咄逼人，各项经济指标持续向好。在如此竞争激烈的情形下，南栅社区所能获取的发展机会略显不足。在《东莞市虎门镇城市总体规划修编（2010—2020）》中，仅将南栅社区所在的中心南片区定位于主要居住片区、工业组团，没有明显的规划建设引导，而其周边的新湾片区则明确指出其职能为以港口、物流、加工工业为主，威远岛片区则为面向全国的爱国主义教育基地，面向珠三角地区的历史文化、观光旅游、休闲度假区，虎门大道东南片区为生态居住区、都市型工业园区。

图10-17　虎门镇总体规划分区示意图

图片来源：《东莞市虎门镇城市总体规划修编（2010—2020）》。

（2）国内各区域经济发展势头强劲，先发优势下降

虽然东莞发展实力雄厚，但属于低效益增长，持续发展力较弱，后劲不足。随着全国对外开放向全方位、宽领域、纵深化发展，许多地区在承接国际大企业和新兴产业方面走在了东莞前面，土地劳动力成本优势明显，体制创新和技术创新步伐更快，使得东莞的先发优势不再明显。同时，经过中部崛起、西部大开发、东北振兴等一系列措施，区域全面发展的局面已经开始形成，中西部地区经济增长已经开始领跑全国，东北地区振兴脚步明显加快，对于劳动力吸引力大大增强，东莞市依靠低廉劳动力、享受人口红利维持经济增长已经困难重重。在这种形势之下，南栅社区企业也感受到了国内各区域强烈竞争带来的压力。

（3）全球贸易疲软，出口形势不容乐观

受欧债危机持续恶化和全球经济增长同步减速的共同影响，全球贸易持续疲软，中国出口自去年以来增速明显放缓，有数据显示广东省2012年7月的出口增速仅为3.3%，最多港商设厂的地区东莞，经济表现最差，按年只增长2.5%。2011年至今，已经有4000多间于珠三角地区的港商业务撤离或收缩，占整体约10%～15%。短期来看，全球贸易走势不能令人乐观，而从中长期的角度看，过度依赖于欧美市场的出口型经济增长模式难以为继。目前，由于国际国内等不利因素不断释放，导致东莞制造业竞争力下降，南栅社区也不免受到这些不利环境的影响。

（4）交通优势逐渐弱化

交通基础设施建设对地区经济和城市发展具有深远的影响，虎门镇在过去的几十年里，凭借着优越的交通条件，建立了较发达的产业体系。随着珠三角的交通建设与发展、交通可达性均质化，东莞市各个镇（街道）交通条件的比较优势格局逐步改变，区域竞争特别是镇（街道）之间的竞争格局也会相应变化，虎门镇的交通区位优势有所弱化，位于虎门镇南端的南栅社区也面临同样的挑战（图10-18）。对比在新的交通规划中（图10-19），有一条高速公路、城市快速路穿过其南部，并有一个高速公路出入口；交通性主干道纵向穿过，生

活性主干道纵横交错。

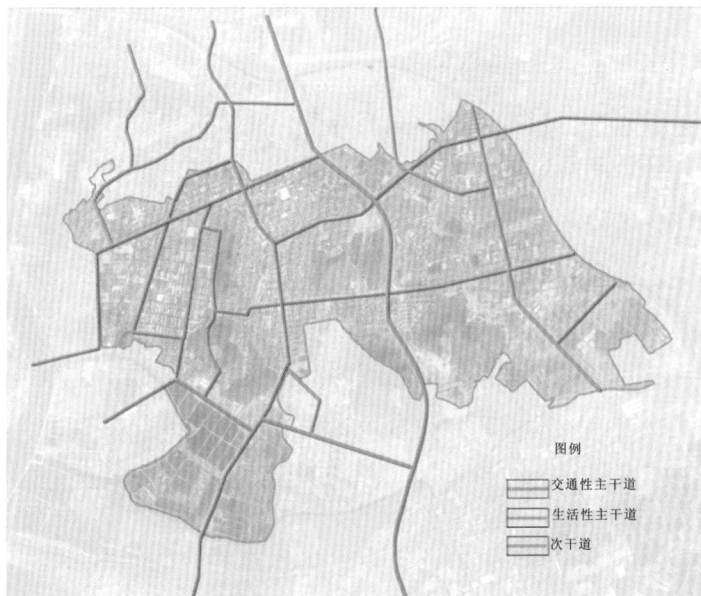

图10-18　南栅社区交通现状图

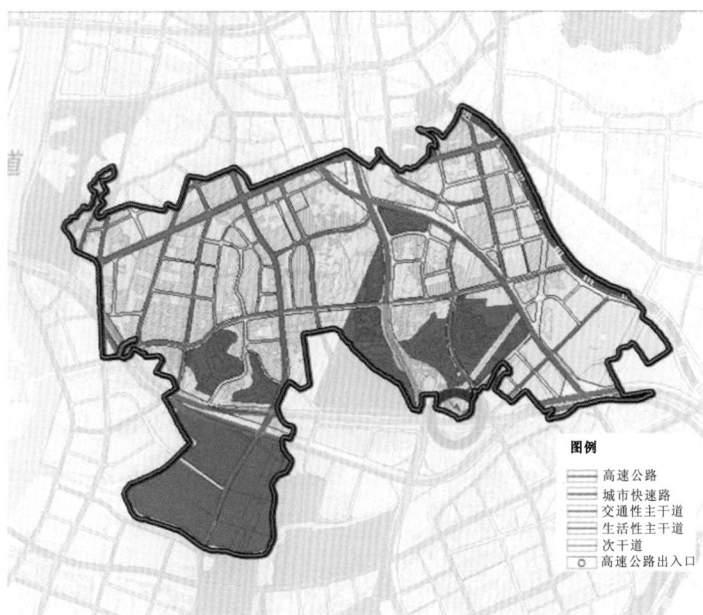

图10-19　南栅社区交通规划图

第十章
东莞村组利益平衡与转型案例研究

四、目标定位

1. 中国纺织服装业"创新示范区"

总体来看，虎门服装产业具有产业集聚发展特征明显、与专业批发市场形成"前市后厂"的互动关系、服装产品逐步走向中高档、出口与内销市场并重等特点，同时也面临着产业层次低、创新与配套能力薄弱、企业空间布局分散、镇级行政建制对营商环境的制约等多方面的挑战，也受到土地、劳动力、环境等因素制约。为此必须努力将虎门的产业区位优势提升为区域品牌优势，促进低成本的服装产业集群向创新型的产业集群转变，以虎门服装产业为基础，着力打造服装创意产业园区，努力将南栅社区打造成为"中国纺织服装业的创新示范基地"。

2. 东莞社区转型升级的典范

加快社区转型升级，是当前东莞面临的重要议题。通过企业大发展带动产业全面升级、企业与社区互动，以及不断提升主导产业的创新水平等方式，提高社区实体经济的竞争力，降低社区对传统经济经营方式的依赖程度，构建南栅未来生产服务业构架，全面提升社区的投资环境和竞争力，为社区的发展注入崭新模式和内涵，为东莞社区转型升级塑造成功的典范。

3. 虎门新型宜居社区建设标杆

完善社区综合服务能力，协调人与自然的和谐共生关系，推进社区基层组织的制度化和规范化管理，实现南栅人居环境的优化提升，建设环境优美、生活舒适、经济发达、安全文明的新型宜居社区，将其打造成为虎门新型宜居社区的建设标杆。

经济发达地区土地利用与民众利益
土地利用与空间规划丛书

五、发展策略与路径选择

通过上述分析，可知未来南栅社区如果要实现经济社会持续发展，必然要转变目前以制衣、电子和五金低端生产环节为主的产业发展模式，由制造向创造转变，创新就成为关键。因此，在对规划区域进行综合解读之后，将南栅社区确定为"中国纺织服装业创新示范区""东莞社区转型升级的典范""虎门新型宜居社区建设标杆"的战略定位，以虎门服装产业为基础，着力打造服装创意产业园区；构建南栅未来生产服务业构架，全面提升社区的投资环境和竞争力，为社区的发展注入崭新模式和内涵；最终实现南栅人居环境的优化提升，使其成为虎门新型宜居社区的建设标杆。结合南栅社区的实际情况，可发展"服装创意产业园区""创意生态产业园"或"科技创新产业园"，为南栅社区转型升级和更新铺平道路，最终实现社会效益、产业效益和企业效益"三大效益"的完美结合。

专 栏 2

创意产业：在全球化的消费社会的背景中发展起来的，推崇创新、个人创造力，强调文化艺术对经济的支持和推动的新兴理念、思潮和经济实践。具有无污染、消耗物质能源少、不受土地和资源限制、产品附加值高、产业辐射力强等特点。

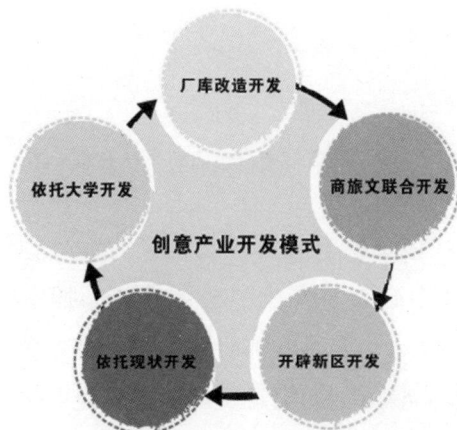

创意产业开发模式图

1.服装创意产业园

依托虎门服装产业的强大基础，实施优势产业带动创意产业的发展战略。对创意产品、项目以及创意产业平台建设进行扶持，引导各类资本、人才投入创意产业的发展。为此，在三年内建成以服装文化创意及服装设计为切入点的集服装研发、生产、仓储、销售为一体的现代化、智能化的服装创意产业园，占地面积60公顷。以下主要从功能设置和发展策略来分析南栅社区服装创意产业园。

（1）功能设置

为了促进服装业的高速发展，设置高度关联的多元化功能配置形态。南栅服装创意产业园的三个功能设置层次如图10-20所示。

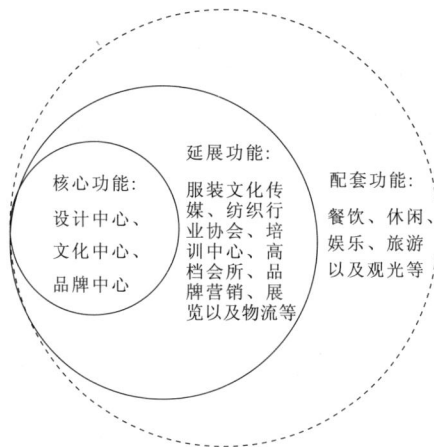

图10-20　服装创意产业园功能设置层次图

① 核心功能。包括研发设计、文化交流和品牌传播三方面。由此，形成了"设计中心""文化中心"和"品牌中心"三大功能中心，主要承担时尚设计、流行服饰研发、设计技术创新、设计版权销售、服装展示发布、最新时尚信息交流、中外企业交流、品牌定制、品牌服饰展示、品牌推广及营销等服务。

② 延展功能。包括服装文化传媒、纺织行业协会、培训中心、高档会所、品牌营销、展览以及物流等。主要承担时尚咨询发布、时装模特大赛、时尚设计大赛、前沿面料展销、行业协会最新资讯交流与拓展、各种服装培训中心、服装策划公司、创意高档会所、品牌营销、外住品牌中心、新品展览、配送物流等服务。

③ 配套功能。包括餐饮、休闲、娱乐、旅游以及观光等方面，主要为核心功能服务，即引进高档西餐厅、创意餐饮、咖啡厅、酒吧、创意酒店、创意体验沙龙、潮流运动馆和健身场所、雪茄洋酒品尝、书店、艺术中心、经典旅游观光等休闲娱乐服务。

专　栏　3

佛山1506创意产业园

政府支持，民营企业全额投资和运营的市场化主体，由12家旧工厂改造而成，是以陶瓷文化创意及陶瓷工业设计为切入点的人居创意产业园。围绕陶瓷优势产业，形成了国际生态陶艺公园、国际艺术家村、国际创意教育基地、国家创意产业基地等八大板块，现已成为我国已建成的规模最大的创意产业园。

（一）1506创意城的建设模式被评为上海世博会城市最佳实践区案例，参展主题为"文明传承的佛山模式——陶文化在佛山的过去、现在和未来"，展览形式为"CHINA功夫"。因展览表现出色，展期从最初的7天延长至76天，展至世博会结束。

（二）1506创意产业园用文化做稀土，把软环境做硬，把硬环境做软，打造一个在全国二线城市可复制的文化产业集聚平台。

1.秉承文化是魂，产业是根，平台是关键的宗旨，打造一个文化助推产业升级的平台。

1506创意城从传统文化和地域文化入手，按照传统文化当代化、地域文化国际化、精英文化生活化的宗旨，将园区打造成文化特区，打造了一个文化事件、文化活动聚集的地方，使南风古灶片区成为国际陶文化圣地、世界文化交流平台、当代文化策源地，成为传播弘扬中华民族文化的基地，以此吸引人才集聚。1506创意城先后共举办了国际柴烧节、中国陶瓷文化节、中国创意春节、佛山教育博览会、东盟非物质文化遗产展览、中日韩三国陶艺展等海内外800多场文化活动，用创意将旧厂房改造成马桶瀑布、泡女郎广场、白痴艺术空间等艺术景观，促进陶文化的当代化和国际化。目前，已成为佛山城市的文化特区和产业升级的一个平台。

2.打造国际级的文化艺术创作平台、文化艺术展示平台、文化艺术交流平台、文化艺术线上线下交易平台。

1506创意城以陶文化和当代艺术为切入点打造国家级的文化艺术创作平台、文化艺术展示平台、文化艺术交流平台、文化艺术交易平台。目前，已经建立起1506古玩艺术街、1506家居艺术街、公仔街、当代美术馆、白痴艺术空间、艺术家

村、艺术工厂等文化艺术交流展示、交易、创作平台，现已有超400家商户进驻，到2011年底将会有超2000家商店进驻，并建立网上文化艺术品的展示、交流、交易平台。

3.用市场化的方法保护文化。

1506创意城用商业模式推动文化产业的发展，推动产业升级和城市转型，用市场化的手段激活各种资源、完善文化、保护文化、激活文化，让各种资源都能转化为生产力，为社会大众服务。

（三）目标：在全国复制10个以上文化创意产业园区，并争取五年内上市。

1506创意城现已成为我国已建成的规模最大的创意产业园之一，并被列入佛山"千年陶都"发展规划的重要一部分。到2011年底，入驻企业将达到1000家，文化艺术商店将会有2000家，形成3万白领人才的集聚。

1506创意城目标是打造一个在全国可复制的创意产业园，并争取在2015年前上市。力争能制定全国创意产业园的标准，成为中国乃至世界最具影响力的创意产业园之一，成为将广东"三旧"改造与广东文化强省建设有机结合的示范基地，最终成为改变经济发展方式的新特区。

佛山创意产业园实景图

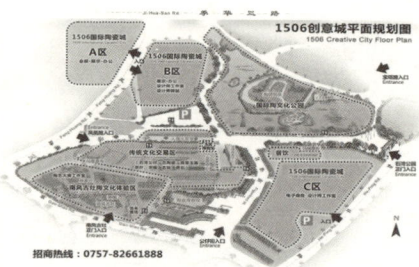

佛山1506创意城平面规划图

广州TIT纺织服装创意产业园

TIT创意园位于广州市海珠区新港大道北侧，处广州城市中轴线上，与天河区东、西双塔、广州歌剧院、海心沙公园及附近的广州电视观光塔相邻，属于城市核心区域，具有优越的地理区位。在广州城市总体规划中处于"南拓"规划的第一站。

广州TIT纺织服装创意产业园区位图

经济发达地区土地利用与民众利益
土地利用与空间规划丛书

TIT创意园前身是广州纺织机械厂。2007年，根据广州市"退二进三"产业结构调整政策以及大力发展现代服务业的战略，纺机厂全面停产，退出历史舞台。此后，广州纺织工贸企业集团与深圳德业基投资控股集团有限公司携手对工厂进行改造。在合作开发的过程中注重几个方面：一是创意园是发展的需要，定位明确，方向坚定，合作伙伴不仅要有实力，也要有对创意园项目既定主题的认同感，还要具有深厚的文化底蕴；二是创新合作的模式，纺织工贸集团既是物权的主人，同时又参与合作经营；三是充分发挥民营合作伙伴的专业特长和市场特性，使项目规划得到进一步提升并加快进行。2008年，将危旧厂房进行改造，统一规划，最大限度地将现代元素与老工业厂房相融合，达到新与旧的和谐统一。经过18个月的"修旧如旧，建故如新"的改造，焕然一新的TIT创意园实现华丽蜕变。年产值从改造前的1130万元激增到150亿元，增幅达1300多倍，成为广州市旧厂房改造的成功典范。

　　TIT创意园占地面积近10万平方米，改造后规划总建筑面积约4万平方米，称得上一个名副其实的"公园式创意园"。以服饰、时尚、创意、文化、艺术为主题，旨在打造为设计师、艺术家、专业模特、时尚人士所向往的梦工场，定位为一座以设计研发、产品发布、信息交流、专业培训等多功能服务为纽带的多元型创意产业园。走出了一条高集聚、高科技、高效益、低能耗的科学发展之路。对带动和影响珠三角的纺织服装产业升级有极大作用，并对中国的创意产业形成示范作用。

　　TIT创意园由品牌设计区、跨界创意区、商业文化区、展示发布区、休闲红酒区等功能板块组成。园内有华南地区规模最大、投入最多、档次最高的T台。T台除了具备时装展示功能之外，南北两侧还配套有接待厅和新闻发布厅。自投入营运以来，举办过广州岭南服饰文化周、广东时装周、真维斯设计大赛颁奖典礼、艾哲平方发布会、鼎欧服饰发布会、香纱服饰发布会、上海国际模特大赛、英国斐凡妮服装发布会、英国MUX谢品牌发布会、爱帛服饰订货会等40多场大型活动。

广州TIT纺织服装创意产业园现状

（2）发展策略

① 将服装创意工作产业化运作，实现服装创意与市场的完美结合。南栅服装创意产业园是一个从服装设计、发布、展示、新品展销、前沿面料展销、生产，到尾货销售完整的服装文化产业链，集购物、休闲、娱乐、度假、餐饮、住宿、商务等多功能于一体的现代化、智能化创意产业园。因此，其提供了一种服装行业"设计+产+供+销"一体的产业模式，致力于将服装文化及延伸商品推向市场，同时全方位地挖掘服装品牌的价值，形成"一条龙"及孵化效应的服装产业链，目的就是进行产业化运作，实现服装创意与市场的完美结合。

② 通过将服装创意产业园打造成为东莞服装行业时尚前沿的堡垒，明确"设计中心""文化中心"和"品牌中心"最核心的定位，做大做强核心产业。要做大做强创意产业，核心功能一定要凸显。因此，通过南栅的政策支持，设定各种艺术工作室、各种时尚发布会、国际性服装会展活动、知识产权交流会、服装设计学术会议、电视节目服装赞助、发展资金的筹集与驱动、新闻发布会及新品发布会等各种传媒宣传，品牌推广与营销等手段，吸引优秀设计师和名牌企业抢先进驻园区，形成服装产业发展的焦点，做大做强核心产业。

③ 充分利用虎门"优二强三"的产业政策，将产业园融合城市规划。东莞市提出转变发展方式，实现东莞经济社会双转型。2009年以来，东莞全面推动"三旧"改造，盘活土地，全面提升东莞的城市竞争力，因此，"三旧"改造带来空间资源整合的契机，成为东莞经济社会双转型的助推器。此外，东莞市虎门镇努力实现投资要素驱动向创新驱动转变，实现产业集群向品牌集群、创意集群转变，实现"调二进三"向"优二强三"转变，凭借虎门良好的产业配套和先发优势，主动切入国际产业链高端环节，努力提升产品附加值，构建具有虎门特色的现代化产业体系。虎门是服装名城，南栅作为虎门发展

最好的社区，具有良好的服装发展的先发优势，因此，利用虎门"优二强三"的产业政策，将服装创意产业园融合城市规划，促进南栅社区甚至虎门城市经济社会双转型。

④ 搭建创意产业交流、展示、贸易的平台，发挥平台的基础作用，整合区域资源。结合服装创意产业的特点，搭建创意园六大平台资源，分别是为服装品牌宣传搭建服装文化传媒及品牌营销平台、为服装创意高端人才搭建学术交流平台、为引领时尚潮流搭建服装秀平台、为服装人才激荡设计火花搭建高档会所休闲平台、为企业搭建商业贸易平台、为服装运输搭建物流平台。充分利用六大平台资源，打造服装特色鲜明的创意园区，聚集人气，形成时尚气氛，成为虎门甚至中国服装产业创新标杆。此外，此六大平台可整合区域资源，形成与配套功能区合理组合，实现创意产业园与配套功能区的融合与共生。

⑤ 注重招商环节，吸引具有号召性的大型知名服装企业或品牌进驻。大型知名服装企业和设计工作室的进驻对服装创意产业园的发展来说是至关重要的。南栅服装创意产业园要发展壮大，应对潜在的知名服装企业（如服装设计工作室、服装行业协会、服装物流服务商、服装尖端企业研发机构、展览公司、营销公司、广告公司、高端会所与沙龙、服装企业品牌中心、服装培训中心、服装历史博物馆、服装设计学校等）进行分析与综合排序，如列出南栅服装创意产业园三个功能区潜在的主要进驻商，并对这些潜在的主要进驻商按一定的筛选标准进行综合分析，进而获得其优先顺序名单；在此基础上，制定招商引资方案及沟通文件，针对每一特定潜在的进驻商做好市场宣传介绍的文件和招商引资文件；最后进行初步沟通、谈判并达成协议，并分阶段地引进各类知名服装企业入驻南栅服装创意产业园。

⑥ 充分利用传媒工具，加大产业园内外宣传力度，突出园区特色，提升知名度。组织服装高层论坛和学术交流、时装媒体交流会、中高职及大学等实验基地、服装设计效果图展及比赛、Fashion

Show、时尚Party、模特大赛、服装设计大赛或网上服装设计大赛、时装新品发布会、时尚共享晚会、品牌企业推介会、名品推介会、国际国内服装高峰论坛等文化与艺术工具，通过网络、电视、报纸、杂志、电台、印刷、包装、出版等公共传媒和园区传媒，扩大园区知名度，展示服装特色园区的风采。

⑦ 借助服装创意产业园在社区中的地理优势与特色，发展园区旅游休闲娱乐功能。南栅作为虎门中心城板块的中心城南片区，借助虎门旅游资源及本身旅游资源的优势，打造包括餐饮、休闲、娱乐、旅游以及观光等方面，即引进高档西餐厅、创意餐饮、咖啡厅、酒吧、创意酒店、创意体验沙龙、潮流运动馆和健身场所、雪茄洋酒品尝、书店、艺术中心、经典旅游观光等休闲娱乐服务功能。

2.创意生态产业园

面对《中共中央 国务院关于积极发展现代农业扎实推进社会主义新农村建设的若干意见》（中发〔2007〕1号）提出要重点发展现代农业。全国因地制宜建设了上千个生态农业示范点，203个全国农业旅游示范点的良好机遇，加之南栅社区有着发展较好的基本农田（图10-21），因此，借助良好农田优势，南栅应壮大高附加值农业，形成以特色农林生产、畜牧养殖、旅游观光为主，以农林产品加工、贸易为辅的现代生态农业体系。打造一个具有休闲、观光、农业种植、畜牧水产养殖、林业花木开发、老年疗养服务等生产服务功能，集设计、生产、加工、仓储、物流、科研教育、培训、营销、信息、市场服务业一体化的，以低碳、环保、生态、创意为理念的创意生态产业园。创意生态产业园在三年内建成，总面积约为20公顷。以下主要从功能设置和发展策略两个方面来分析创意生态产业园。

图10-21　虎门镇基本农田分布示意图

（1）功能设置

① 生态农业。按照生态学原理和经济学原理，运用现代科学技术成果和现代管理手段、集约化经营的农业发展模式，根据南栅的实际情况，发展一个以生态开发为宗旨，集科研、种植、旅游、休闲观光为一体的绿色生态园。为确保产品优质高产，生态园聘请农业专家为技术指导，建立果树、蔬菜的种植与销售，畜牧、水产销售，林业、花木开发，以及观光休闲集于一体的生态农业模式。

② 观光农业。以农业和农村为载体的新型生态旅游业，生产农产品、改善环境质量，提供观光、休闲、度假的生活性功能，投入少、收益高。南栅社区风景秀丽，天然植被茂盛，环境优越，南栅创意生态产业园中的观光农业将以南栅的柔和、秀丽风格为主体，以具有旅游价值的农业资源和农产品、岭南农耕文化为前提，以规划、修

建为手段，以创设现代化经营管理理念为载体，以输出观光、娱乐、休闲、采摘、购物、品尝、农事活动体验和传统岭南农耕文化回味为目的，把新农村建设与体现传统岭南农庄风貌结合起来，把农业生产与旅游观光结合起来，讲究"原汁原味"，避免"视角污染"，追求基础设施与农业系统、人文社会景观系统和生态系统的和谐统一。同时围绕农庄活动场所，依托岭南农业文化景观、农事活动、农业生态环境、农村聚落及农村传统的生活习俗资源，向游客提供一种悠然自在、自然、恬静、新奇的新型游乐空间，体现返璞归真、回归自然的消费心态，形成一个集农业旅游观光、高效农业、优化生态环境和社会文化功能于一体的原生态农业旅游、休闲、娱乐新型农庄。观光农业区分别设置种植园区、水果采摘园区、养殖园区、水面垂钓区、生态系统配套区、休闲涉水配套区和基础设施配套区。

专 栏 4

农业生态旅游模式：五朵金花——"一村一品"乡村旅游

规模：12平方公里，年均游客1220万人次，旅游收入达3亿。

项目：成都郊区按不同乡村特点发展的观光旅游场所。红砂村为"花乡农居"、幸福村为"幸福梅林"、驸马村为"东篱花园"、万福村为"荷塘月色"、江家村为"江家菜地"。

运作模式：1.打造方式：因地制宜、错位发展；2.建设方式：景观化打造，城市化建设；3.发展方式：休闲经济，产业支撑；4.生活方式：离土不离乡，就地市民化。

前期政府投资1.8亿改造道路和房屋；鼓励农户改造农家乐；引进花卉龙头企业吸引了民间资金2亿。

启示：1."五朵金花"模式有效探索了农民增收的新路子。"五朵金花"模式将文化产业巧妙地与农业生产衔接，引导农业生产经营规模化、产业化、工业化，大力发展都市休闲经济，土地产出效益大幅增长，由每亩种粮食年收入2000~3000元，种花或蔬菜年收入4000~5000元提高到上万元。农民依托"五朵金花"构建的经营、就业、保障平台，变单一的种植农作物收入为拥有"四金"的多渠道增收，土地流转、农宅出租按年收取租金，经营农家乐、到农业龙头企业等公司打工赚取薪金，参与村集体经济、土地入股建乡村酒店等经营可分享保底分红的股金，达到社保条件后按月领取养老金、低保金，还可报销医疗费的保障金，以"四金"方式保证了农民增收的稳定性和持续性。2."五朵金花"模式有效解决了"钱从哪里来，人住哪里去"的关键问题，因地制宜地让农民就地享受城市化的文明成果，成为令人羡慕的"新市民"，探索出了一条农民不再把离乡进城作为进入现代化唯一途径的城乡一体化新路子。3."五朵金花"模式是了解城乡二元结构的有效途径。

"五朵金花"实景图

旅游+农业：香港嘉道理农场暨植物园

　　嘉道理农场暨植物园坐落于香港最高山脉大帽山的北坡和山麓，占地148公顷。深邃的山谷清溪汇流，翠林环抱，还有不少菜园和梯田农圃，园内还有种种保育及教育设施。该园于1956年成立，始创目的是援助贫苦农民，助他们自力更生。时至今日，随着时代变迁，该园的角色亦有所转变。其主要经验是：

　　1.嘉道理农场暨植物园，其投资方是著名的嘉道理家族，拥有雄厚的资金去建设这样一个系统、全面的农场。

　　2.分离部分农业生产的产业链，让游客可以参与到局部的环节中，体验农业生产的内线。

　　3.盈利分为两部，一部分是农业产出，一部分是接待前去体验的家庭。

香港嘉道理农场暨植物园实景图

（2）发展策略

① 重点建设基础设施。按生态创意产业园功能规划为服务区、基础设施区、景观区、种植区、养殖区、采摘区、活动区等，为此，兴建小型现代化的养殖中心及花木种植中心、工作人员办公区、宿舍及小规模接待区，修建沼气池，满足生态园照明、动力等需要，建设滴灌系统，发展果树种植和间种农作物，修建小型会议中心，将RFID（无线射频识别技术）运用到养殖业中，通过采用RFID技术建立饲养档案和预防接种档案等，达到高效、自动化管理牲畜的目的，同时为食品安全提供保障。做好这些基础设施，为生态创意产业园提供发展助推器。

② 修建多功能休闲园区。兴建酒店、餐饮、棋牌、垂钓、休闲、游乐、园林绿化和岭南乡村情调于一体的多功能休闲园区。休闲园区划分为休闲别墅区、水果采摘区、观光植物区、观景品茗区。此外，运用现代化市场营销手段和传媒手段，积极发展观光采摘业。

③ 建立绿色产品生产基地。进行南栅土地资源综合开发，建立以立体种植和立体养殖为主的高效生态科技示范园区，生产质优价高的无公害畜禽肉类和蔬菜瓜果粮食，建设绿色产品生产基地。

④ 建设农业生态休闲观光园。在高效生态科技示范园的基础上，立足生态园水秀柔和、绿色环保以及生态休闲娱乐园的特点，充分利用生态园的自然景观，形成"可览、可游、可赏可居"的环境景观和集"自然、生产、消费、休闲、康乐、教育"于一体的景观综合体，发展体验农业与观光农业相结合的特色旅游。

⑤ 加大媒体宣传，提高知名度。组织生态农业和观光农业免费游、水果采摘大赛、绿色环保大赛、绿色食品设计大赛、绿色食品节大赛等活动，通过网络、电视、报纸、杂志、电台等公共媒体和园区内媒体宣传，提高知名度。

3.科技创新产业园

通过推动南栅土地资本、本地金融资本与外来产业资本"三资融合"，集聚高端产业、吸引创新资源，成为产业与技术服务中心。根据南栅社区五金、电子等产业的发展，结合虎门"优二进三"的产业政策和东莞经济社会双转型的机遇，将南栅社区打造成以高新技术为主导，高科技产品研发为支撑，设计、生产加工、销售和物流集散为基础的，集产、学、研为一体的科技创新产业园。重点发展包括创意产业、科技研发、企业孵化、专业人才培训、商务服务、服务外包等在内的"双高型"产业。在三年内建成，项目占地面积为50公顷。以下主要从功能设置和发展策略两个方面来分析南栅科技创新产业园。

（1）功能设置

① 电子信息产业区。重点发展计算机及外部设备、广播电视接收及传播设备、办公自动化设备、现代通讯及数据传输设备、家庭数码音视频产品等相关配套元器件、软件产业，汽车电子、IC装备和软件信息服务。力争到2015年，培育和引进高新技术企业250家，各类高新技术研发中心6家，成为东莞地区配套设施最全、环境最优的IT企业创业和知名信息产品制造基地。

② 创新产业区。重点发展光机电一体化产业高精密仪器研发，即微电子和光电子元器件、新型传感器、智能自动化控制设备、精密仪器仪表研发等。同时，提供一流的创业环境，承载高科技产业转移和创新，为科技成果转化提供桥梁和纽带，为各类人才提供创业平台和发展空间，成为企业孵化、专业人才培训和科技研发的摇篮。

③ 新能源产业区。重点发展新材料运用研发区，即新型高能电池、高效机电设备、太阳能利用产品、纳米级无机材料、光纤材料、感光材料、新型建筑材料研发和相关配件等研发、测试等。

④ 综合配套产业区。为满足科技创新产业园而设置企业商务办公、商务会议需求、产品展示需求、人才定向培训需求和其他商务需求的功能。

专栏 5

番禺天安节能科技园是以科技资本、地产资本、金融资本"三资"融合创新模式，打造以"绿色、低碳、环保"为主题的创新型民营科技园区。园区占地50万平方米，规划总建筑面积76万平方米，总投资50亿。规划中有总部发展中心、创业中心、研发中心、培训中心、服务中心、科技产业带、白领公寓等功能组团。以前瞻性的规划、先进的设计、立体的生态空间和智能化的信息网络实现了生态与智能完美结合，科技与人文交相辉映，缔造了科技园区的国际典范，开启了财智时代生态办公的新境界！土地资本与产业资本结合，提高土地集约利用效益。

番禺天安节能科技园规划图

（2）发展策略

① 通过各种手段努力提高园区产业发展总量水平。通过加强园区的规划引导作用、谋求园区差异化发展特色和战略、加强园区基础设施建设和投资、大力培养和使用专业化建设与管理人才，来提高园区产业发展总量水平。

② 加强畅通投资及融资渠道。满足服务好入园企业的同时，更推出个性化服务体系，如联合担保机制、社区联合投资机制和多方抵押贷款机制等，强调园区企业的联合经济运行的体制。

③ 做好招商环节。可以通过明星企业带动招商、委托合作协助招商、锁住研发信息重点招商、利用相关展览会促进招商等手段，吸引知名企业进驻园区。

经济发达地区土地利用与民众利益
土地利用与空间规划丛书

④ 加强基础配套设施，为产业园发展锦上添花。核心产业的发展离不开配套产业的支撑。因此，南栅发展科技创新产业园，可引进高档酒店、餐饮、咖啡、书店、艺术、沙龙、高档会所、娱乐场所等旅游休闲设施。

⑤ 利用媒体优势进行品牌宣传。通过举办科技博览会、科技学术论坛、国内外科技高峰论坛等大型活动，利用公共媒体如网络、电视等直播，杂志等印刷媒体大力宣传，加强品牌营销力度，扩大知名度。

六、转型与发展支撑

1. 转变土地开发模式，为新目标、新策略提供土地支撑

为实现"中国纺织服装业'创新示范区'、东莞社区转型升级的典范、虎门新型宜居社区建设标杆"的目标，发展建设服装创意产业园、创意生态产业园、科技创新产业园，可以选择镇-村（社区）协商开发模式或镇级土地股份合作模式来为实现新目标、新策略提供土地支撑。

（1）镇-社区协商开发模式的实施路径

南栅社区镇-社区协商开发可分为南栅社区与虎门镇政府协商、土地整理和土地开发三个阶段。

第一阶段，虎门镇成立一间镇土地开发公司，负责与南栅社区进行协商，确定被统筹土地在平整之后是进行土地出让还是由土地开发公司进行开发、土地开发公司开发用地比例、集体返还用地比例、土地开发公司和社区集体关于土地出让和开发的义务和条件，如开发公司承担建设多少公共服务和基础设施等。

第二阶段，南栅社区在镇政府的指导下，通过土地股份制对社区内部各居民小组的集体土地进行整合，确定土地出让和开发之后的利益分配、土地开发公司与社区集体分别开发的土地范围。

第三阶段，土地开发公司将其开发范围内的土地与其他国有用地进行统一规划和整合后或自己开发，或出让给开发商，并按照协议规定建设社区大型基础设施；村集体经联社按协议规定的条件，根据社区自身发展定位，引进开发商对返还土地进行开发利用。

在此种土地统筹模式下，转化为国有土地，由政府、土地开发公司出让给开发商的土地或直接由土地开发公司开发的土地可用于开发建设上述三种产业园。在镇-社区协商开发的第一阶段，可以规定返还后的集体土地的开发建设要求和条件，如土地用途、开发强度等。因此，返还后的集体土地可以开发建设为投资规模相对较小、适应变化较强的产业园，如创意生态产业园（开发资金相对较小、改造难度也较小），也可以开发为较为高档的居住小区（考虑到可以转售，以实现居住混合），以补偿被征用宅基地的原村民。

（2）镇级土地股份合作模式的实施路径

南栅社区镇级土地股份合作可分为土地股份合作的筹备、开发和运营三个阶段。

在土地股份合作的筹备阶段，虎门镇政府成立一间具有股份制性质的土地开发公司，在确定土地统筹的范围后，该范围内的村民以土地入股该土地开发公司，这片土地由此收归国有，村民由拥有土地转变为拥有土地股权，参与该土地开发公司的土地开发经营收益分红。在该阶段土地开发公司也可以通过其他渠道获取平整土地、改造厂房、土地开发的资金。在虎门镇编制好该范围土地的相关规划后进行土地开发。

在土地股份合作开发阶段，镇土地开发公司根据规划要求和指引对统筹土地进行开发，可以采取多种土地开发和经营方式，如经营实体产业、建物业出租、建产业园引进企业、房地产开发等，并配建相关基础设施。

在土地股份合作运营阶段，土地开发公司负责新建产业园的经营、管理、出租和房地产销售，同时承担公共服务设施和基础设施的维护费用，治安管理和环卫清洁费用，为村民购买社保、医保的支出。盈余收益按一定比例一部分归镇政府所得，另一部分用于村民分红。

在该模式下，虎门镇政府能够一次性获得大片完整土地，可用于做长期投资，发展具有战略性质的产业，建设投资量较大的项目，例如科技创新产业园或服装创意产业园。

2. 试办村镇金融服务业，为南栅产业转型提供资金支撑

产业发展具有从第一产业到第二产业，再朝第三产业方向发展的趋势。金融业是第三产业中的高端产业，试办村镇金融服务业，打造村镇金融服务体系是推动南栅社区转型升级的关键。中国人民银行、国家发改委以及财政部等8个部门联合下发了《广东省建设珠江三角洲金融改革创新综合实验区总体方案》，出台了广东省建设珠江三角洲金融改革创新综合实验区总体方案，方案中确定了建立符合广东省情的现代农村金融服务体系和金融支持城乡统筹协调发展的长效机制的目标，在农村金融改革创新措施方面，提出了培育和发展村镇银行、贷款公司、农村资金互助社等新型农村金融机构的措施。

在南栅社区试办村镇金融服务业，利用试验区先行先试政策优势，与社区、产业转型相结合，推动金融领域进一步开放，集中吸收民间多余资金，为中小微企业融资提供支撑，为村民创业以及企业提供服务，从而更好地为企业发展营造良好的服务环境，也有效地抵御"企业破产逃出"现象。

3. 开展职业教育培训，为高质量城市化提供文化支撑

一个地区的产业结构决定着该地区的职业结构以及对从业者素质与职业能力的要求，而该地区从业者的素质和能力也深刻影响着地区

经济和社会的发展。南栅社区若要成功实现产业转型与升级，加快城市化进程，开展职业教育与职业培训是其必然选择。

产业转型和升级将会导致部分劳动岗位的缺失，这部分劳动力就面临着转岗的困难。如何使他们迅速再就业，就需要借助职业教育和职业培训。土地统筹利用后，将导致部分失地农民的产生，他们失去了赖以生存的土地之后如何再获得经济收入，开辟新的经济来源，通过职业教育与职业培训的开展可以提高这部分劳动力的素质，使其具备必要的科技知识和劳动技能，以适应城市现代化建设的需要。从而使他们更快更好地向非农产业、向城镇转移，以加速城市现代化进程。东莞以及虎门转型发展的大环境、南栅社区建立创新产业园区的良好契机，使社会对专业人才的需求不断加大。南栅社区可以发展专业技术培训，如产品设计研发、旅游服务等，培育产业升级急需的各类人才，培养出土生土长的高素质员工。良好的就业环境也必然能够吸引其他地区的高技术人才。

"十二五"规划纲要中提出："大力发展职业教育。发展职业教育是推动经济发展、促进就业、改善民生、解决'三农'问题的重要途径，是缓解劳动力供求结构矛盾的关键环节，必须摆在更加突出的位置。加快发展面向农村的职业教育。把加强职业教育作为服务社会主义新农村建设的重要内容。加强基础教育、职业教育和成人教育统筹，促进农科教结合。"南栅社区可借此机会提高农村整体教育水平，在抓好农村基础教育的同时，大力发展农村职业技术教育和农村成人教育，加强对农民进行文化科技知识培训和职业技能培训，提高农民的综合素质，增强农民自身的"造血"功能，为其转岗就业创造条件，将农村的人口负担转化为人力资源。同时，可建设一个系统化的职业教育和职业培训体系，使职业教育职前职后系统化，高中低级培养系统化，终身职教系统化，形成独有的网络状的职业教育和职业培训系统，从而加快南栅现代城市发展的步伐。

作为一种直接面向社会生产、服务、管理第一线培养技术技能型人才和熟练劳动者的教育，同当地的产业结构和职业结构相适应的职业教育培训必将为南栅社区社会产业双转型的实现和可持续发展提供充足的人力资源保障，为高质量城市化提供文化支撑。

七、可行性分析

南栅社区土地开发的转型与提升路径包括镇-村（社区）协商开发模式和镇级土地股份合作模式两种，本节在南栅社区所有"三旧"改造范围内的集体土地都入股土地开发公司、收回的土地改造成产业园的假定下，旨在预测政府在社区转型升级过程中投入的成本和获得的年收益以及村（社区）农民获得的年均分红收益，评价经济效益之外的社会效益和环境效益，以对南栅社区发展策略的可行性进行分析。

1. 经济效益

（1）测算原理

政府收益测算原理如下：

政府收益 =（已收回经营性用地的开发收益A－前期开发成本B－管理费C－居民社保费用D－其他费用E）×50% +产业园新增税收F

政府将"三旧"改造范围内的集体土地收回（这部分集体土地大多为旧工业区，小部分为旧村），对土地进行拆迁、场地平整、改造，由土地开发公司将收回的土地开发成产业园，这个阶段的资金投入即前期开发成本B。再吸引企业入园，以租金的形式回收前期开发的成本，即已收回经营性用地的开发收益A。在土地开发公司经营管理产业园时，还需承担一定的管理费C和南栅居民的社保费用D，并保证各类基础设施的新建和日常维护，需要花费其他费用E。$A-B-$

$C-D-E$即产业园土地开发的纯收益，这部分收益用于政府收益和村民分红，二者各占50% [1]。同时，政府还可以因企业入驻而获得更多税收，即产业园新增税收E。

村民分红测算原理如下：

村民分红 =（已收回经营性用地的开发收益A－前期开发成本B－管理费C－居民社保费用D－其他费用E）×50%

$A-B-C-D-E$即土地开发纯收益，50%用于村民分红。村民的社保由土地开发公司负担，同时，村民也不需要再为产业园的开发管理出资。

（2）测算结果

表10-3　基本数据

序号	项目	数值	单位	说明
1	政府收回集体土地总面积	1 648 700	平方米	包括2010年纳入"三旧"改造范围的6块地块
2	现状建筑总面积	1 778 600	平方米	将各地块建筑面积相加求得，现状容积率为1.08
3	改造后容积率	2.0		根据"三旧"改造实施计划表对这6块地块的容积率控制要求确定
4	改造后建筑总面积	3 557 200	平方米	
5	村民总人数	5300	人	

表10-4　政府年收益和村民年分红计算

项目	单价（元）	面积（平方米）	时间系数	总额（万元）	说明
已收回经营性用地的开发收益A（年度租金总额）	15	3 557 200	12	64 029.60	参考东莞市大朗镇创意产业园改造后的物业月租金15元/平方米

---

[1] 此比例为预设收益分配比例，可根据实际情况做调整。

项目	单价（元）	面积（平方米）	时间系数	总额（万元）	说明
场地平整$B1$（年均）	30	1648700	1/30	164.87	参考市场土方价格每立方30元，按平均填高1米计算，则每平方米场地填土1立方，计每平方米场地平整费30元，按30年平整一次计算，年均投入是总额的1/30
改造费$B2$（年均）	200	889300	1/30	592.87	改造单价参考深圳某工业区装修改造工程清单报价书，面积为现状建筑总面积的一半，按照商业用地出让年限30年计算年均改造费用
拆除重建费$B3$（年均）	2000	2667900	1/30	17786.00	改造单价包括拆迁单价和重建单价，拆迁单价参考广州市道路扩建办2007年实际操作数据，按每平方米建筑面积60元计；重建单价参考《关于发布广州市建设工程2011年参考造价的通知》中的厂房仓库单方造价，按每平方米建筑面积1940元计。面积为改造后总建筑面积与B2面积的差值，成本以30年为期分摊
前期开发费用B小计				18543.74	$B1+B2+B3$
管理费C				180.79	参考2011年南栅社区经联社和经济社管理费用总额897万，按土地面积等比例调整求得
居民社保费用D	150	5300	12	954.00	人数以户籍人口5300人算，根据2011年南栅社区居民社保（包括养老保险和医疗保险）交付金额，每人为150/月
其他费用E				1000.00	用于各类基础设施的新建和日常维护等
产业园纯收益合计				43351.07	$A-B-C-D-E$
政府年收益					
产业园收益分配				21675.54	产业园纯收益的一半

项目	单价（元）	面积（平方米）	时间系数	总额（万元）	说明
产业园新增税收F				4121.75	参照松山湖科技产业园区2010年税收收入，按规模比例调整
政府年收益合计				25 797.29	
村民年均分红总额				21 675.54	产业园纯收益的一半
改造前村民年均分红总额				13 405.90	根据南栅社区2011年度收益分配表，由这六块土地的年度出租租金总额扣除相应的管理费、治安费和环卫费等费用求得，且假定厂房的出租率为100%

（3）分析

对于政府和村民，镇级土地股份合作模式能让二者都大有收益。一方面，政府在土地资源储备不足的情况下盘活了大片可开发的土地，且在开发过程中能够获得大量资金，包括经营收入和税收，从而能有足够的资金支持镇、村其他方面的建设，加快镇、村发展；另一方面，南栅社区户籍人口的分红大幅度提升，人均年收入增加了15 603元，经济水平得到提高，而村组和村民也不需要对厂房的出租管理花费精力。

2. 社会效益

土地入股的镇级土地股份合作模式不仅能为政府和村民带来可观的收益，也能带来巨大的社会效益。

（1）提供就业机会

产业园内企业入驻可以提供大量的就业岗位。由于南栅社区的村民一直都把厂房出租作为主要的收入来源，这些就业机会主要是为南栅社区的外来人口提供的。起初，南栅的工业发展吸引了这些人的到来，而现在社区内的厂房空置率越来越高，外来人口也面临着失业的威胁。产业园的开发就为外来人口提供了良好的机会继续在南栅生活下去，解决了南栅"新莞人"的就业问题。

（2）提高土地利用效率

对土地改造可以提高利用效率，改变现在土地利用效率不高的情况。旧工业区曾经繁荣，但是自从金融危机爆发以来，工业发展每况愈下，大量工厂迁出，厂房出租遭遇困难，土地闲置问题突出。产业园的打造将为南栅带来新的活力，服装创意产业园、创意生态产业园、科技创新产业园将改变南栅以往的经济增长方式，吸引更多的企业入园，充分利用这片土地。

3. 环境效益

在改造的过程中，也会产生外部性，能改善整个南栅，而不仅仅是"三旧"改造范围内的环境。

政府收回集体土地之后，会平整场地，改善基础设施和公共设施条件。土地开发公司通过便捷的交通、优美的环境、良好的基础设施来吸引企业的到来，而这种环境的改善也是南栅村民可以共享的。同时，由原来的工业区转型升级为产业园区（服装创意产业园、创意生态产业园、科技创新产业园），减少了工业污染，也改善了该地区的自然环境。

综上所述，由政府出面对大片土地进行整体开发的镇级土地股份合作模式，不仅能够保障政府和村民的经济利益，同时还能提供大量就业机会和提高土地利用效率，并且有助于当地环境的改善、市容市貌的美化、地区形象的提升，从而为地方的招商引资提供优良的基础条件，也可以为原村民提供良好的经济条件和舒适的居住环境。

第十一章 结语

  当前，东莞城市经济社会发展在进入加速发展阶段的同时，也面临着经济社会发展的转型问题。长期以来，快速、全面推进的经济社会发展过程中蕴藏着不少的矛盾和问题。从土地利用层面看，土地利用问题以及土地利益相关问题的大量出现在某种程度上就是矛盾和问题的一种集中体现，是沿海经济发达地区快速城市化过程中社会、经济和环境问题在土地利用上的空间投影，是我国城乡二元体制各种矛盾的具体反映，再加上东莞市所特有的"自下而上"发展模式，使得这些土地问题以及与土地相关的利益问题更为复杂。解决这些问题的焦点集中在村集体土地和开发这些土地所引发的一系列经济、社会利益问题上。转型期中对土地开发的多元利益诉求难以协调是这一问题产生的根源。理顺利益关系，转变传统土地开发模式成为促进东莞土地资源持续利用，促进东莞经济社会空间转型的根本出路。

  本书分别从快速城市化地区典型土地问题，东莞市域土地利用问

经济发达地区土地利用与民众利益
土地利用与空间规划丛书

题及原因，镇、村、组土地利益平衡模式等方面，论述了东莞未来经济社会转型大背景下，村组土地开发利用和村组土地利益平衡构建的具体措施和模式。

一、快速城市化地区典型土地问题

快速城市化地区对土地开发建设产生了巨大需求，土地也在市场化转型中成为重要的资源，成为多元利益格局产生的根源。在快速城市化地区，由于在我国所特有的二元土地制度以及土地财政等原因诱导下，引起了集体土地规划的缺失，同时在快速城市化及其带来的集体土地开发巨大的经济利益诱导下，多元化的集体土地开发及违法建设问题就难以避免。

随着我国进入城市化加速发展时期，城市化地域不断拓展，沿海经济发达地区和内地一些较发达地区逐步形成"城市和区域一体化"，并表现出强烈的双轨化特点。一方面，这些地区市级政府主导的、以主城区为中心向外延伸的"城市郊区化外扩"，是"自上而下"式的城市空间拓展，向外"侵入"乡村地区，土地开发过程中产权、利益关系并未彻底清晰，城中村依然不断产生；另一方面，外围地区的本地城镇化则是"自下而上"式的城镇建设空间蔓延生长，以镇（街道）及村集体为单位，依托集体用地、沿道路交通设施不断填充密实化。"自上、自下"双方建设发展需要在土地空间上重叠并置，尽量降低各自发展的成本——上级政府试图控制地方工业化、城镇化的多点蔓延发展，为"以重大项目为驱动的城市建设发展"留出尽可能多的成长空间；而基层村镇则希望借助区域及城市重大设施项目的动能，进一步加快土地经济发展及谋取本地社区利益。事实也证明，两者作为独立发展主体而造成的城乡空间和土地等资源竞争，不仅带来了严重的土地开发问题，更引发深层次的城乡社会发展矛盾。

第十一章
结语

珠三角、长三角等快速城市化地区受这种"双轨"动力机制影响的城乡二元化特征尤为突出，所引发的土地开发问题十分普遍。如何整合城乡土地二元发展路径，形成城乡土地高度一体化、高效利用的发展局面，这值得我们重点关注。

快速城市化地区以低价土地支持高速工业化和出口导向的工业发展主要表现为两方面：一方面是地方政府以低价土地招商引资，以政府财力补贴工业用地的成本，降低工业企业的生产成本，为工业高速推进提供便利，或者通过创办园区，以成片土地滚动开发，提供优良政策环境，满足企业用地需求；另一方面主要表现为出租集体土地发展工业。集体土地的出租省去了阻力日益加大的征地过程和烦琐的办理各种用地手续，而且租金非常低廉。对于没有银行金融支持又没有原始积累的初办企业来说，集体土地给他们提供了创业的可能性和巨大的发展空间。正是这种农村集体土地非农化的灵活用地方式，促使快速城市化地区高速工业化和以出口导向的工业的发展。

在这种情况下，也促成了地方寻求相关的解决措施，沿海经济发达地区土地股份合作制应运而生。土地股份制是集体所有权的体现。虽然各地的土地股份合作制的具体操作方式有所差异，但其性质都是将土地的使用由原来的集体所有、农民分户承包经营变成了集体所有、集体经营。

二、东莞市域土地利用问题及成因

在市域土地利用方面，东莞市自改革开放以来的城乡快速发展主要依赖的是拼土地、拼资源的传统发展模式，这种发展思路和做法至今还没有从根本上转变过来。东莞城乡土地采取"二元"管理制度，导致农村土地粗放、无序利用问题非常突出，尤其在城镇化、工业化程度较高的区域，统筹城乡土地管理非常必要和紧迫。形成这种问题的原因主要包括：土地市场不规范；土地权属模糊性导致集体土地开发过程中存在经济驱动力不足、投融资渠道受阻等问题。限制物业的市场自由交易是集体土地上形成租赁经济的根本原因，对集体土地开发管理和规划的缺位、市镇行政结构及以村镇为主导的发展机制使土地宏观管理失控、转型期中对土地开发的多元利益诉求难以协调、法律滞后是农村违规集体建设用地增加的根本原因。

在镇、村、组土地利用问题方面，主要表现为：以集体土地启动工业化，大大降低了工业化的门槛，土地利用结构不清晰、用地布局混乱、建设用地比例失调，城市设施不健全以及土地节约集约利用水平低下等问题。造成上述问题的原因，主要是由于其特有发展模式、城乡"二元"土地制度以及规划管理落后等因素造成的。在发展模式方面，如前所述，改革开放以来东莞市实行了市、镇、村、组四轮驱动的发展模式，由于政府在建设用地配置中扮演了主角，地方政府为了招商引资，将大量土地以相当于甚至低于土地开发成本的协议价向企业供地，导致工业用地比重过高，二、三产业用地结构不合理和城市功能滞后。具体到土地利用方面，更直接的还是由城乡"二元"土地开发制度所造成的。按照国家规定，农民集体所有的土地使用权不得出让、转让或者出租用于非农业建设，在集体土地上建设的居住、商业和工业等物业都不能在市场上自由交易，只能通过出租来获得回报，这实际上成为虎门镇物业出租经济大规模发展的一个根本原因，再加上城乡产权分离，农村土地的所有权属于集体，而使用、经营权又分散到了每家每户，这就必然会出现村民眼前利益与集体长远利益的冲突，在这种利益博弈的关系下，村组以及村民都各自为政，争相利用资源发展。在规划管理方面，长期以来，基于集体土地产权的村庄规划管理就非常滞后，由于村庄规划实施资金缺乏保障、规划实施法律支持不足以及规划管理体系等方面的问题，农村建设项目无法通过市场化的运作方式来筹集建设资金，进行统一规划建设。

农村的基础设施建设也只能通过"让政府给一点、向村民收一点、华侨捐一点"等方式来获得建设资金，但这种资金融资模式显然难以给规划实施提供有力的支持，使得在规划管理方面长期落后于经济社会发展要求，再加上村民的落后意识，出现上述现象就成为一种必然。

在土地利益问题方面，主要表现在经济发展不平衡，村组土地统筹利益以及"三旧"改造方面利益冲突。在"三旧"改造方面，社区设计"三旧"改造的地块范围中，有2个地块已经批准，其中涉及工业一区、二区的旧厂房改造，私人、小组、社区各占1/3，大约是私人大于小组，小组大于社区，旧厂房涉及私人利益及补偿问题，在具体推进过程中也存在比较大的困难。

在出租物业管理方面，由外经办签合约，小组没有行政权限。在20世纪80年代时，决定物业必须来社区签合约，涉及私人、小组利益，但没有制定出文件。目前小组公章都已经收回社区，私人、小组大部分物业都交给社区签合约，招商引资收取租金，社区收两成，承受工厂逃逸、工人工资发放的风险。也就是说，出租签合约必须由社区管理，社区代收租金和扣除一部分管理费，其余返还小组。目前尚未正式实行新的办法，所以存在不完善的地方。

三、东莞市土地利益平衡模式构建

统筹区域土地利用是实现东莞土地持续利用的前提，构建城乡土地一体化、高效利用的平衡机制是实现东莞土地持续利用的关键，改革土地制度与完善土地市场是解决土地问题的根本途径。基于此判断，围绕"三旧"改造、统筹区域土地利用，以市、镇两级统筹土地等发展权限，创新土地管理、土地经营模式，最终以建立适应产业结构转型升级的"市、镇两级统筹发展，四级分利"的土地运行模式为总体目标，提出了渐进式土地利益平衡模式和突破式土地利益平衡模式两种方案。

渐进式土地利益平衡模式的主要方式是在理清市、镇、村、组各级利益关系之基础上，以现有土地统筹开发模式为基础，以镇政府主导开发为根本原则，针对工业用地、商业用地以及"三旧"改造用地，通过设立土地储备中心、委托土地开发公司等方式，改变目前村级集体土地开发各自为政的状况，以达到提高节约集约用地水平，推进资源的优化配置和产业结构转型升级。

突破式土地利益平衡模式主要是在充分利用东莞市开展"三旧"改造规划以及撤销村民小组的机会，在理顺市、镇、村、组各级利益关系之基础上，以市、镇政府为主导开发利用，通过建立市、镇联合储备中心，市、镇、村组建股份公司或者第三方参与的方式，转变原有的双轨化的土地开发利用模式，以达到促进土地资源可持续利用的最终目标。

上述两种土地利益平衡模式的最终目标是一致的，即都是为了达到统筹村（社区）土地，实现城乡土地一体化，达到促进土地持续利用而制定的。二者的区别在于主要是针对不同的发展阶段来进行对应，渐进式土地利益平衡模式主要是基于镇、村两级统筹土地开发的"镇级主导型"土地开发模式设计，以现有的发展模式为基础，以镇级主导为根本，逐步进行统筹、改革；突破式利益平衡模式主要是基于市级层面参与的"市、镇主导"或者说"自上而下"的土地开发模式，借助"三旧"改造等机遇，实现"市、镇主导开发，市、镇、村、组四级分利"的开发模式。

参 考 文 献

安希伋. 1988. 论土地国有永佃制. 中国农村经济（11）：22-25.

蔡继明. 2005. 论中国农地制度改革. 山东农业大学学报：社会科学版（3）：
　　7-14.

蔡玉胜. 2009. 农地流转"宅基地换房"模式的深层思考. 城市（3）：50-52.

曹小曙, 闫小培. 2003. 经济发达地区交通网络演化对通达性空间格局的影响：
　　以广东省东莞市为例. 地理研究（3）：305-312.

曹玉香. 2009. 农村宅基地节约集约利用问题研究. 农村经济（8）：8-10.

陈邦鑫. 2011. 东莞市石排镇发展模式研究：智慧经济与生态智慧城市的理论与
　　实践. 天津：天津大学管理与经济学部.

陈国富. 2006. 财产规则、责任规则、不可转让规则与农地产权保护：农地征用
　　中农民利益受损的法经济学分析. 开放时代（4）：65-75.

陈江龙, 曲福田. 2002. 土地征用的理论分析及我国征地制度改革. 江苏社会科学
　　（2）：55-59.

陈君艳. 2008. 多元化：征地补偿及安置方式的新选择. 中国房地产（2）：48-50.

陈凯敏, 陈进发, 徐剑波. 2011. 广东城市土地集约利用评价及其时空变异分析.
　　广东农业科学（1）：181-184；197.

陈美球, 何维佳, 刘桃菊, 等. 2009. 当前农户农村居民点用地集约利用意愿的
　　实证分析：以江西省为例. 中国农村经济（8）：63-69.

陈美球, 魏晓华, 刘桃菊. 2007. 国外土地利用规划中各方利益协调的研究综述.
　　中国人口·资源与环境（5）：43-47.

陈青安，柳珍秀，唐飞燕. 2008. 基于C-D生产函数的农地纯收益测算理论与实践探讨：以大冶市农用地评估为例. 科技经济市场（6）：116-117.

陈伟峰，赖浩锋. 2009. 天津"宅基地换房"调研报告. 国土资源（3）：14-16.

陈莹. 2008. 土地征收补偿及利益关系研究：湖北省的实证研究. 武汉：华中农业大学经管土管学院.

程琴，郝晋珉，张富刚，等. 2005. 土地利用总体规划的公众参与研究. 农村经济（7）：45-48.

丛艳国，章家恩，夏斌. 2009. 快速城市化进程中基于集体土地视角的农村发展分析：以佛山市南海区为例. 热带地理（3）：263-267.

崔欣. 2011. 中国农村集体建设用地使用权制度研究. 北京：中国社会科学院研究生院.

戴伟娟. 2010. 城市化进程中农村土地流转问题研究：基于制度分析的视角. 上海：上海社会科学院部门经济研究所.

邓大才. 2002. 论农户承包土地流动的条件和模式. 南方农村（2）：29-32.

邓红蒂，俞冠玉，张佳，等. 2005. 土地利用规划中公众参与的实践与分析. 中国土地科学（3）：8-14.

丁关良. 2000. 农村集体土地所有权主体和行使主体的探讨. 中央政法管理干部学院学报（4）：1-6.

杜立，陈少青，徐展，等. 2009. 关于珠江三角洲地区农村股份合作制的调研报告（上）. 中国司法（1）：99-104.

杜立，陈少青，徐展，等. 2009. 关于珠江三角洲地区农村股份合作制的调研报告（中）. 中国司法（2）：86-91.

杜立，陈少青，徐展，等. 2009. 关于珠江三角洲地区农村股份合作制的调研报告（下）. 中国司法（3）：92-96.

费明明. 2011. 城镇化进程中农村宅基地综合利用与规划研究：以泗县为例. 北京：中国地质大学地球科学与资源学院.

冯蕾. 2013. 统筹城乡视域下的中国新型城镇化建设路径. 理论与改革（6）：97-99.

冯艳芬，王芳，刘毅华. 2013. 基于农户调查的经济发达地区城郊农地流转：以广州市番禺区为例. 热带地理（3）：282-290.

参考文献
reference

傅晨，范永柏. 2007. 东莞市农村土地使用权流转的现状、问题与政策建议. 南方农村（2）：44-47.

高元禄. 2007. 中国农村土地产权问题研究. 长春：吉林大学经济学院.

谷晓坤，陈百明，代兵. 2007. 经济发达区农村居民点整理驱动力与模式：以浙江省嵊州市为例. 自然资源学报（5）：701-708.

郭素君，张培刚. 2008. 从观澜看深圳市特区外土地利用转型的必然性. 规划师（8）：72-77.

郭熙保，王万珺. 2006. 土地发展权、农地征用及征地补偿制度. 河南社会科学（4）：18-21.

郭湘闽. 2007. 论土地发展权视角下旧城保护与复兴规划的利益平衡：以北京为例//中国城市规划学会. 和谐城市规划：2007中国城市规划年会论文集. 哈尔滨：黑龙江科学技术出版社.

何立胜. 2011. 我国城乡二元土地产权特性与农民土地权益的制度保障. 贵州社会科学（10）：45-51.

何凌云，黄季焜. 2001. 土地使用权的稳定性与肥料使用：广东省实证研究. 中国农村观察（5）：42-48.

何启环. 2008. 浅议我国农村集体土地制度创新. 南方农村（3）：10-13.

何英彬，陈佑启，杨鹏，等. 2009. 农村居民点土地整理及其对耕地的影响. 农业工程学报（7）：312-316.

何元斌，林泉. 2012. 城中村改造中的主体利益分析与应对措施：基于土地发展权视角. 地域研究与开发（4）：124-127；133.

洪传芳. 2008. 集体用地上的建筑物拍卖效力探讨. 中国公证（11）：34-38.

胡传景. 2008. 严格界定征地范围，还原征地本来面目：对制定《公益性征地目录》的构想. 国土资源（6）：26-29.

胡琳. 2012. "东莞模式"产业转型对内地经济发展的启示和借鉴. 中国商贸（14）：227-228.

胡静. 2010. 基于利益主体的土地利用规划决策机制研究. 武汉：华中农业大学经管土管学院.

黄德斌，余枫. 2008. 湖北农垦"两田制"改革的实践和启示. 中国农垦（5）：

21-23.

黄靖, 蔡建明. 2007. 东莞半城市化地区发展透视. 地理与地理信息科学 (2):
65-69.

黄晓燕, 曹小曙. 2011. 转型期城市更新中土地再开发的模式与机制研究. 城市观察 (2): 15-22.

黄祖辉, 傅夏仙. 2001. 农村股份合作制: 土地使用权流转中的制度创新. 浙江社会科学 (5): 40-43.

黄祖辉, 汪晖. 2002. 非公共利益性质的征地行为与土地发展权补偿. 经济研究 (5): 66-71.

贾艳慧. 2010. 城乡二元土地制度存在的问题及对策研究. 中国城市经济 (7): 248; 239.

姜勇, 程千, 李娜, 等. 2009. 从农业补贴新思路看农村土地整理模式前景. 农村经济与科技 (11): 44-45.

蒋励. 1994. 股份合作制: 农村土地制度改革的最优选择. 农业经济问题 (12): 30-34.

蒋荣. 2007. 东莞城镇发展模式的突破意义及其启示. 现代经济探讨 (9): 15-19.

蒋荣. 2006. 试论东莞城镇模式对当代市制的二重解构与二重借鉴. 南方论丛 (1): 53-57.

蒋省三, 韩俊. 2005. 土地资本化与农村工业化: 南海发展模式与制度创新. 山西经济出版社.

蒋省三, 刘守英. 2003. 让农民以土地权利参与工业化: 解读南海模式. 政策 (7): 54-56.

蒋省三, 刘守英, 李青. 2007. 土地制度改革与国民经济成长. 管理世界 (9): 1-9.

蒋省三, 刘守英, 李青. 2010. 中国土地制度改革: 政策演进与地方实施. 上海: 上海三联书店.

蒋永穆, 杨少垒. 2010. 利益协调推进型: 土地承包经营权流转的一种新模式. 教学与研究 (1): 11-19.

蒋占峰. 2003. 农地股份合作制的制度优势和创新绩效评价. 河南师范大学学报: 社会科学版 (3): 27-29.

参考文献
reference

康雄华. 2006. 农村集体土地产权制度与土地使用权流转研究. 武汉：华中农业大学经济管理学院.

赖丹妮. 2010. 改革开放以来我国农村土地流转制度及问题：以广东的实践为例. 消费导刊（2）：22-23.

雷诚，范凌云. 2011. 破解城乡"二元"土地困境的重要议题：关注大都市区"土地配置"问题. 城市规划（3）：14-16.

冷小杰. 2005. 农用土地流转中存在的问题及对策研究. 平原大学学报（6）：54-56.

李碧花. 2005. 东莞的工业化阶段研究. 市场周刊：管理探索（6）：59-60.

李碧花. 2002. 东莞工业化进程中的产业结构演进研究. 广州：华南师范大学经济与管理学院.

李彬. 2008. 深圳市特区外集体土地国有化理论研究与实证分析. 武汉：华中农业大学经管土管学院.

李钢，王文龙. 2010. 洼地效应与东莞经济社会双转型探讨. 特区经济（7）：39-40.

李国彬. 2011. 建设幸福东莞目标下的土地利用问题探讨. 东莞理工学院学报（4）：20-26；38.

李红玉. 2013. 城乡融合型城镇化：中国新型城镇战略模式研究. 学习与探索（9）：98-102.

李佳，张志军. 2008. 农民集体土地制度与土地利益分享. 西南民族大学学报：人文社科版（3）：70-73.

李炯，邱源惠. 2002. 征地"农转非"人员安置问题探析：以杭州市为例. 中国农村经济（6）：63-66.

李芹芳，陈玮，段刚. 2008. 农村居民点土地集约利用评价研究：以宝鸡市金台区蟠龙镇为例. 乡镇经济（8）：40-43.

李沙. 2008. 土地利用总体规划公众参与机制研究. 咸阳：西北农林科技大学经济管理学院.

李昕，曲晨晓. 2007. 长葛市农村居民点土地集约利用评价研究. 河南农业大学学报（6）：684-688.

李学军，李飞. 2010. 嘉兴模式：平衡的魅力. 中国土地（1）：38-40.

经济发达地区土地利用与民众利益
土地利用与空间规划丛书

林耿，闫小培，等. 2004. 珠江三角洲经济发展问题及原因剖析. 中国发展（3）：4-10.

刘必坚. 1980. 关于健全生产责任之中一些有争议的问题：包产到户是否坚持了公有制和按劳分配. 农村工作通讯（3）：17.

刘斌. 2009. 东莞新经济形势下的产业升级分析. 特区经济（4）：40-41.

刘福垣. 1992. 农村改革的新方略. 北京：中国财政经济出版社.

刘季芸. 1999. 南海市农村土地股份合作制促进了土地资本化. 农村研究（5）：29-32.

刘守英. 2000. 土地制度与农民权利. 中国土地科学（3）：1-9.

刘祥琪. 2010. 我国征地补偿机制及其完善研究. 天津：南开大学经济学院.

刘亚玲. 2005. 按照市场经济办法确定征地补偿标准. 经济学家（3）：121-122.

刘永湘. 2003. 中国农村土地产权制度创新论. 成都：四川大学经济学院.

刘永湘，杨继瑞，杨明洪. 2004. 农村土地所有权价格与征地制度改革. 中国软科学（4）：50-53；137.

刘云刚，黄思骐，袁媛. 2011. "三旧"改造政策分析：以东莞市为例. 城市观察（2）：76-85.

柳士双. 2011. 东莞空间经济不均衡的表现、原因与对策. 城市观察（6）：106-112.

柳志伟. 2007. 农地征收的补偿问题研究. 长沙：湖南大学法学院.

楼培敏. 2004. 中国城市化：农民、土地与城市发展. 北京：中国经济出版社.

吕学昌. 2003. 居民点重构：经济发达地区的一种城市化模式. 城市规划（9）：71-73.

罗夫永. 2007. 产权组合：中国农村土地制度的构建. 乌鲁木齐：新疆大学经济研究学院.

罗瑞芳. 2010. 城市化背景下农村宅基地集约利用机制研究. 天津：南开大学经济学院.

马佳，韩桐魁. 2009. 农村居民点用地集约利用评价：基于行政村层面. 上海农业学报（2）：100-104.

马贤磊，曲福田. 2006. 经济转型期土地征收增值收益形成机理及其分配. 中国土地科学（5）：2-6；12.

参考文献
reference

马雨蕾，林嘉敏，江华，等. 2012. 土地股份合作制对农民增收的影响研究：基于广东东莞虎门镇的调查. 广东农业科学（4）：201−204.

毛蒋兴，闫小培. 2009. 中国城市土地快速变化的特征与机制：以深圳为例. 南京：大学出版社.

茆荣华. 2009. 我国农村集体土地流转制度研究. 上海：华东政法大学经济法学院.

梅志雄. 2009. 东莞市房地产发展与城市空间扩展研究. 华南师范大学学报：自然科学版（4）：111−115；120.

孟勤国. 2005. 物权法开禁农村宅基地交易之辩. 法学评论（4）：25−30.

倪明胜. 2009. "以宅基地换房"：天津新农村建设的创新选择. 中国乡村建设（1）：81−85.

彭富明. 2009. 土地股份合作制：农村土地流转模式的重大突破. 特区经济（6）：149−150.

彭俊华，邓宇鹏. 2011. 东莞市土地集约节约利用现状与效益分析. 北方经贸（9）：23−27.

彭俊华，邓宇鹏. 2011. 东莞市土地利用的问题及其原因研究. 特区经济（11）：43−45.

彭俊华，邓宇鹏. 2011. 东莞市土地利用的问题及原因探析. 广东土地科学（3）：12−18.

彭荣胜，彭建勋，吕蕾. 2002. 农用地估价的现实意义及可行性研究. 信阳师范学院学报（1）：110−114.

单胜道. 2003. 农村集体土地产权及其制度创新. 上海：同济大学经济与管理学院.

《上海农村土地流转研究》课题组. 2001. 上海市农村集体土地股份合作制模式的研究. 上海综合经济（7）：6−8.

邵彦敏. 2006. 中国农村土地制度研究. 长春：吉林大学马克思主义教学与研究中心.

石诗源，张小林. 2009. 江苏省农村居民点用地现状分析与整理潜力测算. 中国土地科学（9）：52−58.

宋伟，张凤荣，孔祥斌，等. 2006. 自然经济限制性下天津市农村居民点整理潜力估算. 自然资源学报（6）：888−899.

孙萍，张景奇，纪秀娟，等. 2010. 十七届三中全会后我国农村土地政策的变向共性分析. 中国农业资源与区划（6）：8-12.

孙自铎. 1996. 试论农地制度改革. 经济体制改革（3）：110-115.

汤艳红. 2005. 农村土地股份合作制效用分析. 中国农学通报（4）：373-375；378.

唐娟，陈文. 2010. 相互嵌入的政府、市场和社会：深圳市西乡街区治理改革的探索与思考. 北京：中国社会出版社.

唐柳，王瑾. 2007. 农村居民点整理潜力分析：以成都市龙泉驿区为例. 农村经济（1）：19-22.

唐学文，王有斌. 2010. 关于湖南农村土地流转几种模式的探讨. 湖南行政学院学报（1）：62-65.

唐正繁. 2003. 中国农地制度改革的可行选择：土地股份合作制. 理论与实践（6）：25-26.

田传浩，贾生华. 2004. 农地制度、地权稳定性与农地使用权市场发育：理论与来自苏浙鲁的经验. 经济研究（1）：112-119.

田光明. 2011. 城乡统筹视角下农村土地制度改革研究：以宅基地为例. 南京：南京农业大学公共管理学院.

万宝瑞. 2004. 我国农村经营体制创新的思考：辽粤湘豫农村土地实行股份合作的调查. 农村财政与财务（9）：4-6.

万国华. 2009. 宅基地换房中的若干法律问题. 中国房地产（3）：52-53.

汪敏. 2009. 论我国被征地农民社会保障制度的完善. 理论界（1）：6-7.

王保林. 2008. 珠三角地区产业结构改造、升级与区域经济发展：对东莞市产业结构升级的新思考. 管理世界（5）：172-173.

王海文. 2011. 90年来党的农村土地政策发展演变与启示. 中州学刊（5）：1-6.

王华春，唐任伍，段艳红. 2005. 地价"剪刀差"的形成及其解决思路：兼论土地供给在宏观调控中的作用. 山西师大学报：社会科学版（1）：34-38.

王建，何兰萍. 2008. 失地农民社会保障安置问题研究. 天津大学学报：社会科学版）（1）：52-55.

王建武. 2008. 领军中国农业产业化探索和发展的"广东模式". 中国农村科技（9）：52.

王景新. 2001. 新形势下赋予农民长期而有保障的土地使用权尤为重要. 中国农村

参考文献 reference

经济（10）：4-10.

王婧，方创琳，王振波. 2011. 我国当前城乡建设用地置换的实践探索及问题剖析. 自然资源学报（9）：1453-1466.

王瑞雪，赵秀红. 2009. 应冷静审慎地看待宅基地换房制度. 调研世界（9）：30-32.

王少俊. 2008. 集体土地制度的调查及思考. 辽宁行政学院学报（5）：32-33.

王卫国. 1997. 中国土地权利研究. 北京：中国政法大学出版社.

王小映. 2004. 解析农村土地市场. 科学决策（6）：48-51.

王旭东. 2010. 中国农村宅基地制度研究. 北京：财政部财政科学研究所.

王雪琴，黄衍雄. 2008. 农村土地市场化的法学思考：以佛山农地为研究对象. 佛山科学技术学院学报：社会科学版：（4）：78-81；85.

王永仪，魏衡，魏清泉. 2011. 转型期东莞市工业用地变化及调整优化研究. 规划师（4）：77-83.

韦云凤. 2009. 基于特色农业产业化的农村土地流转模式：关于广西富川农村土地流转实践的调查. 农村经济（8）：35-38.

魏建平. 2006. 完善农村股份合作制 提高珠三角城市化质量. 规划师（10）：66-67.

文贯中. 1989. 中国的农村土地制度及其对农业投资的影响//国务院农研中心试验区，贵州省委农研室. 产权·流转·规模. 北京：北京新闻出版局.

翁齐浩. 1993. 东莞市土地类型的数量分类. 热带地理（1）：57-63.

吴力科. 2009. 浅谈农民专业合作社与"土地流转"的互动作用. 作物研究（S1）：111-113.

吴苓. 2007. 以宅基地换房：解决大城市近郊区城市化建设中资源瓶颈的新探索. 宏观经济研究（2）：41-43.

吴萍. 2010. 农村土地流转：基于现代经济学范式的理论分析与实证研究. 重庆：重庆大学经济与工商管理学院.

吴未，黄贤金. 2005. 土地利用规划中公众利益的价值取向. 中国土地科学（1）：17-22.

吴晓峰. 2011. 从"腾笼换鸟"分析东莞市经济产业转型. 特区经济（11）：31-34.

吴晓峰. 2007. 论东莞经济发展的阶段和模式转变. 时代经贸：中旬刊（S9）：76-77.

吴郁玲，曲福田，冯忠垒. 2006. 论我国农地发展权定位与农地增值收益的合理分配. 农村经济（7）：21-23.

伍第政，王婧静. 2011. 东莞市土地景观格局破碎化分析. 安徽农业科学（25）：15521-15522.

解安. 2002. 农村土地股份合作制的生成机理分析. 生产力研究（6）：98-100.

肖白玉. 2011. 东莞市土地科学利用问题研究. 广州：暨南大学经济学院.

修海玉，李晓秋，邢继军，等. 1994. 农村土地流转运作方式与土地流转市场建设初探. 农业经济问题（11）：16-20.

徐晶. 2011. 产业升级背景下东莞小城镇空间发展对策研究. 武汉：华中科技大学建筑与城市规划学院.

徐志明. 2009. 农村土地流转的障碍与市场化流转机制的建立. 南京财经大学学报（5）：6-9.

许恒周，曲福田，郭忠兴. 2008. 集体建设用地流转模式绩效分析：基于SSP范式对苏州、芜湖的解释. 经济体制改革（2）：105-108.

许新华. 2011. 东莞产业结构升级的困难及思路. 特区经济（4）：32-33.

严金明. 2009. 我国征地制度的演变与改革目标和改革路径的选择. 经济理论与经济管理（1）：39-43.

阳利永，刘秀华. 2007. 我国农村居民点整理的SWOT分析及战略研究. 农村经济（11）：45-47.

杨宝龙，方元，冯徽徽，等. 2009. 东莞市城镇用地扩张的时空特征分析. 地球信息科学学报（5）：684-690.

杨德才. 2005. 论我国农村土地流转模式及其选择. 当代经济研究（12）：49-52.

杨伟燕. 2009. 国际金融危机背景下东莞产业转型研究. 长沙：湖南大学经济与贸易学院.

杨小凯，江濡山. 2002. 中国改革面临的深层问题：关于土地制度改革. 战略与管理（5）：1-5.

杨学城，罗伊·普罗斯特曼，徐孝白. 2001. 关于农村土地承包30年不变政策实施过程的评估. 中国农村经济（1）：55-66.

参考文献 reference

杨勋. 1989. 国有私营：中国农村土地制度改革的现实选择：兼论农村改革的成就与趋势. 中国农村经济（5）：23-29.

杨亚南，柳士双. 2012. 治理理论视角下的跨镇区合作：以"中国制造业名城"东莞市为例. 安徽农业科学（9）：5682-5684.

叶嘉安，黎夏. 1999. 珠江三角洲经济发展、城市扩张与农田流失研究：以东莞市为例. 经济地理（1）：67-72.

叶艳妹，吴次芳. 1998. 我国农村居民点用地整理的潜力、运作模式与政策选择. 农业经济问题（10）：54-57.

叶玉瑶，张虹鸥，刘凯，等. 2012. 1988—2006年珠三角建设用地扩展的空间差异分析. 热带地理（5）：493-500.

叶玉瑶，张虹鸥，刘凯，等. 2011. 珠江三角洲建设用地扩展与工业化的耦合关系研究. 人文地理（4）：79-84.

叶玉瑶，张虹鸥，刘凯，等. 2010. 地理区位因子对建设用地扩展的影响分析：以珠江三角洲为例. 地理科学进展（11）：1433-1441.

叶玉瑶，张虹鸥，许学强，等. 2011. 珠江三角洲建设用地扩展与经济增长模式的关系. 地理研究（12）：2259-2271.

叶元海. 2009. 健全集体土地制度 保障农民土地权益. 宁波经济：三江论坛（1）：9-11.

殷琳. 2005. 农村集体土地制度：应当深化改革. 小城镇建设（7）：96-97.

于代松，朱穆超. 2002. 物化土地使用权 构建农村土地流动的市场机制. 国土资源科技管理（6）：14-16.

袁奇峰，杨廉，邱加盛，等. 2009. 城乡统筹中的集体建设用地问题研究：以佛山市南海区为例. 规划师（4）：5-13.

岳德霞. 2012. 东莞发展战略性新兴产业的理性思考. 特区经济（3）：38-40.

张红宇. 2002. 中国农地调整与使用权流转：几点评论. 管理世界（5）：76-87.

张华星. 2011. 中国共产党土地政策演变研究. 南方论刊（2）：55-57.

张慧芳. 2005. 土地征用问题研究：基于效率与公平框架下的解释与制度设计. 北京：经济科学出版社.

张曙光. 2011. 中国制度变迁的案例研究：第8集. 北京：中国财政经济出版社.

张卫华，张小舟，杨延，等. 2009. 株洲市农村居民点用地面积变化及驱动力分析. 现代农业（1）：85-87.

张文荣. 2008. 征地模式改革框架研究. 建筑经济（1）：84-86.

张文祥，盛中华，谢葆华，等. 2010. 转变土地利用方式节约集约城市用地构想. 经济发展方式转换与自创新：第十二届中国科学技术协会年会：第4卷.

张晓丽. 2009. 论"宅基地换房"模式的经济学解读：以天津市操作模式为例. 北方经济（2）：78-80.

张雪玉，范水生，朱朝枝. 2005. 完善农村土地股份合作制初探. 引进与咨询（3）：19-21.

张银银，陶振华. 2010. 改革二元土地制度 保护人民土地权益. 经济研究导刊（13）：125-127.

张英洪. 2006. 社会主义新农村建设中的征地制度改革. 求索（4）：24-27.

张占录，杨庆媛. 2005. 北京市顺义区农村居民点整理的推动力分析. 农业工程学报（11）：49-53.

张征. 2009. 广东省农村土地流转状况调研报告. 宏观经济研究（1）：50-55.

赵珂. 2008. 农村居民点用地整理问题再探讨. 农业经济（5）：56-57.

赵娉婷. 2011. 农村集体建设用地制度研究. 泰安：山东农业大学经济管理学院.

赵书山. 2011. 东莞"三旧改造"中市民的诉求与拆迁补偿意愿分析. 东莞理工学院学报（4）：27-32.

赵书山. 2011. 旧城改造过程中应正确处理的几个关系：以东莞"三旧改造"为例. 南方论刊（5）：20-22；7.

赵哲远，沈晓春. 2005. 公众参与土地利用规划的初步探索：以浙江省嘉善县为例. 经济地理（4）：551-556.

赵峥. 2008. 我国农村集体建设用地流转的历程、问题与启示：以广东省东莞市为例. 调研世界（8）：26-28.

郑观藻，何享业，卫崇，等. 1995. 论南海市土地股份合作制对促进农村新发展所起的作用. 岭南学刊（5）：48-51.

郑文博. 2006-9-7（5）. 当前土地市场存在的主要问题及对策. 中国经济时报.

郑艳婷，刘盛和，陈田. 2003. 试论半城市化现象及其特征：以广东省东莞市为例. 地理研究（6）：760-768；812.

郑振源. 2011. 把转变土地利用方式、集约用地置于土地利用战略的首位. 中国土地科学（6）：20-23.

中共东莞市委党史研究室. 2008. 东莞改革开放三十年大事记（1978—2008）. 北京：中共党史出版社.

中国土地勘测规划院地政研究中心. 2007. 我国城市郊区宅基地问题研究. 中国土地（1）：38-43.

周建春. 2003. 集体建设用地使用制度改革中的几个问题. 中国土地科学（3）：21-23.

周其仁. 2004. 产权与制度变迁：中国改革的经验研究. 增订本. 北京：北京大学出版社.

周润书，曹时礼. 2012. 东莞市"城中村"集体资产管理研究：以南城区胜和大朗村为例. 特区经济（3）：48-51.

周素红，周锐波，吴志东. 2011. 快速城市化下的城中村改造与村社转型. 广州：中山大学出版社.

朱传民，程久苗，李志江. 2007. 安徽省宣城市农村居民点用地整理潜力研究. 土壤（5）：824-828.

朱华燕. 2006. 农村居民点整理挂钩中的权属调整问题探讨. 江苏商论（7）：157-159.

朱启臻，窦敬丽. 2006. 新农村建设与失地农民补偿：农地发展权视角下的失地农民补偿问题. 中国土地（4）：19-20.

朱天舒，秦晓微. 2012. 城镇化路径：转变土地利用方式的根本问题. 地理科学（11）：1348-1352.

邹卫中. 2006. 国外征地制度的发展趋势及其对我国的启示和借鉴. 成都理工大学学报：社会科学版（1）：37-41.

附 表

表1　2004年东莞市生态用地分布表　　　　单位：公顷

镇区	耕地	园地	林地	草地	水域	总量
莞城	0.92	16.37	0.00	0.00	43.00	60.29
东城	312.61	1071.77	1669.69	0.00	1496.35	4550.42
万江	964.96	101.17	39.65	0.00	934.43	2040.21
南城	276.82	1224.50	536.32	25.69	466.27	2529.60
常平	508.19	2654.73	899.33	0.00	940.99	5003.24
大朗	186.56	3528.83	1777.83	0.62	463.33	5957.17
大岭山	365.56	2785.82	1867.27	0.00	624.29	5642.94
道滘	751.61	257.15	20.05	0.00	2222.63	3251.44
企石	734.29	1270.03	304.57	4.32	1206.06	3519.27
东坑	254.88	587.21	33.77	0.00	470.13	1345.99
凤岗	540.75	1313.68	2052.15	0.00	958.85	4865.43
高埗	877.73	56.51	54.15	0.00	772.55	1760.94
横沥	595.14	889.95	73.80	0.00	1009.27	2568.16
茶山	572.24	1077.48	104.27	0.00	1275.38	3029.37
清溪	361.46	2187.71	6019.31	54.55	684.15	9307.18
厚街	823.66	2794.73	1640.66	16.05	1631.23	6906.32
黄江	103.75	3283.49	2633.57	1.72	605.87	6628.40
寮布	444.13	1401.21	303.21	0.00	1173.09	3321.64

镇区	耕地	园地	林地	草地	水域	总量
樟木头	71.61	1830.66	7389.19	2.67	350.93	9645.06
谢岗	492.53	4070.31	319.31	48.18	1583.87	6514.20
桥头	531.23	745.35	248.91	6.16	921.04	2452.69
麻涌	78.81	3833.55	47.81	6.57	3159.54	7126.28
洪梅	368.38	939.69	12.26	0.39	1219.94	2540.66
塘厦	1013.44	2573.61	2212.10	0.00	1205.76	7004.91
虎门	867.02	1895.23	3244.85	0.80	4843.64	10 851.54
长安	136.90	504.69	740.55	0.00	3481.78	4863.92
望牛墩	392.53	701.33	9.41	0.00	774.27	1877.54
沙田	651.56	2470.40	56.12	0.23	4959.51	8137.82
石碣	673.34	154.91	18.55	0.00	701.65	1548.45
中堂	1004.53	799.94	66.75	1.61	1649.35	3522.18
石排	1024.73	219.33	70.41	4.03	1397.87	2716.37
石龙	13.97	19.89	6.04	0.00	329.77	369.67
松山湖科技园	110.79	2667.74	165.74	0.00	1193.36	4137.63
总量	16 106.61	49 928.97	34 637.59	173.59	44 750.14	145 596.90
占全市土地面积的比例	6.52	20.20	14.01	0.07	18.11	58.91

注：数据来源于东莞市国土局资料，水域面积包括坑塘、水库、河流、涂滩。受统计口径的限制，林地面积与环保局数据差别较大，环保局数据为62 400.03公顷。

表2　1999—2008 年广东城市土地集约利用综合指数

城市	1999年		2000年		2001年		2002年		2003年	
	得分	排名	得分	排名	得分	排名	得分	排名	得分	排名
广州	0.47	2	0.42	4	0.42	3	0.52	2	0.44	3
深圳	0.68	1	0.72	1	0.67	1	0.81	1	0.72	1
珠海	0.38	5	0.32	5	0.39	4	0.43	4	0.37	5
汕头	0.32	7	0.34	7	0.31	7	0.30	8	0.19	15
佛山	0.40	4	0.47	2	0.47	2	0.37	6	0.30	7
韶关	0.20	14	0.22	13	0.18	15	0.22	14	0.23	11
河源	0.17	18	0.21	15	0.14	20	0.18	19	0.15	19
梅州	0.20	13	0.14	20	0.19	12	0.22	15	0.19	16
惠州	0.32	8	0.25	9	0.24	10	0.34	7	0.29	8
汕尾	0.09	21	0.10	21	0.14	19	0.12	21	0.19	17
东莞	0.32	6	0.25	10	0.31	8	0.39	5	0.39	4
中山	0.40	3	0.46	3	0.39	5	0.46	3	0.44	2
江门	0.31	9	0.34	6	0.33	6	0.25	11	0.24	10
阳江	0.23	11	0.24	12	0.18	16	0.23	12	0.19	14
湛江	0.18	17	0.17	18	0.17	17	0.20	17	0.20	13
茂名	0.27	10	0.21	14	0.18	14	0.21	16	0.16	18
肇庆	0.20	16	0.19	16	0.20	11	0.23	13	0.21	12
清远	0.15	20	0.18	17	0.10	21	0.12	20	0.12	21
潮州	0.21	12	0.31	8	0.25	9	0.28	10	0.26	9
揭阳	0.20	15	0.24	11	0.19	13	0.29	9	0.30	6
云浮	0.17	19	0.17	19	0.16	18	0.19	18	0.13	20

城市	2004年		2005年		2006年		2007年		2008年		平均值	
	得分	排名	得分	排名	得分	排名	得分	排名	得分	排名	得分	排名
广州	0.46	3	0.40	3	0.44	5	0.48	3	0.44	5	0.45	3
深圳	0.73	1	0.65	1	0.69	1	0.69	2	0.72	2	0.71	1
珠海	0.38	6	0.37	5	0.36	6	0.38	5	0.39	6	0.38	6

附表
addendum

汕头	0.22	12	0.21	11	0.22	11	0.21	13	0.23	14	0.26	9
佛山	0.40	5	0.36	6	0.47	4	0.47	4	0.46	4	0.42	5
韶关	0.16	20	0.13	20	0.13	21	0.17	18	0.21	16	0.18	18
河源	0.17	18	0.22	10	0.21	14	0.20	14	0.23	13	0.19	17
梅州	0.20	15	0.18	13	0.25	7	0.22	11	0.29	7	0.21	13
惠州	0.29	7	0.24	7	0.24	9	0.27	8	0.27	9	0.27	7
汕尾	0.17	19	0.16	17	0.14	20	0.15	21	0.14	21	0.14	21
东莞	0.41	4	0.58	2	0.60	2	0.75	1	0.74	1	0.47	2
中山	0.47	2	0.38	4	0.48	3	0.33	6	0.47	3	0.43	4
江门	0.27	10	0.23	8	0.24	8	0.25	9	0.24	12	0.27	8
阳江	0.19	16	0.15	18	0.17	18	0.19	16	0.19	19	0.20	16
湛江	0.21	14	0.23	9	0.22	12	0.18	17	0.21	18	0.20	15
茂名	0.22	13	0.21	12	0.21	16	0.15	20	0.18	20	0.20	14
肇庆	0.23	11	0.18	14	0.21	13	0.27	7	0.25	10	0.22	12
清远	0.14	21	0.15	19	0.21	15	0.20	15	0.25	11	0.16	20
潮州	0.28	9	0.17	15	0.20	17	0.22	10	0.28	8	0.25	10
揭阳	0.28	8	0.16	16	0.23	10	0.21	12	0.21	17	0.23	11
云浮	0.19	17	0.12	21	0.17	19	0.15	19	0.22	15	0.17	19